**변곡점을 넘어
새로운 번영을 향해**

변곡점을 넘어
새로운 번영을 향해

매일경제 세계지식포럼 사무국 지음

정치 경제 패러다임의 대전환
4차 산업혁명이 바꾸는 미래

매일경제신문사

발간사

세계지식포럼이 어느덧 18회를 맞이했습니다. 세계지식포럼은 아시아 금융위기 직후 '창조적 지식국가로의 대전환'을 목표로 2년간 준비를 거쳐 2000년 10월 출범했습니다. 그 후 공유를 통한 지식 격차를 해소하고 균형 잡힌 세계 경제성장과 번영을 논의하는 자리를 제공해 왔습니다.

'지식으로 새 천년 새 틀을 짜다'를 주제로 첫 포럼이 열린 이래 지금까지 전 세계에서 총 4,028명의 연사들과 4만 3,260명의 청중이 참여했습니다. 이처럼 많은 분들의 열정과 지원 덕에 세계지식포럼은 명실상부한 세계적인 지식 향연의 장으로 자리매김하게 됐습니다. 아시아 최대·최고의 글로벌 포럼으로 우뚝 선 세계지식포럼은 매년 새로운 도전으로 품격을 높이며 글로벌 포럼의 역사를 바꾸는 선구자 역할을 해오고 있습니다.

제18회 세계지식포럼은 현재 전 세계가 '변곡점'에 놓여 있다고 진단했습니다. 빅데이터와 인공지능을 필두로 한 4차 산업혁명 영향력은 산업 분야에 그치지 않습니다. 정치, 경제, 사회 등 모든 면에서 구조적인 변화를 몰고 올 것입니다. 인공지능이 인간의 노동을 대체하면서 대규모 실업이 발생할 가능성이 높습니다. 실업은 사회적 불안을 야기할 수 있습니다. 4차 산업혁명이 인간에 대한 이해 없이 진행된다면 아무리 좋은 기술을 개발한다 해도 그것은 혜택이라기보다 재앙에 가까울 것입니다.

국제정세는 점점 더 혼돈 속으로 빠져들고 있습니다. 미국을 중심으로 자국 이익만 추구하는 보호무역주의가 기승을 부리고 있습니다. 유럽에서는 영국의 유럽연합 탈퇴에 이어 프랑스에서 신생 정당이 기존 정당을 파괴하면서 다수당으로 의회를 장악했습니다. 스페인에서는 카탈루냐의 분리주의 움직임 등이 가속화되면서 정치, 경제뿐 아니라 사회질서마저 위협하고 있습니다.

IS 같은 소수의 과격집단은 무분별한 테러로 인류를 공포에 몰아넣고 있습니다. 한반도를 둘러싼 상황도 마찬가지입니다. 북한은 거듭된 미사일 발사와 핵실험으로 아시아는 물론 전 세계를 위협하면서 위기를 고조시키고 있습니다.

4차 산업혁명의 시대에 변화의 속도는 인류가 상상할 수 없을 만큼 빠를 것으로 예상됩니다. 변곡점에서 어떤 길을 선택하느냐에 따라 우리의 미래는 달라질 것입니다. 이처럼 사회구조가 근본적으로 변하고 기술 발전이 기하급수적으로 진행되는 시대에는 창조적 지식이 무엇보다 중요합니다. 집단지성으로 미래를 대비해야만 세계는 새로운 번영을 얻을 수 있을 것입니다.

출발점은 '지식'입니다. 객관적이고 합리적인 지식만이 세상을 바꿀 수 있습니다. 지식을 얻게 만드는 수단은 치밀한 관찰과 경험, 즉 과학입니다. 4차 산업혁명으로 요동치는 이때, 자연과 기술, 인간 본연에 대한 이해가 무엇보다 중요합니다. 과학에 기반을 둔 지식을 공유한다면 세상은 보다 나아질 수 있습니다. 지식으로 무장한 다음엔 혁신입니다. 기존의 토대를 근본적으로 바꾸지 않고선 미래를 꿈꾸기 어렵습니다. 혁신은 많은 사람들의 생각을 하나로 모을 때 가능합니다.

제18회 세계지식포럼에는 힐러리 클린턴 전 미국 국무장관, 프랑수아 올랑드 전 프랑스 대통령, 반기문 전 UN 사무총장 등 전 세계 지도자를 비롯해 2016년 노벨경제학상 수상자인 올리버 하트 하버드대 교수 등 세계적인 석학, 장야친 바이두 총재 등 세계적인 기업인들이 참여해 세계가 나아가야 할 방향을 모색했습니다. 정치, 경제, 과학, 기술 등 모든 분야에서 변곡점을 맞은 세계가 정상 궤도에서 다시 힘차게 전진하기를 기대합니다.

세계지식포럼 집행위원장 겸 매경미디어그룹 회장
장대환

'변곡점을 넘어, 새로운 번영을 향해'를 주제로 열린 제18회 세계지식포럼에서 세계 리더와 석학들이 지구촌의 당면 문제와 이를 해결하기 위해 제시한 10대 메시지를 정리했다.

1. 창의외교가 북핵 해법이다

"조롱·엄포로는 북한 문제를 해결 못 한다. 북한에 대한 전면 압박, 중국의 적극적인 역할, 미국의 외교 수단 총동원 등 창의적 해법으로 북한을 협상 테이블로 끌어내야 한다." 8년 만에 한국을 찾은 힐러리 클린턴 전 미국 국무장관은 북한의 핵 도발이 전 세계 안보를 위협하고 있다며 가능한 모든 외교 채널을 가동해 북한을 협상 테이블로 끌어 앉혀야 한다고 강조했다.

2. 한미동맹으로 중국의 변화를 이끌어라

"한반도 정세가 변곡점에 선 현재 국면에서 중국이 전면적인 역할로 북한을 압박해야 한다. 미국 혼자만의 압박은 통하지 않는다." 힐러리 전 장관은 특히 아시아·태평양 지역 지정학적 위기에서 중국의 역할론을 강조하면서 한미동맹 강화를 역설했다. 크리스토퍼 힐 미국 덴버대 조셉코벨국제대학 학장도 "북한의 핵 개발 의지를 꺾기 위해서 트럼프 행정부가 중국과 대화에 나서야 한다"고 강조했다.

3. 보호무역은 대공황의 지름길이다

프랑수아 올랑드 전 프랑스 대통령은 "세계가 변곡점에 맞닥뜨린 지금, 경제가 아니라 정치가 세계 안정을 뒤흔들고 있다. 미국 등 몇몇 국가들의 경우처럼 기존 자유무역협정을 뒤집는 행태가 계속되면 대공황이 올 수도 있다"고 경고했다. 노벨경제학상 수상자인 올리버 하트 하버드대 경제학과 교수는 "자유무역을 증대시키고, 소득 격차를 줄이는 두 가지 목표를 동시에 추구해야 한다. 반反세계화는 해결책이 아니다"라고 밝혔다.

4. 인공지능과 공존하는 길을 찾아야 한다

닉 보스트롬 옥스퍼드대 인류미래연구소 소장은 "언젠가 인공지능은 인류에 도달하고, 순식간에 인류를 초월할 것이다. 인공지능이 인간의 가치를 배우도록 유도하고 연구해야 인류와 기계가 공존할 수 있다"고 강조했다. 데이비드 핸슨 핸슨로보틱스 설립자도 "수년 내 인공지능은 인간처럼 살아 있는 것과 다름없는 상태가 될 것이다. 인공지능 로봇도 인간처럼 공감 능력을 학습시켜야 한다"고 밝혔다.

5. 인공지능, 자율주행이 산업의 승패를 가른다

장야친 바이두 총재는 "앞으로 5~10년 이내에 자율주행과 인공지능이 자동차산업을 크게 변화시킬 것이다. 자동차산업에 어마어마한 갈등이 생기고 승자와 패자가 갈릴 것이다"라고 말했다. 암논 샤슈아 모빌아이 CEO는 "자율주행 시대에 주차장은 사라지고, 모든 차량은 공유될 것이며, 타지도 않는 차량에 돈(보험)을 쓰는 일도 없어질 것"이라고 예측했다.

6. 블록체인이 부의 원천이다

"블록체인이 관료제 시스템을 무너뜨리고, 블록체인을 도입한 나라는 20년 뒤에 가장 부유해질 것이다. 중앙정부의 힘이 약해지고 도시·지방정부가 글로벌 파워로 떠오를 것이다." 이번 세계지식포럼에서는 새로운 정보처리기술 블록체인이 화두로 떠올랐다. 실리콘밸리 투자 구루인 팀 드레이퍼 DFJ 회장은 앞으로 20년 내에 블록체인이 세상을 바꿔놓을 것이라며 다양한 예측을 내놨다.

7. 성급한 탈원전은 곤란하다

한국 원전 기술에 대한 칭찬과 함께 탈원전에 대한 우려도 이어졌다. 프랑수아 올랑드 전 프랑스 대통령은 포퓰리스트들이 (원전 완전 폐기 등) 에너지 문제를 너무 성급하게 이야기하고 있다고 지적했다. 파티 비롤 국제에너지기구 사무총장도 한국 원전 기술은 성숙도와 세밀함에 있어서 세계 최고 수준이라며 성급한 탈원전보다 기술 관리의 중요성을 강조했다.

8. 데이터는 산업의 피다

데이터는 제2의 석유다. 수십 년간 축적된 데이터는 신산업 발전에 피와 같은 역할을 하며 인류 삶을 근본적으로 바꿀 준비를 하고 있다. 손영권 삼성전자 사장은 "데이터경제 시대에는 협업이 필요하다. 한 기업이 혼자서 할 수 있는 일이 아니다"라고 밝혔다. 기업이 인공지능과 사물인터넷을 제대로 활용하기 위해서는 5~10년 이상 인내심을 갖고 장기적 투자와 연구가 필요하다는 의미다.

9. 혁신 성장 위해 규제를 혁파하라

"4차 산업혁명의 성공을 위해서는 그에 걸맞은 규제 개혁이 필요하다. 정부는 기술혁신의 방해물이 돼서는 안 된다." 유럽의 소국 에스토니아를 세계적인 정보기술IT 강국으로 키워낸 토마스 헨드리크 일베스 전 에스토니아 대통령은 혁신 성장을 위해서는 정부의 규제 완화가 필요하다고 역설했다. 로버트 배로 하버드대 교수도 성장을 위해서는 소득 불평등 완화보다 기술 진보에 따른 생산성 증가에 집중해야 한다는 조언을 남겼다.

10. 과학자를 자유롭게 놀게 하라

창의성을 기르기 위해서는 자율성이 전제돼야 한다는 메시지도 나왔다. 이갈 에를리히 요즈마그룹 회장은 "창의적 성과를 내기 위해서는 이공계 학생 수나 주요 학술지 게재 논문 실적 등이 중요한 게 아니라 정부의 개입과 자유방임 사이의 균형이 필요하다. 기업가, 과학자, 엔지니어가 마음껏 연구할 수 있는 자유를 줘야 한다"고 주장했다.

CONTENTS

01 다가온 변곡점, 승자의 길은

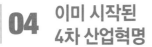

04 이미 시작된 4차 산업혁명

01

다가온 변곡점,
승자의 길은

힐러리의 뉴 글로벌 리더십

힐러리 클린턴 전 미국 국무장관

미국의 대표적인 여성 정치인이다. 변호사, 퍼스트레이디, 상원의원, 국무장관, 대통령 후보 등으로 40년 이상 공직생활을 해왔다. 1993년부터 2001년까지 퍼스트레이디로서 세계 각국을 순회하며 여성 인권, 민주주의, 시민사회에 대해 주창해왔다. 1995년 베이징 방문 때 했던 "인권이 곧 여성의 권리이고, 여성의 권리가 곧 인권이다"라는 그의 발언은 여성 인권의 상징으로 꼽힌다. 그의 이력에는 처음이라는 단어가 붙어 다닌다. 2000년에는 미국 역사상 첫 퍼스트레이디 출신으로 상원의원에 당선됐다. 2007년에는 여성으로서는 처음으로 민주당 대선 후보 경선에 나섰다. 이후 오바마 행정부 때 국무장관에 선임됐다. 2016년에는 첫 여성 민주당 대선 후보로 선출됐고 선거 과정에서 6,600만 명이 넘는 미국인들의 지지를 받기도 했다. 미국 웨슬리대와 예일대 로스쿨을 졸업했다. 《힘든 선택들》 등 다수의 저서가 있다.

"예측할 수 없는 독재국가 북한은 점점 도발적이고 위험하게 변하고 있다. 이럴 때 가장 중요한 것은 미국이 우방을 지켜준다는 믿음, 한미동맹이다."

2009년 국무장관이 되자마자 첫 번째 해외 방문국으로 한국을 찾았던 힐러리 클린턴Hillary Rodham Clinton 전 미국 국무장관. 2016년 미국 대선에서 낙마한 뒤 국제적인 행사 참석을 위한 첫 공식 순방지로 다시 한국을 찾았다. 제18회 세계지식포럼 특별강연 '변곡점에서의 글로벌 리더십'이 바로 그 행사였다. 이 강연을 맡은 힐러리 전 장관에게는 방한이 쉽지는 않았을 것이다. 그가 국무장관이었던 때에 비하면 2017년 한반도를 둘러싼 군사적 긴장감은 최고조였다. 설상가상으로 그는 방한 직전 발가락 부상까지 입었다.

힐러리 전 장관은 이런 상황에서도 서울을 찾아 한반도 지정학적 위기의 해법을 명확하게 내놨다. 오른쪽 발엔 깁스를 하고 양팔엔 목발을 짚은 채였다. 그는 북핵 위기를 당장 한 번에 해결할 수 있는 방법은 없겠지만 끈기를 갖고 모든 수단과 방법을 동원해 외교전을 펼쳐야 한다고 역설했다. 그가 강연을 마치고 연단을 내려갈 때 강연장을 가득 메운 1,500여 명의 관중들이 일어서서 기립 박수를 보냈다.

힐러리 전 국무장관이 제시한 북핵 해법은 북한을 지속적으로 압박해 협상 테이블에 앉히고, 중국이 북한에 단호히 경고함으로써 한국,

일본 등 미국의 전통적 우방국을 보호하고, 미국 내에서도 모든 외교 수단을 동원하는 것 등이다.

그는 먼저 북한을 어떻게든 다자간 협상 테이블에 끌어 앉혀야 한다는 것을 강조했다. 힐러리 전 장관은 "(트럼프 미국 대통령이 김정은을 '꼬마 로켓맨'으로) 조롱하거나 (북한의 완전한 파괴를 거론하는 식의) 엄포를 놓는 건 아무 소용이 없다. 사이버테러가 됐든 실제 물리력을 행사하는 일이 됐든 간에 미국을 위협하거나 우방국 한국, 일본 등을 위협하는 일이 벌어진다면 그에 비례하는 대응을 할 준비가 돼 있어야 한다. 미국의 새로운 행정부(트럼프 행정부)가 북한과 긴장을 키우면서 아시아·태평양 전 지역에 지정학적 위기감을 높이고 있다. 이 때문에 미국의 우방국들마저 미국에 대한 신뢰에 우려를 표하고 있다"고 동맹 약화를 우려했다.

두 번째는 외교적인 측면에서 우방들과 적극적으로 연대해야 한다며 중국의 역할을 강조했다. 그는 "6자 회담을 재개하고 아시아·태평양 지역에서 외교력을 발휘하기 위해서는 강한 미국의 역할이 필요하다. 그러기 위해서는 한국과 일본뿐 아니라 중국도 적극적으로 참여해야 한다"고 지적했다.

마지막으로 아시아 각국이 이렇게 연대하는 동안 미국 내에서도 모든 외교 수단을 강구해야 한다는 게 힐러리 전 장관의 주문이다. 2009년 국무장관 시절 그는 버락 오바마 정부가 중국과 불필요한 대립을 일으키지 않으면서도 미국을 태평양에 기반을 둔 세력으로 재정의하기 위해 노력했다. 오바마 행정부의 외교 정책을 대변하는 '아시아로 중심축 이동Pivot To Asia'도 이 같은 노력의 일환이었다. 당시 힐러리 전 장관은 국무장관 취임 한 달 만에 아시아의 핵심 동맹국인 우리나라와 일본을 방문하고 지역 내 신흥강국이자 아세안ASEAN 사무국이 있는 인도네시아에 손을 내밀며 중국과의 관계 개선을 시도하기도 했다.

또한 힐러리 전 장관은 한반도에서 자행되는 북한의 핵 도발은 아시아 지역의 안보 문제를 떠나 세계 경제에 잠재적 불안 요소라며 최근 트럼프 행정부의 북한 대응에 대해 우려를 표시하기도 했다. 그는 "수백만 명의 운명이 미국의 외교적 해법에 달려 있는데도 호탕하게 전쟁을 시작하겠다고 위협하는 것은 위험하고 근시안적인 행동이다. 미국의 우방국들마저 미국에 대한 신뢰에 우려를 표시하고 있는 상황에서 미국이 (전통적 우방인) 한국이나 일본 등과 싸움을 벌이는 것은 북한의 김정은을 도와주는 일일 뿐이다"라고 비난했다. 최근 트럼프 행정부가 북대서양조약기구NATO, 유럽연합EU 등과 분열 양상을 보이는 게 블라디미르 푸틴 러시아 대통령에게 호재를 제공하는 것과 다를 바 없다는 얘기다.

힐러리 전 장관은 과거 이란 핵 협상 경험을 언급하며 인내심 있는 외교의 중요성을 거듭 역설했다. 그는 "이란의 핵 프로그램 중단은 미국의 일방적인 제재만으로는 안 되기 때문에 러시아를 비롯한 전 세계를 설득해 협상해야 했다. 북한을 핵 협상 테이블에 앉히기 위해서는 모든 수단과 방법을 동원해야 한다"고 강조했다. 이란의 핵 프로그램을 둘러싼 이란과 서방의 갈등은 2002년부터 시작됐으나 2015년에나 돼서 합의가 이뤄졌다. 당시 국제사회는 미국, 영국, 프랑스, 독일뿐만 아니라 중국, 러시아까지 참여해 이란의 핵 협상 합의를 이끌어냈다.

힐러리 전 장관은 북핵 문제에 적극적으로 개입하지 않으면서 오히려 한국에 무역보복을 하고 있는 중국에 대해서도 단호한 어조로 말했다.

그는 "중국이 새로운 패권국이 됐지만 스스로 유리하도록 게임의 규칙을 바꿀 권한은 없다"고 일갈했다. 중국이 북핵 문제의 중재자로서 역할을 다했다면 과연 한국과 미국이 사드THAAD(고고도미사일방어체계)를 배치할 필요가 있었겠냐는 지적이다. 북핵 상황이 악화일로로 치닫는 데는 중국의 책임도 크다는 지적인 셈이다.

힐러리 전 장관은 "자국 안전을 추구하는 한국 정부의 노력을 폄하하고 애꿎은 민간기업에 불이익을 주는 것은 말이 안 된다. 북핵을 방치하고 있으면서 이웃 국가의 안보 강화 노력마저 반대하는 중국의 행태는 용납할 수 없다"고 강조했다.

그는 특히 한국에 대해 "북한으로부터 지리적·물리적·사이버 위협을 받고 있는데 그럼에도 가만히 있어야 하냐고 중국에 물어야 한다. 한국이 실질적으로 직면한 생명에 대한 위협은 간과할 수 없다. 한미 상호방위조약 덕분에 한국이 미국의 도움을 받을 수 있는 상황은 다행이다. 어느 국가든 자국의 안전이 위협받는다면 스스로를 보호할 권리가 있고 사드와 같은 방어 체계를 들여올 수 있다"고 말했다.

"지도자가 되려면 남들의 관심을 받으려고 애쓰기보단 침착하고 안정된 모습을 통해 신뢰를 받을 수 있어야 합니다."

힐러리 전 장관이 리더가 갖춰야 할 덕목을 설명하는 데에서 청중들은 고개를 끄덕이며 공감을 표시했다. 퍼스트레이디를 시작으로 뉴욕주 상원의원, 국무장관, 민주당 대선 후보까지 대중을 이끄는 리더의 자리에서 40여 년을 보낸 그는 "리더가 신뢰를 얻기 위해서는 팩트와 증거를 기반으로 말할 수 있는 능력을 갖춰야 한다"고 강조했다.

힐러리 전 장관은 2016년 미국 대선 캠페인에서 당시 트럼프 공화당 대선 후보와 대통령 자리를 놓고 격돌했던 상황을 언급하며 "상대방에게 더 많은 모욕을 줄수록 내가 더 관심을 받을 수 있는 마치 한 편의 리얼리티 TV쇼 같았다"라고 말했다.

그는 "리더는 침착하고 안정된 모습을 통해 신뢰를 쌓아야 한다고 생각한다. 리더들은 다양한 이해관계가 상충하는 데서 균형점을 찾고 불가능한 문제의 해법을 찾아야 하기 때문이다"라고 덧붙였다.

힐러리 전 장관은 2017년 9월 대선 실패담을 담은 자서전《무슨 일이 일어났나What Happened》를 출간하기도 했다. 대선에 패배한 후보들은 승복 연설 이후 재야에서 활동하는 게 일반적이지만 그는 좌절을 딛고 일어나 이 과정을 책으로 발간한 것이다. 그는 "살면서 누구나 실망을 하고 실패를 경험하지만 어떻게 극복하느냐가 중요하다"고 운을 뗐다. 그리고 "가족, 친구, 종교가 어두운 시기를 극복하는 원천이 됐다. 처음에는 모든 실패의 원인이 내 책임이라 생각해서 힘들었는데 주변의 도움을 받으면서 실패의 원인을 하나하나 찾아가는 과정을 가졌다"고 담담히 밝혔다.

이 책은 힐러리 전 장관이 트럼프 미국 대통령의 취임식에 참석하는 장면으로 시작된다. 취임식에 갈지 말지를 두고 남편인 빌 클린턴 전 대통령과 고민하다가 막상 취임식에 참석해 다른 사람이 대통령이 되는 모습을 지켜보며 아픈 상처를 곱씹는다. 당시 취임식 불참을 선언하는 연사들이 나타날 정도로 트럼프의 승리를 인정하지 않는 분위기였는데 힐러리 전 장관은 그럼에도 불구하고 견뎌나가야 한다Keep Going고 강조했다. 실패를 견디는 힘은 별다른 게 없고 다시 일어나 본인의 목표와 소신을 향해 계속 전진해 나아가는 것이라는 메시지다.

사실 힐러리 전 장관의 한국 방문은 1993년 빌 클린턴 전 미국 대통령의 국빈방문이 처음이었다. 2017년 세계지식포럼 연설에서도 그는 25년 전 당시 방한을 떠올리며 "당시 어머니와 같이 와서 많은 환대를 받았다. 2009년 국무장관 시절에도 한국을 방문해 이화여대 학생들과 만나 좋은 기억을 나눴다"고 술회하기도 했다. 힐러리 전 장관의 모교인 웨슬리대와 자매학교인 이화여대를 방문한 그는 "당시에 만난 학생들과 아직도 연락을 주고받고 있는데 미국에서 일하고 있는 이들도 있다. 젊은 여성들과 사랑, 가족, 성 차별 등에 대해 이야기를 나눌 수 있었던 소중한 경험이었다"라고 밝혔다. 힐러리 전 장관은 특히 한국계 미국인들로부터도 많은 지지와 도움을 받았다며 전 미국 국무부 법률고문이었던 해럴드 고(한국명 고홍주) 등을 언급하기도 했다.

올랑드 전 프랑스 대통령의 경고

프랑수아 올랑드 전 프랑스 대통령

2012년부터 2017년까지 프랑스 대통령을 역임했다. 2012년 제24대 프랑스 사회당 후보로 출마해 대통령에 당선됨으로써 프랑수아 미테랑 이후 15년 민에 사회낭 소속 대통령이 됐다. 독일 메르켈 총리와 호흡을 잘 맞춰 유럽을 이끌었다. 유로존 위기의 해법에 대해서도 긴축보다 경기부양책과 성장촉진 정책을 제시했다. 부유층에 대한 세율 인상 정책을 펴기도 했다. 하지만 프랑스 경제가 어려워지자 노사합의를 통해 노동시간을 늘릴 수 있도록 노동법을 개정하기도 했다. 프랑스 파리경영대, 파리정치대, 국립행정학교 등을 졸업했다. 졸업 후에는 파리정치대 경제학 교수를 역임했다. 1979년 사회당에 입당하면서 정치에 입문했다.

"세계가 변곡점을 맞은 지금, 경제가 아닌 정치가 세계의 안정을 뒤흔들고 있다. 미국 등 몇몇 국가들처럼 기존 (자유무역) 협정을 뒤집는 행태가 계속되면 대공황이 올 수도 있다."

프랑수아 올랑드François Hollande 전 프랑스 대통령은 제18회 세계지식포럼 기조연설에서 국제정세에 대한 깊은 우려를 드러냈다. '혼란기의 국제정치 질서'를 주제로 강연에 임한 올랑드 전 대통령은 "기존에 체결한 협정을 뒤집는 것은 세계 경제성장에 대한 위협이다. 보호무역주의가 강하게 대두되는 상황에서 인기영합주의적인 정치인(포퓰리스트)들이 자국의 이익만을 위해 움직이도록 방치한다면 역사가 증명했듯이 대공황 시대로 접어들 위험이 있다"고 말했다. 유럽이 재정위기를 겪고 있던 2012년에 엘리제궁에 입성한 올랑드 전 대통령은 2017년 5월 임기를 마칠 때까지 프랑스의 재정 건전성을 높이고 경직된 노동 시장을 유연하게 만드는 데 기여한 인물이다.

올랑드 전 대통령은 국제사회의 번영을 저해하는 다섯 가지 요소로 핵 확산, 테러 위협, 지구온난화, 보호무역주의, 미국의 불확실성을 들면서 이 중 핵 확산을 가장 심각한 위협 요인으로 꼽았다. 그는 "북핵 문제 해결을 위해 UN 안전보장이사회(안보리)를 통해 모든 국가가 제재에 나서야 한다. 대화를 하더라도 단호해야 한다"고 말했다.

올랑드 전 대통령은 기술이 발전하면서 누구든 언제나 핵무기를 가질 수 있을 정도로 접근성이 높아졌다며 북한 외에 다른 나라로의 핵 확산 가능성도 걱정했다. 그는 "핵무기를 갖고 싶다는 유혹에 굴복하는 것은 군비 경쟁을 시작하는 것과 마찬가지다. 궁극적으로 (핵)무기를 사용할 수도 있다는 의미다"라고 경고했다.

핵 확산 방지와 관련해 트럼프 대통령도 강하게 비판했다. 트럼프 대통령이 2015년 7월 미국, 프랑스 등 UN 안전보장이사회 5개국이 이란과 맺은 핵 협정을 비준하지 않겠다고 선언한 것은 실수를 두 번 하는 것과 같다고 했다. 그는 "해당 협정은 이란에 대해 핵무기 접근성을 제한하는 것이다. 이란의 군사·외교 정책을 바꾸겠다는 것은 아니었다"고 말했다.

이란 핵 협정을 비준하지 않는 것은 북한에 잘못된 신호를 줄 수 있다고도 진단했다. 올랑드 전 대통령은 "북한과 미래에 핵 협상을 할 때 불신의 씨앗을 심어놓은 것이다. 미국 의회가 이란 핵 협정을 비준하기 바란다"고 했다. 이란 핵 협정을 무효로 하면 협상 테이블에 북한이 나오지 않을 가능성이 높아진다는 것을 지적한 것이다.

미국과 유럽 일각에서 대두된 보호무역주의에 대해서도 비판의 목소리를 높였다. 특히 미국 정부가 주요 무역 상대국과의 맺은 자유무역협정FTA의 재협상을 요구하는 것과 관련해 '세계 경제성장에 대한 위협'이라고 규정했다. 그는 영국의 유럽연합 탈퇴Brexit(브렉시트)에서 드러났듯이 포퓰리스트와 극단적 민족주의자들 주장대로 시장 개방을 거부하면 황금시대와 멀어질 것이라며 자유무역을 옹호했다.

미국에 대해서는 제국주의 행태를 보인다고 했다. 파리기후변화협정 탈퇴 선언 등 국제적 움직임에서 이탈하려는 트럼프 행정부의 행태를 비난한 것이다. 올랑드 전 대통령은 "(미국의 탈퇴로) 전 세계가 파리기후변화협정을 계속해서 지켜야 하는지 의심하게 됐다. 개발도상국을 위해 30억 달러를 출연하겠다는 약속을 지키지 못하면 개도국은 화석연료를 계속 사용할 수밖에 없고, 결국 자연재해가 심해져 선진국으로 이동하는 기후난민들이 늘어날 것이다. 미국이 다자주의에 회의적인 태도를 갖고 (미국 우선주의를 내세워) 고립주의를 얘기하고 있다. 그러면서도 제국주의 행태를 띠고 있어 미국으로 인한 불확실성이 커지고 있다"라며 우려를 표했다.

올랑드 전 대통령은 "미국은 동맹국을 존중·배려하고 국제사회의 결정에는 적극 동참해야 한다. 미국의 동맹국들은 결속력을 높이면서 미국에 한목소리를 내야 한다"고 주장했다.

전 지구적 문제 해결을 위해 UN의 권한 강화를 촉구했다. 그는 "경제협력개발기구OECD, 국제통화기금IMF, 세계은행WB 등 국제기구와 아시아·태평양 연합체 형태의 국제·지역기구의 공조 체제를 확고히 해야 한다. 한 번 합의한 협약은 반드시 준수해야 한다. 지금의 변곡점을 어떻게 넘느냐에 따라 전 세계 정치·경제의 성공이 달려 있다"고 강조했다.

올랑드 전 대통령은 노동 개혁, 부자 증세, 탈원전 등 대통령 재임 시 추진했던 정책에 대해서도 설명했다. 한국에서도 중요 현안으로 다뤄지는 문제라 관심이 집중됐다. 그는 성공적인 노동 개혁을 위해서는 고용주와 노동조합 모두가 유연해야 한다고 했다.

올랑드 전 대통령은 전통적 진보 성향인 사회당 출신이다. 그런데도 노조의 성역과 같이 지키려했던 '주35시간 근무제'를 폐지하고, 해고 요건 완화를 골자로 한 노동법 개정을 추진했다. 법 개정이 여의치 않자 행정명령을 발동하기도 했다. 그는 "노동 분야는 고용주와 근로자 사이의 균형을 찾는 게 중요하다. 근로자들의 은퇴, 구매력 등을 고려해야 하는 정부 입장에서도 '협상을 통한 타협'은 무엇보다 중요하다. 한쪽은 이기고 다른 쪽은 진다는 생각은 바뀌어야 한다. 성과가 좋은 기업이 있다면 노동자도 회사의 이익을 위해 노력해야 한다"고 강조했다.

프랑스는 전체 발전량의 70%를 원자력발전소에서 얻을 정도로 원전에 크게 의존하고 있다. 올랑드 전 대통령은 재임하는 동안 원전 비중을 축소하는 정책을 폈다. 수명이 다한 원전에 대해서는 해체·정리가 탈원전 정책의 열쇠라고 했다. 그는 "우선 원자력 해체산업을 키워야 한다. 포퓰리스트들은 (원전 완전 폐기 등) 에너지 문제를 너무 성급하게 접근하고 있지만, 정책의 가장 큰 목적은 지구온난화를 막는 것이다"라고 말했다.

대담에 참여한 성낙인 서울대 총장은 재임 기간 세율이 상당히 높아졌다며 증세 얘기를 꺼냈다. 올랑드 전 대통령은 중산층에 대해 세금을 낮추다 보니 상대적으로 '부자 증세안'이 나왔던 것이라고 했다. 당시 이런 조치로 일부 프랑스 국민은 해외로 이주했다. 이에 대해 부자 증세 때문에 조세 회피를 선택한다면 젊은 세대들이 무엇을 배울 수 있겠냐며 안타까움을 표하기도 했다.

파리기후변화협정과 인류의 미래

반기문 전 UN 사무총장

한국인 최초로 UN 사무총장을 역임했다. UN 사무총장이 되기 전에는 외교통상부 장관까지 역임한 정통 외교관이다. 외무부 미주국장, 외교정책실장, 대통령비서실 외교안보수석 비서관, 외교통상부 차관 등을 역임했다. 2004년 1월부터 2006년 11월까지 노무현 정부에서 외교통상부 장관을 지냈다. 이후 2006년 10월에 UN 총회에서 제8대 UN 사무총장으로 선출됐고 한 차례의 연임을 거쳐 지난 2016년까지 UN 사무총장으로 활동했다. 2013년 〈포브스〉가 선정한 전 세계에서 가장 영향력 있는 인물' 32위에 선정됐다. 2016년 미국 외교잡지 〈포린폴리시〉는 그를 파리기후변화협정을 성사시킨 공로로 세계의 사상가 100인 중 한 명으로 선정하기도 했다. 서울대 외교학과를 졸업하고 외무고시에 합격했다.

"트럼프 대통령은 역사의 올바른 방향에 서지 못할 수 있다는 메시지를 그간 전달해왔다. 파리기후변화협정에서 탈퇴하겠다는 미국 발표에 실망이 깊다. 미국은 세계를 이끄는 국가지만 지구상에서 두 번째로 많은 이산화탄소를 배출한다는 점에서 더욱 우려스럽다."

반기문 전 UN 사무총장은 제18회 세계지식포럼 개막식에 참석해 '파리기후변화협정과 인류의 미래'라는 주제로 한 기조연설에서 이같이 말했다.

파리기후변화협정 체결은 반 전 총장이 UN 재직 시절 이룬 업적 중 손꼽히는 것이다. 2015년 세계 각국은 오는 2100년까지 온실가스 감축 등을 통해 지구의 연평균 기온 상승폭을 2℃ 이내로 줄이자는 데 합의했다. 그러나 미국은 트럼프 대통령 취임 후 2017년 6월 협정 탈퇴를 선언했다.

반 전 총장은 "우리가 최근 목도했던 기상이변은 유례없는 수준이다. 허리케인이 미국의 텍사스주와 플로리다주를 강타했다. 이런 천재지변은 해수면 기온이 단지 0.5℃ 올랐기 때문에 빌어졌나"고 말했다.

산업혁명 이후 지구의 온도는 0.85℃ 상승했다. UN 산하 세계기상기구IPCC에 따르면 기온이 1.6℃ 상승하면 지구상의 생물 18%가 멸종 위기에 처한다. 2.9℃가 높아질 경우 3분의 1이 넘는 35%가 사라질 위기에 직면한다. 지구의 지속 가능성이 크게 위협받는 것이다.

파리기후변화협정은 기존 교토의정서 체제가 선진국 중심의 합의라는 한계를 넘어 개발도상국까지 외연을 넓혔다는 데 의의가 있다. 반 전 총장은 "기후변화 문제는 인류가 가장 시급히 해결해야 한다. 반드시 금세기 안에 해결해야 할 문제다. 가능하다면 목표치를 뛰어넘어 기온 상승폭을 1.5℃ 이내로 막아내야 한다"고 했다.

'지구는 단 하나뿐'이기 때문에 반 전 총장은 절박하다. 그는 "인간이 자연을 착취해온 과정을 보면 사람들이 지구를 2개라고 생각하는 것 같다. 유사시 대비책인 플랜 B가 없다는 점을 간과하고 있다"고 말했다.

협정이 실제로 이행되지 않은 채 사문화될 경우 합의는 무의미해진다. 반 전 총장은 "파리기후변화협정은 과학적으로 증명됐듯이 미래 위협을 줄이는 데 큰 효과를 거둘 것이다"라고 말했다.

특히 파리기후변화협정은 이행 과정에서 합의 준수 국가들에 새로운 성장의 계기가 될 수 있다는 점도 강조했다. 그는 "민간이 UN과 더불어 기후변화를 이겨내기 위한 청정에너지에 대해 더 많은 투자를 해줄 것을 촉구한다. 이 과정에서 경제성장과 일자리 창출을 증진시키는 등 새로운 기회를 가져다줄 수 있다"고 말했다.

반 전 총장은 인류의 미래를 이끌 변곡점으로 기후변화뿐 아니라 인공지능AI, Artificial Intelligence을 꼽았다. 그는 "알파고가 세계 최고의 바둑 기사들을 차례로 이겼을 때부터 인공지능이 인간을 이겼다고 말할 수 있다. 새로운 도전인 인공지능과 조화롭게 살기 위한 새로운 해법을 모색하기 위해 우리에겐 집단지성과 단합된 행동이 필요하다"고 강조했다.

트럼프 행정부의 속내는

라인스 프리버스 전 백악관 비서실장

2016년 미국 대선 직후에 백악관 비서실장으로 선임됐다. 공화당을 역사적인 승리로 이끈후 그는 트럼프 대통령 취임과 정권 출범 후 100일을 지켜봤다. 백악관 비서실장으로 임명되기 전 최장 기간 공화당 전국위원회RNC 위원장을 역임했다. 전국위원회의 어려운 재정문제를 해결하고, 운영 방식을 개선하는 등 극적 변화를 이끌었다. 그는 선거에 승리하기위한 지지기반을 확장하고, 신기술을 활용함으로씨 공화딩의 압도적 승리에 필요한 기반을 구축했다. 그는 미국 역사상 전국위원회를 가장 성공적으로 이끈 위원장으로 남아있다.위스콘신 공화당에서 하원의원 선거구 최고의장으로 선정됐으며, 주 재무담당자, 최고부위원장, 당사국 의장 등을 역임했다. 2009년에 공화당 전국위원회에서 법무 자문위원으로활동했다.

"과거 미국과 한국의 대북 정책은 실패했다. 트럼프 대통령은 북한이 군사적 능력을 키우는 것에 대해 좌시하지 않을 것이다."

라인스 프리버스Reince Priebus 전 백악관 비서실장은 제18회 세계지식포럼 '트럼프 행정부와 미국의 미래'를 주제로 한 연설에서 "미국이 (북한에 대해) 강하게 맞서지 않으면 누가 맞설 것인가. 전 세계가 대응에 나서지 않을 때 사태는 심각해질 것"이라고 말했다.

트럼프 대통령이 북한을 향해 '화염과 분노' 등 대북 강경 발언을 쏟아내고 군사적 옵션도 거듭 밝히는 것은 지난 정부의 과오 탓에 불가피하다는 것이다.

프리버스 전 비서실장은 상황을 그대로 두면 훨씬 더 감당하기 어려운 북한의 도발이 이어질 수 있고 잠재적으로 전쟁 가능성도 높아진다고 경고했다. 그는 대화 외 군사적 선택지를 트럼프 행정부가 갖고 있음을 강조했다. 그는 "트럼프 대통령은 대화할 의지가 있다. 협상 테이블 위의 대화만 고집하는 것은 패배하는 전략이다. 트럼프 대통령은 대화 대신 다른 옵션을 고려할 수 있다는 걸 알기 바란다"고 밝혔다.

프리버스 전 비서실장은 미국의 자국 우선주의에 대해 보호무역주의와 똑같이 보기 어렵다며 선을 그었다. 오히려 "미국 우선주의America First는 미국 경제를 더욱 강하게 만들어줄 것이고 결국 세계 경제를 조금 더 탄탄하게 해줄 것이다. 이것이 미국 우선주의의 핵심이다"고 설명했다. 한미 자유무역협정 재협상에 대해서는 "무역은 양국 국민들의 삶을 이롭게 하는 것이다. 그러나 상황과 경제가 변화하는 만큼 (양국이) 이해와 합의를 해야 한다"고 했다.

프리버스 전 비서실장은 미국의 파리기후변화협정 탈퇴 결정에 대한 국제적인 비난에 대해서도 반박했다. 그는 "기후변화 등 전 세계가 우려하는 문제들이 있지만 중요한 것은 개별 국민의 삶이다. 펜실베이니아에 사는 부부가 석탄 공장이 문 닫아 실직당하면, 정치 지도자들이 훌륭한 협정을 이야기하더라도 회의감만 느끼고 정부한테 속았다는 생각이 들 것이다. 정치 지도자들은 시간을 들여 이런 협정이 개인의 삶, 가족의 삶에 이롭다는 것을 설득해야 한다. 설득되지 않는다면 협정이 받아들여질 수 있겠는가"라고 반문했다.

최근까지 지근거리에서 트럼프 대통령을 보좌한 프리버스 전 비서실장은 트럼프 대통령을 '겁쟁이'가 아닌 '터프가이'라고 소개했다. 그는 '화염과 분노', '폭풍 전 고요' 등 트럼프 대통령의 발언들을 거론하며 "미디어를 통해 목표를 달성하는 데 있어 그는 굉장히 직관적이다. 몇몇은 그를 좋아하고, 몇몇은 싫어하기도 하지만 모두들 그가 직관적이라는 데는 동의한다. 같이 일해 본 트럼프 대통령은 굉장히 까다로운 사람이다"라고 전했다.

프리버스 전 비서실장은 트럼프 대통령의 소통 능력에 대해 후한 평가를 내렸다. 그는 "트럼프 대통령은 의사결정을 내릴 때 주변 사람들로부터 서로 다른 주장을 듣고 싶어 한다. 듣기 좋은 말만 하는 사람을 좋아하지 않고 자신의 의견을 적극 개진하는 이를 선호한다"고 말했다. 언론에는 이런 모습이 갈등과 혼란으로 비춰질 수도 있지만 사실과 다르다는 점도 분명히 했다.

프리버스 전 비서실장은 "트럼프 대통령은 정치적 경험이 부족한 상황에서 대통령으로 선출됐고 제가 평생 본 정치인보다 훨씬 더 세간의 이목을 집중시키고 있다. 이민 정책, 환경 정책 등 많은 성과가 있었다"고 평했다.

그는 10살짜리 아들과 함께 한국을 찾으며 한반도의 지정학적 위험에 대한 두려움이 한국을 찾는 데 걸림돌이 되지 않음을 드러내기도 했다.

차세대 미국 공화당 주자로 꼽히는 프리버스 전 비서실장은 다음 정치적 목표로 2018년 중간선거 필승을 꼽았다. 그는 "미디어는 트럼프 대통령을 매일 공격하고 민주당은 상·하원에서 의석을 뺏으려고 한다. 2018년 중간선거를 통해 다수당을 유지하고 2020년 대선을 성공적으로 치르는 것이 그 다음 목표다"라고 밝혔다.

노벨경제학상 수상자가 말하는 주주가치

올리버 하트 하버드대 경제학과 교수

2016년 벵트 홀름스트롬 MIT 교수와 공동으로 노벨경제학상을 수상했다. 실생활의 계약과 제도들에 대해 포괄적으로 설명하는 '계약이론Contract Theory'을 발전시킨 공로를 인정받았다. 고용주와 근로자, 회사와 고객 등이 상호 이익을 높일 수 있는 최적의 계약을 만들 수 있을지에 대한 이론적인 틀을 마련했다. 계약뿐 아니라 상호 이해를 높일 수 있는 각종 정책과 제도를 만드는 방법에 대해서도 많은 연구 업적을 남겼다. 또 기업 구조 및 기업금융, 법경제학의 전문가로도 유명하다. 영국 킹스칼리지를 졸업하고 미국 프린스턴대에서 경제학 박사학위를 받았다. 미국 법경제학회 회장, 전미경제학회 부회장 등을 역임했다.

"기업은 이윤을 최우선으로 추구해야 하는가? 그것이 정말 주주들이 원하는 것인가?"

2016년 노벨경제학상을 수상한 올리버 하트Oliver Hart 하버드대 경제학과 교수는 이 질문에 "아니다"라고 답했다. 단순히 기업의 주인인 주주가 수익성만 따진다는 것은 '합리적인 경제인'을 따지는 고전경제학 이론일 뿐이라는 것이다. 하트 교수가 생각하는 주주는 수익을 추구하는 동시에 일정 부분 사회적 역할에 대한 책임감을 가진 '현실적인 인간'이다.

제18회 세계지식포럼 기조강연에서 하트 교수는 "기업이 무조건 수익성만을 우선해야 한다는 것은 잘못된 생각이다. 기업이 시장가치가 아닌 주주가치를 반영할 때 포괄적인 사회 전체 이익을 높일 수 있다"고 주장했다.

하트 교수는 실생활의 계약과 제도를 포괄적으로 설명하는 경제 이론인 '계약이론'의 대가이다. '도덕적 해이'부터 2008년 글로벌 금융위기를 부추긴 '정보의 불균형'에 이르는 모든 문제의 해답을 계약에서 찾았다. 계약의 관점에서 경제주체 간 의사결정, 그 효과와 부작용 등을 분석하는 것이 계약이론이다. 이 분야 연구에 대한 공로를 인정받아 하트 교수는 2016년 벵트 홀름스트롬 MIT 교수와 함께 노벨경제학상을 수상했다.

'기업은 주주가치를 극대화해야 하는가'를 주제로 한 이번 강연에서도 하트 교수는 "주주의 역할이 커질 때 기업의 사회적 역할도 커진다"고 단언했다.

기업의 주주는 사회에서는 한 개인이다. 그들은 주식을 사면서 많은 배당금과 매각차익을 기대하지만, 동시에 전기자동차에 관심을 갖고 다소 비싼 돈을 지불하며 공정무역 커피를 마시는 등 사회적 역할에도 관심을 보인다. 총기 제조사나 오염을 발생시키는 에너지 기술을 사용하는 기업은 높은 이윤에도 불구하고 투자하지 않겠다는 생각을 하기도 한다. 다시 말해 기업의 주주는 이윤 추구의 목적도 있지만, 다른 한편으로는 자신이 주인으로 있는 기업이 사회적 역할을 제대로 수행하기를 바라고 있다는 게 하트 교수의 기본 가정이다.

하트 교수는 경제모형에 대한 연구를 통해 사회적 역할에 대해 고민하는 주주가 수익성에만 관심이 있는 경우보다 전체 사회를 놓고 보면 더 많다고 분석했다. 사회적 역할은 주주 개인의 몫이 아니라 국가에 맡겨야 한다는 고전경제학의 주장에 대해서도 반대한다. 그는 "지금까지의 사례로 볼 때 환경·안전과 같은 사회적 역할에 대해 항상 정부가 올바른 결정을 하고 있다고 볼 수 없다. 정부에만 의존해선 안 된다"고 말했다.

하트 교수에 따르면 기업이 비윤리석이고 비사회적인 분야에 투자해 높은 수익을 올리더라도 이로 인해 큰 사회적 손실이 발생한다면 주주들과 선량한 관리 의무를 지닌 경영자들은 이를 거부한다. 기업이 주주들의 의사결정을 경영에 적극 반영할 경우 '사회 전체 잉여(기업 수익－사회적 손실)'를 고려하게 된다고 봤다. 주주 가치를 기업 활동에 적극적으로 반영하기 위해 하트 교수는 기업 의사결정 과정에서 '주주 투표Shareholder Voting'를 늘려야 한다고 주장했다. 또 창업자는 설립 단계에서 기업 헌장을 마련해 상장 이후 미래의 주주들이 사회적 역할을 고려한 경영 의사결정을 하도록 유도할 수 있다고 제안했다.

하트 교수는 〈매일경제〉와의 인터뷰에서 정치·경제 영역으로 계약이론을 확장하는 동시에 급변하는 세계 경제와 반세계화 풍조에 대해서도 큰 관심과 우려를 드러냈다.

그는 북핵·미사일 문제도 계약이론 관점에서 접근했다. 하트 교수는 "김정은 북한 노동당 위원장은 침략보다는 현상 유지를 최우선에 두고 있다. 이런 상황이 북한 주민들에게는 불행한 일이겠지만, 국제 정세로 본다면 정권 유지를 보장하면서 북핵 폐기를 설득하도록 트럼프 정부가 설득하는 게 최선의 대안이다"라고 말했다.

하트 교수는 2016년 영국의 유럽연합 탈퇴와 트럼프 행정부 출범 이후 높아지는 반세계화 움직임에 대한 반대 입장을 분명히 했다. 그는 "반세계화를 외치는 사람들은 대안을 제시하고 있지 못하다. 소득 불평등 해소를 위한 보완책이 필요하지만 여전히 자유무역과 세계화가 최선의 방안이다"라고 설명했다.

또한 최저임금 인상을 비롯해 저소득층의 소득을 늘려 소비와 성장을 촉진하는 '소득주도 성장론'에 대해선 부정적인 견해를 밝혔다. 하트 교수는 "고용주와 근로자 사이 계약에 정부와 같은 제3자가 인위적으로 개입하는 최저임금 인상 정책은 바람직하지 않다. 소득 불평등 해소를 위해 필요하다면 보조금을 지급하거나, '부負의 소득세Negative Income Tax'를 늘리는 것이 바람직하다"고 설명했다. 부의 소득세란 개인의 소득이 최저생계비 또는 소득공제액에 미치지 못할 때 최저생계비와 실제 소득 간의 차액을 정부가 보조하는 제도다. 보조받는 액수의 크기는 최저생계비, 근로자의 실제 소득, 부의 소득세율 등에 의해 결정된다. 국내에서도 근로장려세제EICTC 등에 반영돼 있다.

하트 교수는 법인세 인상에 대해서도 반대했다. 그는 "소득 불평등 해소를 위해 부자들의 조세 부담을 높여야 한다는 데는 동의한다. 하지만 이런 관점에서 소득 재분배 효과가 없는 법인세 인상은 바람직하지 않은 방안이다. 대신 법인세는 낮추고 소득세는 높이는 조세개혁을 추진해야 한다"고 주장했다.

이런 시각에서 법인세율을 현행 35%에서 20%로 대폭 낮추기로 한 트럼프 행정부의 세제 개편안에 대해서도 회의감을 드러냈다. 하트 교수는 트럼프 정권이 법인세 인하 방안을 내놓기는 했지만 소득세 인상이 없기 때문에 반쪽짜리에 불과하다고 지적했다.

최태원 회장이 보는 사회 혁신과 기업의 역할

최태원 SK그룹 회장

반도체, 석유화학, 이동통신, 유통 등 다양한 사업을 벌이는 SK그룹을 이끌고 있다. 고려대 물리학과를 졸업했고 미국 시카고대 경제학 박사과정을 수료했다. 1991년 SK의 전신인 선경 경영기획실에서 일을 시작해 1998년부터 SK그룹 회장으로 활동하고 있다. 보아오포럼 이사, UN 글로벌컴팩트 이사 등을 맡아 국제무대에서 활약했으며 세계경제포럼 등에서도 적극적으로 활동하고 있다. 최근에는 사회적 기업 양성의 필요성을 강조하고 있다. 앞으로 10년 안에 사회적 기업의 경제 규모를 GDP의 3% 수준으로 높이기 위해 사회적 기업 10만 개 육성을 제안했다.

"오늘 먹을 빵만 걱정할 수는 없지 않습니까. 몇 년 안에 영리기업도 사회적 가치를 실현하지 못하면 전략상 실패하는 날이 올 것입니다. 제가 기업의 사회적 가치와 사회적 기업을 강조하는 것도 살기 위한 전략입니다. 기업이 돈만 버는 곳이라는 고전적인 생각을 이제는 버려야 할 때입니다."

최태원 SK그룹 회장은 제18회 세계지식포럼에서 '사회 혁신과 기업의 역할'을 주제로 마이크를 잡았다. 국내 재계서열 3위인 SK그룹을 이끄는 총수지만 최 회장이 선택한 주제는 다소 의외였다. 그만큼 자리를 가득 메운 청중들은 최 회장이 제시하는 기업의 사회적 책임과 역할에 대한 비전을 귀담아들었다.

최 회장은 사회적 기업에 대한 자신의 철학을 전파하기에 앞서 미국의 안경 유통업체 와비파커와 천년누리전주제과의 비빔빵 사례 등을 들어 디지털 기술의 발달이 기업으로 하여금 사회적 가치 실현을 원활하게 만들고 있다고 소개했다.

최 회장은 "디지털·네트워크 기술은 서래비용을 '제로(0)'로 만들어 경제적 가치의 사회적 가치 전환의 촉매제가 되고 있다. 변화의 속도가 빨라질수록 사회문제 발생 속도가 해결 속도보다 빨라지고 이를 해결하기 위해 사회적 가치의 중요성이 더욱 커진다"고 말했다.

사회문제가 커지면 그 문제 해결을 정부나 시민사회단체에만 맡겨

둘 수 없다. 기업도 동참해야 한다. 하지만 기업은 돈 버는 일, 경제적 가치 창출은 누구보다 잘 알지만 사회적 가치 창출에 대해서는 익숙하지 않다.

최 회장은 "솔직히 기업은 사회공헌활동CSR도 하지만 사회문제를 해결하는 데 있어서 아마추어나 다름없다. 보다 전문적인 선수가 필요하다. 그래서 찾아낸 것이 사회적 기업, 사회적 기업가다"라고 밝혔다. 그는 구체적으로 SK그룹이 사회문제 해결을 위해 어떤 노력을 해왔고 또 하고 있는지 설명했다. 이 과정에서 사회적 기업 성과 측정에서의 어려움, 규모의 영세성, 보조금 의존성 등 문제점을 발견했다고 말했다.

최 회장은 "우리는 과연 사회적 기업이 지속 가능한지 근본적인 의문에 봉착했다. 사회문제를 해결하는 선수를 빨리 키워내기 위해 (사회적 기업) 생태계를 인위적으로 조성할 필요가 있다는 결론에 도달했다"고 밝혔다. 그냥 두면 사회적 기업은 도태되기 쉽다. SK그룹은 사회적 가치 측정 체계와 회계 시스템을 직접 만들고 현금 지원책을 도입하는 등 사회적 기업과 사회적 기업가를 육성하기 위해 인위적이지만 필요한 방법을 찾았다.

최 회장은 특히 경제적 가치처럼 사회적 가치를 누구나 동의할 수 있는 화폐가치로 측정하고 표시하는 시스템을 만드는 일이 가장 힘들었다고 회고했다. 그는 "현장 의견 수렴과 합의가 사회적 가치 측정 체계 개발·확산의 핵심이다. 이를 준비하는 데만 1년 반 정도 걸렸다. 장기적으로 질적 가치를 화폐가치로 환산하는 노력도 필요하다"고 설명했다.

사회적 기업 육성을 위해서 최 회장은 적절한 보상과 유인책도 중요한 항목으로 꼽는다. 사회적 기업이 창출한 사회적 가치를 객관적으로 측정해 이에 비례한 보상을 주는 시스템이다.

최 회장은 "사회문제 해결을 위한 동기를 부여하기 위해서는 사회적 가치 창출에 대한 보상이 필요하다. 현금 지급은 사회문제 확산을 막기 위해 강제적으로 경제적 가치를 사회적 가치로 전환시키는 역할을 한다"고 설명했다.

사회가 빠르게 변하면서 사회문제 발생에도 가속도가 붙는다. 이윤을 추구하는 개인·기업에 사회적 가치 창출을 맡겨서는 성과가 나오지 않는다. 여기에 적절한 유인책이나 지원책, 보상마저 없으면 사회적 기업 실험은 본궤도에 오르기도 전에 좌초할 수 있다. 최 회장은 청중들 중에서도 아들, 딸, 조카가 사회적 기업을 한다고 하면 말릴 것이라며 이 문제를 해결하려면 적절한 보상을 줄 수밖에 없다고 설명했다.

이런 노력의 결과 2016년 SK그룹의 울타리 내에서 44개 사회적 기업이 104억 원의 사회적 가치를 창출했다. 이들은 모두 27억 원의 현금 보상을 받았다. 2017년에는 93개 기업이 참여해 201억 원의 사회적 가치를 창출할 것으로 기대를 모은다. 돌아가는 보상은 48억 원에 이른다.

최 회장은 인센티브를 받은 사회적 기업들은 고용을 늘리기도 하고 재투자를 통해 매출을 상당히 올리기도 했다며 긍정적인 결과들이 하나둘 나오고 있다고 평가했다.

최 회장은 사회적 기업 10만 개를 만드는 게 목표다. 그는 2017년

6월 고용노동부가 사회적 기업 육성법 제정 10주년을 맞아 마련한 '2017 사회적 기업 국제포럼'에 기조연설자로 나서 "향후 10년 안에 우리나라 사회적 기업 경제 규모를 GDP의 3% 수준으로 키우고, 이를 위해 사회적 기업 10만 개를 육성하자"고 제안하기도 했다. 여기서 최 회장은 "사회적 기업 10만 개를 만들면 청년 일자리 문제가 사라지고 인공지능 도입으로 인한 실업도 막을 수 있다. 행복하고 좋은 세상을 만들 수 있을 것"이라고 말했다.

최 회장은 "사회적 가치와 경제적 가치의 비율이 3 대 7은 돼야 변곡점이라고 할 수 있다. 아직 우리 사회는 변곡점에 도달하지 못했다. 하지만 공유경제가 확산되고 있고 환경문제의 중요성도 커지고 있다. 3년 안에는 변곡점에 도달할 수 있을 것이라고 생각한다"고 낙관적인 전망을 내놓았다.

2017년 10월 문재인 정부는 '일자리 정책 5년 로드맵'과 '사회적 경제 활성화 방안'을 발표했다. 문재인 대통령은 사회적 경제에 대해 우리 경제가 직면한 고용 없는 성장과 경제적 불평등을 극복할 수 있는 대안이라며 일자리를 늘리면서 동시에 사회적 문제를 해결하는 착한 경제라고 밝혔다.

바이두는 왜 인공지능에 주목하는가

장야친 바이두 총재

바이두의 A부터 Z까지 바꿔나가고 있는 미래사업 담당 총재다. 마이크로소프트 아시아·태평양 지역 연구개발을 총괄하던 2014년 9월 리엔훙 바이두 회장이 삼고초려해 총재로 영입했다. 리 회장이 바이두의 전반적인 사업을 총괄한다면 장 총재는 글로벌과 신사업을 총괄하고 있다. 마이크로소프트차이나 대표를 역임했고, 마이크로소프트아시아연구소의 공동창업자이기도 하다. 장 총재는 12세에 중국과학기술대에 입학한 수재다. 23세에 미국 조지워싱턴대에서 전기공학 박사학위를 받았다. 1997년 불과 31세의 나이에 국제전기전자공학학회 100년 역사상 최연소 펠로우로 선정돼 세상을 깜짝 놀라게 했다. 60개 이상의 미국 특허가 있으며 500편 이상의 논문을 썼다.

"과거에 증기기관이 그랬던 것처럼 인공지능은 새로운 산업을 이끌게 될 것이다. 인공지능은 우리의 삶과 산업을 완전히 바꿔놓을 것이다."

바이두Baidu 장야친Zhang Ya-Qin 총재는 인공지능은 아주 강력하며 우리 시대의 가장 큰 변화를 이끌고 비즈니스와 삶의 본질도 바꿀 것이라고 밝혔다.

바이두는 중국의 구글로 불린다. 구글이 영국의 딥마인드Deep Mind를 인수해 알파고를 만들어 세계를 깜짝 놀라게 한 것처럼 바이두도 가정은 물론 자동차에 인공지능을 적용하기 위해 전사적 노력을 기울이고 있다. 장 총재는 바이두를 검색기업에서 인공지능기업으로 전환시키는 작업을 진두지휘하고 있다.

장 총재는 인공지능의 필요성과 우수성을 강조한다. 인공지능이 인간을 대체하거나 인류를 위협하지 않고, 인간 삶을 보다 풍요롭게 만드는 보조적 수단이라는 것이다.

그는 "인공지능은 알고리즘이나 데이터일 뿐인데도 많은 사람들이 두려움을 갖고 있다. 인공지능은 전혀 다른 지성을 만드는 게 아니라 우리 인간의 지성을 보강하고 우리 삶을 보다 나은 방향으로 발전시키는 데 도움을 줄 것"이라고 말했다.

많은 이들은 인공지능 시대에 인간과 기계가 충돌하게 될지 모른다는 상상을 한다. 공상과학영화에서 나올 법한 얘기지만 과거 영화 속

장면이 최근 현실이 되고 있는 모습을 보고 있자면 막연한 두려움이라고 매도하기도 어렵다.

장 총재는 "자의식(또는 지능)을 가진 인공지능을 만드는 것은 생각하고 있지 않다. 이는 우리(바이두)의 방향과 맞지 않다"며 인공지능이 가져올 불안한 미래에 대한 우려를 거듭 불식시키려고 했다.

장 총재는 개인용컴퓨터와 인터넷의 발명은 미국이 주도권을 행사했지만 인공지능은 중국이 미국을 앞지를 것으로 내다봤다. 장 총재는 "중국은 국가 정책의 우선순위에 인공지능을 두고 있다. 한 해 예산만 500억 달러에 이른다"고 말했다. 2017년 7월 중국 국무원은 '차세대 인공지능 발전계획'을 발표했다. 이는 중국 최초의 국가 차원 인공지능 발전 중장기 계획으로 중국이 인공지능 시대를 선도하겠다는 강력한 의지를 전 세계에 드러냈다.

계획은 3단계로 진행된다. 2020년까지 인공지능 기술 및 응용 수준을 세계적 수준으로 끌어올린다. 인공지능 핵심 산업 규모를 1,500억 위안(약 25조 원), 연관 산업은 1조 위안(약 171조 원)이 넘게 육성할 방침이다.

2단계는 2025년까지 인공지능을 스마트 제조, 스마트 시티, 스마트 의료, 스마트 농업 등으로 광범위하게 응용하는 것이다. 관련 핵심 산업 규모는 4,000억 위안(약 68조 원), 연관 산업은 5조 위안(약 850조 원)을 초과하는 시점이다.

3단계로 2030년이 되면 중국이 전 세계 인공지능의 중심 국가가 되고 인공지능 연관 산업 규모도 10조 위안(약 1,710조 원)을 넘어서게 될 것으로 전망했다.

정부가 돈을 쏟아붓는다고 중국이 인공지능 종주국이 될 수 있는 건 아니다. 이 돈을 제대로 쓸 수 있는 인재가 필요하다. 인재의 절대적인 양에서 중국은 미국을 압도한다. 장 총재는 "중국에서는 매년 700만 명의 대학 졸업생이 나오고 이들 중 절반이 정보통신기술ICT 분야 전공자다. 양적으로 많기도 하지만 칭화대, 베이징대 등에서 질적으로 우수한 최고 수준의 인재들을 배출하고 있다"고 말했다.

중국이 인공지능 리더십을 확보할 수 있는 또 다른 이유는 데이터의 양이다. 인공지능을 발전시키는 데 데이터의 양은 무엇보다 중요하다. 중국은 인구 13억 명이 하루에도 엄청난 규모의 데이터를 생산한다. 장 총재는 "데이터 양으로 봤을 때 중국은 (미국을) 앞서 있다"고 말했다.

바이두는 이런 변화를 어떻게 준비하고 있을까. 장 총재는 "20년 가까이 검색 서비스를 통해서 방대한 테이터를 수집한 것이 인공지능 진출 토대가 됐다. 최근 1년 동안 대대적인 혁신을 거쳐 기술과 자본을 인공지능에 투자하고 있다. 바이두는 이제 검색기업에서 인공지능기업으로 전환하고자 한다. 4만여 명의 직원 중 인공지능 과학자만 2,000여 명에 이를 정도"라고 말했다.

바이두의 인공지능 과학자들은 인공지능 시대에 맞는 플랫폼을 선점하기 위해 노력하고 있다. 구글의 안드로이드와 애플의 iOS가 스마트폰 시장을 석권한 것을 교훈으로 삼고 있다. 장 총재는 "인공지능 시대에도 운영체제가 필요하다. 우리가 만드는 운영체제가 인공지능판 안드로이드가 되는 게 목표"라고 밝혔다.

바이두는 이를 위해 크게 두 가지를 준비 중이다. 우선 집에서 인공

지능을 사용하는 운영체제는 인공지능 비서라고 할 수 있는 듀어Duer
다. 장 총재는 "듀어는 오픈 플랫폼의 하나로 가정에서 아주 간단하게
사용할 수 있다. 이미 100개 기업이 듀어를 이용하고 있다"고 했다.

　다른 하나는 자율주행차용 플랫폼 아폴로Apollo다. 바이두는 2017년
4월 상하이 모터쇼에서 아폴로 프로젝트를 전격 공개했다. 구글이 안
드로이드를 개방함으로써 스마트폰 시장을 지배한 것처럼 아폴로를
일반에 공개해 자율주행차 시장의 안드로이드로 만들겠다는 전략이
다. 그는 "아폴로는 한국의 완성차업체 등 전 세계 70개 파트너사가
이미 함께하고 있다. 앞으로 5~10년 이내에 자율주행과 인공지능이
자동차산업을 크게 변화시킬 것이다. 자동차산업에 어마어마한 갈등
이 생기고 승자와 패자로 갈릴 텐데 승자가 되기 위해 이 같은 전략을
세웠다"고 밝혔다.

인텔이 17조 배팅한 모빌아이와 자율주행차

암논 샤슈아 모빌아이 CEO 겸 CTO, 인텔 수석부사장

이스라엘 예루살렘 히브리대 컴퓨터공학 교수이며 모빌아이의 CEO 겸 CTO, 인텔의 자율주행그룹을 이끄는 수석부사장을 맡고 있다. 전문 분야는 컴퓨터비전과 기계학습(머신러닝)이다. 2001년 마아프라이즈 장려상, 2004년 케이혁신상, 2005년 란다우상 정밀과학부문을 수상했다. 1999년에 주행보조 시스템을 위한 시스템 온 칩과 컴퓨터비전 알고리즘을 개발하고, 카메라를 이용해 능동형 안전기능을 제공하는 이스라엘 회사인 모빌아이를 공동 설립했다. 현재 25개 자동차 제조업체에서 약 2,000만 대의 자동차가 모빌아이 기술에 의존해 안전주행이 가능하도록 생산되고 있다. 2010년에는 컴퓨터비전과 인공지능을 이용해 시각장애가 있는 사람들을 돕는 이스라엘 벤처기업 오캠OrCam을 공동 설립했다. 오캠의 마이아이MyEye 기기는 시각적 도움을 주는 착용형 기기로 수억 명의 사람들에게 시각보조를 제공하고 있다.

"(자율주행 시대에도) 사고가 전혀 없을 수는 없습니다. 우리는 절대적 안전성을 높이기보다는 자율주행차 때문에 사고가 발생하는 일을 막아야 합니다. 책임민감성안전RSS 모형을 적용하면 자율주행차는 사고 책임에서 자유로워질 수 있습니다."

최근 자동차업계의 최대 화두는 크게 두 가지다. 테슬라를 필두로 전기자동차가 각광받으면서 가솔린·디젤 엔진 등 내연기관이 사라질지 관심이다.

다른 하나는 자율주행차다. 지금까지 100년 가까이 자동차는 사람이 운전해왔지만 더 이상 운전자가 직접 운전대를 잡을 필요가 없는 시대가 다가왔다. 두 손이 해방된 인간은 차량 안에서 보다 창조적인 일을 할 수 있다. 운전자를 내려준 차량은 스스로 집으로 복귀해 다른 가족들이 이용하는 것도 가능하다.

테슬라 CEO인 일론 머스크를 빼놓고 전기자동차를 말할 수 없듯이 자율주행차는 암논 샤슈아Amnon Shashua 모빌아이Mobileye CEO 겸 인텔 수석부사장을 빼놓고 설명할 수 없다. 샤슈아 CEO는 2014년 3월 이스라엘 역사상 최대 규모의 기업공개를 성공시켰으며 2017년 8월에는 153억 달러(약 17조 원)에 인텔에 인수됐다. 인텔은 모빌아이를 인수한 후에도 샤슈아 CEO에게 자율주행차 개발을 위해 사실상 전권을 부여하고 있다.

샤슈아 CEO는 제18회 세계지식포럼에 참석해 자율주행차 대량 생산을 위해 해결해야 할 근본적 과제인 안전 문제 해법으로 자신만의 RSS 모형을 공개했다.

샤슈아 CEO는 "자율주행차는 안전 문제와 경제성 문제를 해결하지 못하면 대량 생산이 불가능하다. 두 가지는 자율주행 시대로 가기 위한 근본적인 문제인데 아직 본격적으로 다뤄지지 않고 있다"고 지적했다.

자율주행차로 인명 사고가 발생할 경우 사람이 운전하는 경우와 비슷한 사고 확률이라도 정부(규제당국)나 여론은 자율주행차에 뭇매를 때릴 것이다. 샤슈아 CEO는 하물며 인간이 운전할 때보다 자율주행차가 인명 사고를 3분의 1 줄여준다고 해도 사회는 수용하지 않을 것이라며 RSS 모형으로 자율주행차가 사고를 내지 않도록 미리 수학적으로 설계할 수 있다고 설명했다.

인텔에 따르면 RSS는 다른 차량의 움직임에 상관없이 자율주행차가 사고를 내지 못하게 하는 안전 상태를 정의해준다. 샤슈아 CEO는 "안전 상태에서 자율주행차는 사고를 내지 않는다. 사고 발생 책임은 자율주행차에 없다"고 자신했다.

그는 최근 '안전하고 확장 가능한 자율주행차를 위한 공식 모형에 관하여'라는 제목의 백서에 RSS 모형을 모두 공개했다. 샤슈아 CEO가 공익이나 공공선을 위해서 소스를 공개한 것은 아니다. 자율주행 시대를 더 앞당기기 위해서 공개한 것이다. 샤슈아 CEO는 "기술 표준화를 위해서 RSS 모형을 공개했다. 표준이 없으면 자율주행차는 불가능하다. 표준은 항공업계처럼 여러 개가 될 수도 있을 것"이라고 내다봤다.

좌장을 맡아 강연을 진행한 랜디 윌리엄스 케이레츠포럼 창립자 겸 CEO는 샤슈아 CEO에게 이스라엘의 기업 문화에 대해 물었다. 샤슈아 CEO는 "이스라엘에는 누군가 야심차게 일했을 때 실패를 용인하는 문화가 있다. 자유롭게 의사를 표현할 수 있고 수평적인 조직문화를 갖고 있는 게 이스라엘 문화의 특징"이라고 말했다.

윌리엄스 CEO는 자율주행차가 모든 자동차에 적용될지 아니면 특정 자동차에만 적용될지 물었다. 샤슈아 CEO는 "화물트럭의 경우 운반하는 화물이 비싸면 인공지능에 운전을 맡기기는 아직 어렵다고 생각한다. 우버나 자가용 승용차부터 적용하는 게 목표"라고 설명했다.

한 청중은 이스라엘 특유의 후츠파Chutzpah에 대해 물었다. 샤슈아 CEO는 "후츠파는 직역하면 '권력이나 권위에 대한 도전'을 의미한다. 후츠파는 상사나 윗사람의 눈치를 보지 않고 자기 의견을 피력하게 만든다. 때로는 리더가 아니라 신입 직원에게서 조직의 올바른 방향이 제시된다. 후츠파는 사회를 건강하게 만든다"고 강조했다.

또 다른 청중은 자율주행차의 의사결정 체계에 대해 물었다. 돌발 변수가 발생할 경우 반응속도가 중요한데 멀리 떨어진 클라우드 서버의 명령을 기다리다 보면 이미 상황이 종료된 후가 아니냐는 지적이었다.

샤슈아 CEO는 "자율주행차에서 반응속도는 아주 중요한 요소다. 의사결정은 클라우드에서 할 수 없다. 결정은 차 안에서 이뤄져야 하고 이에 따라 모든 인공지능은 차 안에 집중될 수밖에 없다"고 말했다. 또한 "자율주행 시대가 되면 주차장은 사라지고 그 공간은 쾌적한 공간으로 바뀌게 된다. 모든 차량은 공유될 것이고 타지 않는 차량에 돈을 쓰는 일도 없어질 것이다. 보험회사가 할 일도 크게 줄어들 것"으로 전망했다.

데이터 경제 시대 혁신 동력

손영권 삼성전자 사장 겸 최고전략책임자

삼성전자의 글로벌 혁신과 투자, 신규 비즈니스 창출 전략 및 개발을 주도하며, 80억 달러 규모의 하만인터내셔널인더스트리 인수를 이끌었다. 실리콘밸리에서 성공한 대표적인 한국인으로 꼽히는 그는 HP 엔지니어로 출발해 인텔코리아 초대 사장, 퀀텀 아시아·태평양 지사장, 오크테크놀러지 CEO, 하이닉스반도체 사외이사 등을 지냈다. 미국 펜실베이니아 대에서 전기공학 학사학위, MIT 슬론 경영대학원에서 석사학위를 취득했다.

"데이터경제 시대에는 자율주행차와 헬스케어 분야의 혁신을 주목해야 한다."

손영권 삼성전자 사장 겸 CSO(최고전략책임자)는 '데이터경제 시대 혁신 동력'을 주제로 강연하면서 "60초 동안 구글은 38만 개의 검색, 페이스북은 330만 개의 포스팅이 이뤄지는 등 데이터는 과거와 비교할 수 없을 만큼 폭발하고 있다. 데이터 폭발로 헬스케어와 자율주행차 시장에 새로운 기회가 만들어지고 있다"고 말했다.

그는 과거에도 인공지능과 사물인터넷IoT 등은 혁신을 일으킬 수 있는 성장 동력으로 평가받았지만 데이터가 쌓이고 연결되면서 완벽한 태풍이 만들어졌다고 분석했다. 수십 년간 축적된 데이터는 헬스케어, 교통, 제조업, 농업 등 사회 전 분야에 적용되면서 인류의 삶을 근본적으로 바꿀 준비를 하고 있다. 이 과정에서 스마트폰과 같은 새로운 기기의 등장은 스타트업과 같은 신산업이 폭발하는 기폭제 역할을 했다. 손 사장은 데이터경제가 무엇보다 헬스케어와 자율주행차산업에 강력한 영향을 미칠 것으로 전망했다. 그는 "10년 뒤 사람의 유전체 분석에 드는 비용은 단돈 100달러가 될 것이다. 개인의 유전체 분석은 질병 예측은 물론 맞춤형 치료로 고령화사회에 큰 기회가 될 수 있다"고 덧붙였다.

강연 중 손 사장은 손목에 찰 수 있는 형태의 작은 밴드를 소개했다.

그는 "스타트업 블룸라이프에서 만든 이 센서는 태아의 심장박동과 움직임 등의 모니터링이 가능한데 현재 임상 시험 중이다. 데이터는 인간이 보다 나은 삶을 살 수 있도록 도울 수 있다"고 말했다.

손 사장은 폭발적으로 늘어나는 데이터를 석유로 비유했다. 석유는 항상 존재했지만 어떻게 활용할지에 대해서는 누구도 알지 못했다. 19세기만 해도 석유는 그저 검은 물이었을 뿐이다. 하지만 산업혁명과 함께 자동차가 등장하면서 석유의 가치는 급상승했다. 석유는 곧 산업의 중심축이 되면서 공급망이 만들어지고 시추회사 등 새로운 산업으로 커가기 시작했다. 손 사장은 데이터 역시 비슷한 일이 벌어지고 있다고 진단했다. 10년 전, 전 세계 시가총액 1위부터 10위는 엑슨모빌, 로열더치셸, 페트롤차이나, BP 같은 석유회사와 은행이 차지했다. 10대 기업 중 5대 기업이 석유를 다루는 회사였다. 하지만 불과 10년 뒤 세상이 변했다. 손 사장은 "애플, 구글, 페이스북, 아마존, 알리바바처럼 데이터 플랫폼 기반의 기업들이 시가총액 상위 10위 안에 7개나 포진했다. 투자자 관점에서 데이터 가치는 과거보다 훨씬 커지고 있다"고 이야기했다.

이런 상황에서 삼성이 주목한 분야는 헬스케어와 함께 자율주행차 시장이다. 현재 자동차가 생산하는 데이터양은 50GB(기가바이트)다. 하지만 자율주행차 시대가 도래하면 데이터양은 50TB(테라바이트)로 승가할 것으로 예상된다. 과거 운전자가 직접 확인해야 했던 타이어 상태, 기름의 양 등은 이제 모두 대시보드에서 확인할 수 있는 데이터가 됐다. 손 사장은 "자동차는 또 하나의 스마트폰으로 변하게 될 것이다. 이게 우리가 하만을 인수한 이유"라고 덧붙였다. 삼성은 2017년

3월 하만 인수를 완료했다. 인수가액은 80억 달러, 우리 돈으로 약 9조 2,000억 원에 달한다. 국내 기업의 해외 인수 사상 가장 큰 규모다. 삼성은 2015년부터 자동차 음향, 솔루션부문 진출을 위해 전장사업팀을 신설하고 하만 인수를 추진해왔다. 자동차 부품기업임에도 현대자동차가 아닌 삼성이 큰돈을 들여 인수한 이유는 손 사장의 말처럼 데이터 시대 자동차 시장이 갖고 있는 파괴력 때문이라는 분석이다.

손 사장은 "삼성과 하만은 5G나 텔레매트릭스, GPU칩, UI 등의 분야에서 시너지 효과를 낼 수 있을 것이다. 자동차라는 새로운 고객이 생긴 것"이라고 말했다. 또한 삼성은 하만 인수를 시작으로 인수합병을 전략적으로 활용해나가겠다는 의지도 피력했다. 손 사장은 "한국 기업은 글로벌 기업의 인수를 언짢게 생각하는 경향이 있지만 세계가 나의 무대라고 생각을 해야 한다. 2, 3등이 아닌 최고의 회사를 선정해 우리 회사의 일부로 만들면서 적절하게 소화할 수 있는 능력을 키워야 한다"고 말했다. 삼성전자는 자율주행차 등에 적용하는 전장사업 관련 기술 확보를 위해 3억 달러 규모의 '오토모티브 혁신 펀드'를 조성할 계획이라고 발표하기도 했다.

화려한 경력으로 전 세계 기업의 러브콜을 받던 그는 삼성전자에 둥지를 틀면서 새로운 삶을 시작했다. 실리콘밸리의 자유로운 문화에 젖어 있던 그는 삼성의 문화를 어떻게 평가할까. 손 사장은 "변화를 추구하고 있다. 기업의 문화를 바꾸는 것은 상당히 어려운 일이다. 위에서부터 바뀌지 않으면 기업의 문화는 절대 변하지 않는다. CEO들과 함께 몸소 실천하며 바꾸기 위해 노력하고 있다. 시간이 걸리는 일인 만큼 지속적으로 추진할 것"이라고 말했다. 이를 위해 권오현 회장

(현 삼성종합기술원 회장)을 비롯해 삼성의 CEO들은 저녁 6시 30분이 되면 무조건 퇴근을 했다고 한다. 삼성의 조직문화 DNA를 바꾸자는 취지에서다.

손 사장은 데이터경제 시대를 가로막는 걸림돌로 기술을 따라가지 못하는 정부의 규제와 실패를 두려워하게 만드는 창업문화 등을 꼽았다. 그는 "한국의 빨리빨리 문화는 성장에 도움을 주지만 쉽게 포기하는 단점도 있다. 기업들은 5~10년 뒤를 내다보는 전략적인 투자와 함께 인내를 갖고 협력해나가야 한다"고 조언했다.

미디어산업의 미래

기타 쓰네오 닛케이그룹 회장

닛케이그룹의 비즈니스 포트폴리오 중 성장의 두 기둥인 디지털화와 글로벌화를 구축했다. 2015년 〈파이낸셜타임즈〉 인수의 주역이다. 〈닛케이〉의 디지털 버전인 〈닛케이 전자판〉은 그의 주도하에 2010년 출범했다. 현재 54만 명의 유료 구독자들을 보유한 아시아 최대의 뉴스 웹사이트 중 하나로 자리매김했다. 2013년 범아시아 영어 뉴스미디어인 〈닛케이 아시안 리뷰〉의 발간을 주도했다. 게이오대에서 경제학 학위를 취득했다. 1971년부터 〈닛케이〉에서 기자로 일하면서 거시경제학과 금융시장을 두루 섭렵했으며 미국 뉴욕의 〈닛케이〉 미주총편집국에서 근무하기도 했다.

"급변하는 글로벌 미디어 사회에서 언론이 생존하려면 디지털화와 글로벌화 그리고 양질의 보도를 하는 게 중요합니다."

일본 최대 미디어그룹인 닛케이그룹의 기타 쓰네오Kita Tsuneo 회장은 제18회 세계지식포럼 '변곡점에 선 미디어산업의 미래' 강연을 맡아 미디어가 어떻게 디지털 시대에 대응할 수 있는지 전했다.

기타 회장은 먼저 "정보과잉 시대 속에서 유료화된 정보가 오히려 각광받을 수 있을 것이다. 언론사들은 이 기회를 활용해 질 높은 뉴스를 제공함으로써 유료 구독자 확대에 박차를 가해야 한다. 미디어가 살아남으려면 경쟁력의 근간인 콘텐츠 강화가 필요하다"고 했다. SNS를 통해 무료로 뉴스 콘텐츠를 접하는 방식이 보편화된 상황에서도 믿을 만한 뉴스를 생산한다면 틈새시장이 있다는 것이다. 그는 "지난 미국 대선 때 교황이 트럼프 대통령을 지지한다는 사실과 다른 뉴스가 퍼지는 등 가짜뉴스의 악용이 현실이 됐다. 흥미로운 점은 이로 인해 사람들이 공짜 정보에 대해 경각심을 갖게 됐다는 것"이라고 말했다. 실제 2016년 미국 대선 기간 중 공화당 관련 38%, 민주당 관련 18%의 뉴스가 거짓이라는 조사가 나오는 등 가짜뉴스는 심각한 사회문제로 부상했다.

기타 회장은 디지털화와 글로벌화의 중요성도 역설했다. 닛케이그룹은 2015년 영국의 자존심으로 불리던 경제지 〈파이낸셜타임즈

Financial Times〉를 인수하며 디지털화와 글로벌화 두 마리 토끼를 잡았다는 평가를 받고 있다. 142년 역사를 자랑하는 일본 대표 경제지 〈닛케이〉는 디지털화는 결국 글로벌화와 뗄 수 없는 불가분의 관계라고 보고, 세계 시장 진출을 적극적으로 추진해왔다. 그리고 86만 명에 달하는 유료 독자를 확보하고 있는 〈파이낸셜타임즈〉를 인수하는 결단을 내렸다. 〈파이낸셜타임즈〉는 온라인 유료화에 성공한 몇 안 되는 세계적 신문사다. 〈닛케이〉는 〈파이낸셜타임즈〉와 시너지를 낼 신규 사업을 추진 중이다. 기타 회장은 "기업의 실적과 경영 데이터 등의 전문정보와 해당 기업의 뉴스를 결합한 법인용 뉴스를 〈파이낸셜타임즈〉와 함께 출시하려고 추진 중이다. 교육사업, 직원 연수사업 등도 공동 기획하고 있다"고 말했다.

그는 "〈닛케이〉는 1970년대에 미국 IBM과 손잡고 세계 최초로 컴퓨터로 신문 지면을 제작하는 등 디지털화에 꾸준한 관심을 가져왔다. 2010년에는 〈닛케이 전자판〉(www.nikkei.com)을 만들어 현재 유료 회원수가 54만 명에 달한다"고 밝혔다. 처음 〈닛케이 전자판〉을 만들 때는 우여곡절도 많았다. 온라인 정보를 유료화하는 것은 비상식적이라는 비판이 쇄도했다. 하지만 수준 높은 콘텐츠를 제공하려면 그만한 대가를 지불해야 한다고 그는 확신했다. 그는 "전 세계에 특파원을 보내 수준 높은 정보를 독자들에게 선보이려면 무료는 절대 안 된다고 판단했다"고 회고했다. 기타 회장의 디지털 전략으로 〈닛케이〉는 일본 언론으로는 거의 유일하게 디지털 유료 독자 확보에 성공한 매체가 됐다.

첨단기술 적용은 지금도 활발하게 이루어지고 있다. 그는 "첨단기술 관련 연구개발을 위해 '닛케이 이노베이션 랩' 팀을 만들어 디지털 서비스 개선에 심혈을 기울이고 있는 것은 물론 대형 정보통신기술기업, 대학과도 협력하고 있다"고 전했다.

미디어산업에 유용한 첨단기술로는 인공지능을 꼽았다. 그는 "일본에서 기업들이 결산발표를 할 때 10초 안에 인공지능이 이를 읽어 짧은 기사로 자동작성, 〈닛케이 전자판〉에 바로 게재되는 프로그램을 운영 중이다. 인공지능이 숫자를 정리하고 기자들은 여기에 기업의 투자 전략 분석 등을 더하면 완성도 높은 기사가 탄생할 수 있다"고 말했다.

그는 닛케이그룹은 디지털화에 발 빠르게 대응하고 있지만 종이신문과 디지털을 하나로 묶어 전파하는 더블 플랜이 중요하다고 전했다. 특히 그는 종이신문은 절대 없어지지 않는다며 종이신문 종말론을 강력하게 반박했다. 디지털을 따라가기 어려워하는 고령의 독자가 많기 때문에 종이신문은 꼭 필요하다는 것이다. 또 종이신문은 온라인과 달리 어떤 뉴스가 어디에 있는지 바로 알 수 있다는 장점이 있다고 설명했다.

디지털화 못지않게 글로벌화도 닛케이그룹의 주요 전략이다. 〈파이낸셜타임즈〉를 인수한 것도 세계 시장으로 나가려면 영문 언론사가 필요하다는 판단 때문이있다. 고령화로 인구가 급감하는 일본 시장에 머무르다간 도태될 수 있다는 위기의식이 큰 영향을 줬다. 그는 "현재 일본에서는 하루 평균 4,000만 부의 신문이 발행되는데 연간 100만 부씩 발행이 줄고 있다. 글로벌화를 통한 새로운 시장 개척이 절실하다"고 말했다. 닛케이그룹은 글로벌화의 일환으로 영국의 글로벌 정세 및 라이프 스타일 잡지인 〈모노클〉의 지분을 인수하기도 했다.

향후 사업 전략도 밝혔다. 그는 현재 보도용인 '닛케이 아시아 300 지수'를 연내 투자자를 위한 법인용 지수로도 선보일 계획이라고 전했다. 〈닛케이〉는 아시아 국가·지역별 유력 상장기업 300여 개의 주가 움직임을 반영하는 '닛케이 아시아 300 지수'를 산출해 공표하고 있다.

기타 회장은 마지막으로 작은 언론사도 차별화에만 성공한다면 생존할 수 있다고 했다. 그는 "미국의 정치전문매체 〈폴리티코〉의 성공에서 볼 수 있듯이 규모가 작아도 경쟁력이 풍부한 콘텐츠가 있다면 성장 가능성이 있다. 닛케이그룹이 부족한 면을 작은 스타트업이 갖고 있다면 스타트업과 손잡을 의향도 있다"고 밝혔다.

4차 산업혁명 시대 에너지 혁신

연 사

레이날도 가르시아 GE 파워그리드솔루션 CEO
조환익 한국전력 사장
한스-마틴 헤닝 프라운호퍼 태양에너지시스템연구소장

사 회

최준균 한국과학기술원 교수

사물인터넷, 빅데이터, 인공지능, 자율주행차. 4차 산업혁명을 이끌고 있는 신기술 중 어느 하나 에너지 혁신을 필요로 하지 않는 것이 없다. 미래 기술이 상용화되려면 먼저 에너지 분야에서 대대적인 혁신이 일어나야 하는 이유다.

조환익 한국전력 사장, 독일 프라운호퍼 태양에너지시스템연구소 ISE의 한스-마틴 헤닝Hans-Martin Henning 소장, 미국 GE제너럴일렉트릭의 에너지부문인 파워그리드솔루션의 레이날도 가르시아Reinaldo Garcia CEO는 이런 문제의식을 공유하는 글로벌 에너지업계 선도자다.

제18회 세계지식포럼에서 '4차 산업혁명 시대 에너지 혁신' 토론 강연에 참석한 세 사람은 "에너지산업에서 획기적인 기술 변화가 일어나고 있다. 산업 간 경계를 허물고, 기술 융합을 통한 혁신이 필수적"이라고 입을 모았다.

먼저 연사로 나선 조 사장은 전력업계의 최대 현안을 재생에너지와 에너지 효율성으로 정리했다. 이어 기존 에너지기업도 플랫폼 회사로 변모해야 4차 산업혁명 시대에서 살아남을 수 있다고 밝혔다.

조 사장은 "4차 산업혁명 시대를 맞아 재생 가능한 에너지 사업은 전통적 전력산업을 넘어서고 있다. 이러한 산업을 BTMBeyond The Meter이라고 부른다. 기술혁신으로 재생 가능한 에너지 장비의 단가가 낮아지고 있다. 재생 가능한 에너지의 확장이 가능해지고 있다는 뜻"이라고 말했다.

조 사장은 BTM 시대를 맞아 기존 사업자들 밖 기업들의 참가가 늘고 있다며 "테슬라, 구글, 소프트뱅크 같은 정보통신기술기업들이 이미 에너지업계에 뛰어들어 경쟁이 격화되고 있다. 기존 사업자들의 위기이자 새로운 기회"라고 진단했다. 산업 간 기술 융합이 일어나며 4차 산업혁명 시대에 새로운 혁신을 선도할 수 있기 때문이다. 그는 "2025년까지 유틸리티 매출의 45%가 디지털화 모델에서 나온다. 기존 회사도 소비자 요구에 더 부응할 수 있고, 비용 절감이 가능한 길도 열리게 되는 것"이라고 말했다.

한국전력은 4차 산업혁명 시대 에너지 혁신의 핵심 가치를 실현하기 위해 플랫폼 모델을 개발해 기술 공유를 선도할 계획이다. 조 사장은 "전력기업은 다수의 다른 기업, 소비자와 개방형 플랫폼에서 같이 일해야 한다. 그래야 급변하는 세상에서 탄력적인 적응이 가능하다"고 했다.

한국전력은 2016년 '캡코KEPCO 4.0 프로젝트'를 통해 플랫폼 회사로의 전환을 선언했다. 한전이 가진 강점인 인프라스트럭처와 운영 기술력에 사물인터넷, 빅데이터 등 4차 산업혁명 기술을 융합하려는 시도다. 이를 통해 에너지저장시스템ESS, 스마트 시티, 전기자동차 충전 등 다양한 분야의 신사업으로 확장해나간다는 계획을 세우고 있다.

헤닝 소장도 조 사장과 마찬가지로 재생에너지와 에너지 효율을 에너지 혁신의 주요 과제로 제시했다. 그는 두 마리 토끼를 잡기 위해선 유연화가 핵심 가치라고 설명했다. 헤닝 소장은 "풍력, 태양광 발전 같은 친환경 에너지의 문제는 계절적인 불일치가 발생한다는 점이다.

이를 해결하기 위해서는 기술이 더 개발돼야 한다. 그러기 위해선 에너지 단가가 더 낮아져야 하며 이를 위해서는 업종 간 결합이 강화돼야 한다. 디지털 기술을 활용한 시장 관리 등의 새로운 비즈니스 모델이 등장해야 가능하다"고 말했다.

가르시아 CEO는 에너지 분야의 거대 추세로 탈탄소화, 디지털화, 탈집중화, 전기화 등 4가지를 제시했다. 가르시아 CEO는 "2040년이 되면 재생에너지 비중이 화석에너지 이상이 될 것이다. 시스템 간 전력 교환이 훨씬 큰 규모, 훨씬 빠른 속도로 전개될 것이다. 복잡성이 커지면 위험 관리를 위해 보다 똑똑한 시스템이 필요해진다"고 했다.

GE는 이를 위해 산업인터넷 플랫폼 운영체제인 프레딕스Predix를 개발해 에너지기업들의 빅데이터 시나리오 모델링을 지원하고 있다. '산업 현장의 윈도우 운영체제'를 지향하는 프레딕스는 산업 설비에서 발생하는 대규모 데이터를 클라우드 서버로 수집해 분석한다. 기업들은 이를 활용해 다양한 데이터에 대한 분석과 시뮬레이션을 거치며 에너지 효율을 제고할 수 있을 것으로 전망된다. 가르시아 CEO는 "디지털화와 빅데이터를 통해 더 나은 예측 도구를 만들 수 있고 에너지 효율을 올리는 데 도움을 줄 수 있다"고 말했다.

글로벌 에너지 패러다임의 재편

파티 비롤 국제에너지기구 사무총장

터키 출신으로 에너지 분야 최고 권위자로 꼽힌다. 2009년 〈포브스〉가 선정한 '세계 에너지를 움직이는 영향력 있는 7인'에 선정됐다. 국제에너지기구 에너지 비즈니스 위원회의 창립자이자 의장이며 세계경제포럼 에너지자문위원장이다. UN 사무총장 직속의 '범세계적인 지속 가능 에너지를 위한 고위 그룹'의 일원으로 활동하기도 했다. 독일, 이탈리아 등 7개국에서 훈장을 받았다. 2016년 2월 한 강연에서 4년 내 국제유가가 현재의 2배가 될 것이라는 전망을 내놔 화제가 되기도 했다.

"2016년 에너지 분야에서 전기 관련 투자 규모가 석유를 제치고 1위를 차지했습니다. 로열더치셸, 토탈 등 석유회사들은 전기자동차 보급에 대응해 주유소가 아닌 전기자동차 충전소를 짓고 있습니다."

파티 비롤Fatih Birol 국제에너지기구IEA 사무총장은 4차 산업혁명과 전기자동차의 도래로 전 세계 전기 수요가 계속 늘어나고 있다며 '전기의 시대'를 예고했다. 110년 전, 토머스 에디슨과 니콜라 테슬라가 전기를 발명한 이래 에너지 분야에서 전기 관련 투자액이 처음으로 석유를 뛰어넘었고 전기 소비는 갈수록 늘어날 전망이다.

제18회 세계지식포럼을 맞아 방한한 비롤 사무총장은 늘어나는 전기 수요에 맞춰 에너지원을 다양화하는 동시에 에너지믹스 균형을 맞추는 것이 중요하다고 강조했다.

전기자동차 보급과 4차 산업혁명에 따라 전력 수요가 늘어날 것이라는 국제 에너지업계 전망과 반대로 한국 에너지 당국의 전력 수요 전망은 낮아지는 추세다. 2017년 9월 제8차 전력수급 기본계획 수요계획 실무소위원회는 2030년 기준 전력 수요를 100.5GW로 전망했다. 2015년 수립된 7차 계획의 113.2GW보다 12.7GW나 낮춘 것이다. 위원회는 경제성장률 전망이 낮아지고 누진제 완화로 인한 전력 수요 증가 요인이 크지 않다는 근거를 제시했다. 하지만 전기자동차 증가 속도, 4차 산업혁명에 따른 추가 수요 등을 소극적으로 해석했다는 지적이 나오고, 일각에서는 신규 발전소 건립의 필요성을 배제해 새 정부의 탈원전·탈석탄 정책 시나리오를 뒷받침하는 것이라는 비판도 제기된다.

한국이 전기 수요 전망을 줄이는 동안 에너지 선진국과 세계 유수의 에너지업체는 빠르게 움직이고 있다. 2017년 10월 세계적 석유기업인 로열더치셸은 유럽 최대 전기자동차 충전소 업체인 뉴모션 NewMotion을 전격 인수했다. 네덜란드와 노르웨이가 2025년부터 내연기관자동차를 신차 시장에서 퇴출시킨다는 정책을 발표하는 등 에너지 선진국을 중심으로 화석연료를 전기로 대체하겠다는 구상이 현실화되면서 석유, 가스 등을 본업으로 삼던 에너지기업조차 탈화석연료 흐름에 뛰어든 것이다.

비롤 사무총장은 파리기후변화협정에 따라 탄소배출을 줄이기 위해서는 에너지 효율성 향상, 신재생에너지 확대와 더불어 원전 등 저탄소 에너지원의 역할도 중요하다고 강조했다. 그는 "원전과 탄소포집기술 등이 감축 노력에 중요한 역할을 할 수 있다"고 말했다.

강연에서 한국 원전 기술을 어떻게 보냐는 질문에 그는 "얼마 전 아랍에미레이트의 장관을 만났을 때 한국의 원전 기술과 시공 능력에 대해 대단히 만족한다는 말을 들었다. 다만 개별 국가의 에너지 정책은 정부와 국민이 정하는 깃"이라고 했나.

비롤 사무총장은 한국 원전 기술은 성숙도와 세밀함에 있어 세계 최고 수준이라고 평가한 바 있다. 한국의 에너지 전환 정책과 관련해 "원전을 포함한 에너지 정책은 의도하지 않은 결과가 나오지 않도록 현명하게 설계해야 한다. 전기요금과 환경에 해가 되지 않도록 의사결정을 신중하게 해야 할 것"이라고 조언했다.

기후변화에 대한 우려도 표명했다. 그는 "산업화 이후 지구의 온도는 지속적으로 상승했다. 이를 막으려면 정부 차원의 노력이 중요하다. 원자력발전, 재생에너지 등 에너지 효율을 높일 수 있는 다양한 방안을 고려해야 한다"고 강조했다.

국제에너지기구 분석에 따르면 최근 3년 동안 글로벌 이산화탄소 배출량은 보합세였다. 비롤 사무총장은 "역사적으로 매년 이산화탄소 배출량이 증가세를 거듭했는데 최근 3년 동안에는 인류 역사상 최초로 방출량이 증가하지 않았다. 이산화탄소 방출량이 많았던 미국이 재생에너지를 확대한 영향이 컸다. 한국 정부와 기업들도 기후변화에 관심이 많다고 알고 있다. 앞으로도 에너지 효율화에 힘써줬으면 한다"고 말했다.

비롤 사무총장은 세계지식포럼 강연 직후 백운규 산업통상자원부 장관을 만나 한국의 에너지 정책에 대해 "한국의 석탄 발전 비중이 30%를 넘어 이를 줄이는 정책 방향은 바람직하다고 생각한다. 석탄·천연가스·원전·신재생에너지 등 다양한 에너지믹스가 균형을 이루는 것이 중요하다"고 조언했다.

비롤 사무총장은 "기후변화와 온실가스 대응의 중요 수단으로 전력과 냉난방을 공급할 수 있는 분산형 전원인 열병합발전을 확대하는 게 한국과 같은 선진국의 에너지 정책에 중요하다"고 했다. 그는 에너지 전환 국면에서 환경적 지속 가능성, 에너지 안보, 경쟁력 등 세 가지 요소를 고려해 에너지믹스의 균형을 찾아야 한다고 강조했다.

세계 원전 시장 전망에 대해서는 중국의 대두를 중요하게 봤다. 중국은 최근 파키스탄, 아르헨티나 등에 원전을 수출하는 등 원전굴기를 보이고 있다. 비롤 사무총장은 강연에서 "현재 전 세계에 건설 중인 60개 원전 가운데 절반이 중국에 있다. 원전 분야를 강하게 끌고 가고 있는 중국이 이제는 원전 기술 수출 국가로 빠르게 발전하고 있다. 원전은 신축을 위한 대규모 자금 조달, 대중의 저항감 등 두 가지 도전 과제가 있다. 현재 국가들의 정책 방향을 감안하면 세계 에너지 시장에서 원전 점유율은 11%로 꾸준히 유지될 것으로 보인다"고 말했다.

02

정치, 경제
패러다임 대전환

북핵 문제 해결 열쇠는

연 사

주펑 난징대 국제관계연구원장
게리 세이모어 하버드대 케네디스쿨 벨퍼센터연구소장
장투어성 중국국제전략연구기금회 학술위원회 주임
윤영관 전 외교통상부 장관, 서울대 정치외교학부 명예교수
브루스 클링너 헤리티지재단 선임연구원

사 회

박인국 한국고등교육재단 사무총장

미국과 중국의 북한 전문가들은 제18회 세계지식포럼 '북핵 끝장토론'에서 이구동성으로 북한의 핵 보유는 시간문제라는 데 공감하면서도 해결 방식에 대해서는 상당한 시각차를 드러냈다.

게리 세이모어Gary Samore 하버드대 케네디스쿨 벨퍼센터 연구소장은 "가까운 시일 내 북한이 핵으로 무장할 것이다. 더 이상 비핵화는 현실적인 목표가 아니다. 북한을 협상 테이블로 나오게 하려면 경제적·정치적 압박을 계속해야 한다. 이로 인해 북한 경제가 무너지거나 군사반란(쿠데타)이 일어나지는 않겠지만 대북 협상력은 높아질 것"이라고 주장했다.

그는 국제사회의 지난 대북 제재에 대해서는 "경제제재, 외교 협상, 군사 위협 등 모든 것을 시도했지만 북한이 핵무기와 장거리 탄도미사일을 갖는 것을 예방하는 데 실패했다. 재래식 무기 등 모든 군사력에서 우위를 가져 김정은이 미국과 한국을 공격하는 것은 자살행위라는 것을 인식시켜야 한다"고 말했다.

브루스 클링너Bruce Klingner 헤리티지재단 선임연구원도 북한을 협상에 참여시키는 가장 좋은 방법은 포괄적이고 엄격한 전 세계적 압박이라고 동조했다. 그는 약 20여 년간 미 중앙정보부CIA, 국방부 정보국DNI에서 대북 관련 업무를 한 인물이다. 클링너 선임연구원은 과거 미국의 대북 압박에 대해 소심한 점증주의라고 평가하며 "북한이 도발할 때 완전히 처벌하지 않았고 국제사회 제재는 이행이 잘 안 돼서 실효성이 떨어졌다"고 지적했다. 북핵 문제를 해결하기 위한 협상에 대해서는 "핵무기 프로그램 폐기에 북한이 동의하기 전까지 협상은 효용이 없고 실패로 돌아갈 뿐"이라고 말했다.

다만 클링너 선임연구원은 "미국과 동맹국의 영토를 방어해야 한다. 북한의 공격이 임박했다는 징후 없이는 기다려야 한다"며 미국의 선제공격 가능성에 대해서는 높지 않게 봤다.

제2차 한국전쟁 시 미군이 불참할 수 있다는 일각에서의 우려에는 "미국은 주한미군을 한국에 주둔시키고 있다. 미국뿐 아니라 해외에서도 자유를 수호하는 게 중요하다. 우리는 항상 한국의 편에 설 것"이라고 확신했다.

반면 장투어성Zhang Tuosheng 중국국제전략연구기금회 학술위원회 주임은 "북한이 계속해서 핵·미사일 실험을 강행하면 제재를 강화해야 한다. 하지만 제재로는 북한의 핵 문제를 해결할 수 없는 만큼 대화가 최대한 빨리 재개돼야 한다"며 제재보다 대화에 방점을 찍었다. 미국 대북 전문가들이 대화 무용론을 주장하는 것과 온도차를 보인 것이다. 장 주임은 또 6자 회담을 최선의 대화체라 전제하면서 북한이 참여하지 않더라도 5자 회담을 열어 협업해야 한다고 덧붙였다.

주펑Zhu Feng 중국 난징대 국제관계연구원장도 "북한이 핵을 갖고 있고 한국은 핵이 없는 상황이 되면 힘의 비대칭이 생기고 이는 중국에게도 두려운 상황이다. 북한 문제는 군사적 공격보다 외교적인 방법을 고민해야 한다. 문재인 대통령이 말하는 한반도 평화의 중요성에 대해 동의한다. 그런 보편적인 가치들을 실현시켜야 한다"고 말했다.

중국의 대북 전문가들은 한국의 전술핵 재배치는 물론 핵무장에 대해 반대했다. 장 주임은 "한국과 일본이 핵무장하는 것을 중국은 지지하지 않을 것이며, 만약 이런 상황이 발생할 경우 역내 군사 충돌과 전쟁 가능성이 높아져 중국의 안보도 위협받을 수밖에 없다"고 염려했다. 주 원장도 "만약 한국에 전술핵이 배치된다면 중국도 타격을 받을 수 있다. 북핵 위협을 이유로 군비 경쟁을 하려는 시도는 바람직하지 않다"고 지적했다.

한국의 전문가들은 북한 문제를 해결하는 데 있어 미국과 중국의 책임 있는 자세를 요구했다. 외교부 장관을 지낸 윤영관 서울대 정치외교학부 명예교수는 "북한 문제를 해결하는 여러 시나리오 중 헨리 키신저 전 미국 국무장관의 미국·중국 빅딜 시나리오가 가장 우려스럽다. 미국과 북한은 한쪽을 궁지에 모는 것을 피해야 한다. 1962년 쿠바 미사일 위기가 좋은 사례다. 신중한 의사결정이 세상을 어떻게 구했는지, 이러한 접근법이 현재 필요하다"고 주문했다.

윤 명예교수는 "북한의 핵·미사일 개발을 긴박한 안보 위협으로 간주하고 최대한의 압력을 가해야 한다. 그 목적은 북한을 협상 테이블로 이끌어내는 것"이라고 말했다.

토론의 좌장을 맡은 박인국 한국고등교육재단 사무총장(전 UN대사)도 "미국 정부가 대북 문제를 우선순위로 두지 않아서 지난 20년간 외교가 성공하지 못했다. 다행히 트럼프 대통령은 최우선순위로 둔 것 같다. 다만 지속 가능할지가 문제다"고 분석했다.

박 총장은 "한국의 전술핵 재배치 문제는 한국이 결정할 사안이고 주변국이 간섭할 필요가 없다. 우리 안보의 핵심 이익이 침해받고 있는 상황에서 주변국은 (전술핵 재배치와 같은) 그런 옵션을 결정하는 것을 존중해야 한다"고 말했다.

한반도 가장 큰 리스크는 '트럼프'

브루스 커밍스 시카고대 교수

북한 등 한반도 문제를 오랜 기간 연구한 미국의 대표적인 학자다. 1960년대 '평화봉사단'의 일원으로 한국을 찾은 이후 한국 문제에 관심을 갖고 한국 현대사 연구에 몰두했다. 특히 1986년에 펴낸 《한국전쟁의 기원》은 한국전쟁을 다룬 대표적인 저서로 전 세계적으로 명성이 높다. 그는 38선 확정의 책임은 물론이고 단독정부 수립에 의한 남북 분단 고착화의 책임은 미국에 있다고 주장해 커다란 관심을 불러일으켰다. 다만 구소련의 붕괴로 1990년대 기밀문서가 공개된 뒤 '한국 전쟁은 북침이 아니라 남침'이라고 단언했다. 2007년 제1회 후광 김대중 학술상을 수상했고 현재 시카고대 역사학과 석좌교수로 활동하고 있다.

2017년 한반도 정세는 그야말로 안갯속이었다. 북한의 연이은 도발에 긴장감은 그 어느 때보다 높았고 2017년 11월 한미 정상회담을 위해 방한한 트럼프 대통령은 국회 연설에서 북한을 '종교집단처럼 통치하는 군사적 이단 국가', '가서는 안 되는 지옥'이라고 칭했다. 그는 악당 체제의 위협에 대해 관용을 베풀어서는 안 된다며 경멸적 수사도 사용했다. 북한을 단순히 안보상의 적국을 넘어 도덕적으로도 인정하지 않았다.

이런 상황에서 브루스 커밍스Bruce Cumings 미국 시카고대 석좌교수를 만났다. 그는 한국 근현대사와 동아시아 사정에 밝은 역사학자다.《한국전쟁의 기원》,《미국 패권의 역사》같은 책으로 잘 알려져 있다.

커밍스 교수는 "북한의 핵과 미사일 도발을 단순히 억제하는 것이라면 걱정하지 않는다. 지난 60여 년간 한반도에서는 때때로 군사적 충돌이 있었지만 전쟁으로 번지지 않았다. 침략 억제에 관한 한 한반도는 현대사에서 가장 성공적인 사례"라고 평했다.

커밍스 교수를 불안하게 만드는 것은 다름 아닌 트럼프 대통령이다. 그는 "외교와 군사 문제에 경험이 전혀 없는 대통령이 들어서면서 미국의 대외 정책이 완전히 혼란에 빠졌다. 트럼프 대통령이 무엇을 하고 있는지 누구도 알 수 없다는 게 문제"라고 지적했다.

커밍스 교수는 트럼프 대통령을 가리켜 "군사 문제를 다뤄본 경험이 없으면서도 세상에서 가장 위력적인 첨단 무기를 다루는 총사령관 역할을 하며 즐거워하고 있는 것으로 보인다"고 했다. 그는 "(트럼프 대통령은) 새 장난감을 갖고 행복해하는 어린아이 같다. 북한을 완전히 파괴할 수 있다고 으름장을 놓았다. 미치광이로 비쳐 북한이 두려워하게 하려는 것일 수도 있지만 이는 매우 위험하다. 김정은 북한 노동당 위원장 역시 도발적인데 둘이 부딪치면 어떻게 되겠는가"라고 걱정했다.

커밍스 교수는 "북한은 늘 불안정했다. 트럼프의 위협을 어떻게 해석해야 할지 알 수 없는 지금은 어느 때보다 더 불안정하다. 빌 클린턴 전 미국 대통령이 북한 영변 핵시설 선제타격을 고려했던 1994년 이후 지금처럼 전쟁 가능성이 높았던 적은 없다. 펜타곤(미국 국방부)은 전쟁을 원하지 않는다. 그것이 얼마나 파괴적일지 알기 때문이다. 북한을 패퇴시키려면 엄청난 작전이 필요한데, 성공을 보장할 수 없다. 트럼프 대통령 주위의 군 장성 출신 참모들이 그가 어리석은 짓을 하지 않도록 해주기를 기도한다. 북한은 미국과 전쟁을 벌이면 결국 진다는 것을 알고 있다. 지도자는 죽거나 전범재판을 받게 되리라는 것을 안다. 그래도 정권 붕괴를 강요받으면 싸울 것이다. 어떤 비용을 들이더라도 전쟁은 막아야 한다"고 말했다.

북한은 대륙간탄도미사일ICBM을 미국 본토까지 쏠 수 있다고 수장하고 있다. 이게 미국이 한국과의 사전 협의 없이 북한을 선제타격할 수 있는 명분이 되느냐고 질문하자 "문재인 대통령이 한반도에서 전쟁은 결코 없을 것이라고 얘기했다. 한국 정부의 동의 없이 미국이 일방적인 행동에 나서지 말라는 요구다. 어떤 미국 대통령도 그렇게 하겠지만, 트럼프 대통령은 예외다"라는 걱정스런 답을 내놨다. 이어 "북한이 이미 한국과 일본, 괌을 타격할 수 있게 된 마당에 미국 본토에 이르는 미사일을 갖게 되는 게 무슨 차이가 있는가. 미국 공화당 린지 그레이엄 상원의원이 '전쟁이 난다면 그곳(한반도)에서 날 것'이라고 한 건 참으로 무지하고 어리석은 발상이다. 트럼프 대통령은 늘 북한에 대한 선제타격을 시사하고 있으나 이는 재앙이 될 것이다. 군사 시설을 대부분 지하에 두고 있는 북한에 대한 타격이 성공할 확률이 높지 않고, 국제법상 정당성 문제와 전쟁 책임 문제도 있다"고 했다.

김정은 위원장의 최종 목표에 대해서는 "그는 아마도 그의 왕국을 다음 세대에 세습하는 것을 목표로 하는 것으로 보인다"고 답했다.

미국 우선주의와 한반도

연 사

크리스토퍼 힐 미국 덴버대 조셉코벨 국제대학장
스콧 스나이더 미국외교협의회 선임연구원
마크 리퍼트 전 주한 미국 대사
로버트 갈루치 존스홉킨스대 한미연구소장, 전 미국 국무부 북핵특사

사 회

윤병세 전 외교부 장관

트럼프 대통령 취임 이후 한국과 미국의 관계에 이상 기류가 흐르고 있다는 평가가 이따금씩 나오고 있다. 트럼프 대통령은 미국 우선주의를 내세우면서 동맹국인 한국에도 극단적으로 실리를 챙기려는 모습을 보여 우려를 키웠다. 그러나 제18회 세계지식포럼 '한미관계의 미래' 강연에 나선 미국의 전문가들은 한미동맹이 공고하다고 했다.

로버트 갈루치Robert Gallucci 전 미국 국무부 북핵특사는 "트럼프 대통령이 한미동맹뿐 아니라 북대서양조약기구, 미일동맹 등 핵심 동맹에 대해서도 '주고받기Give And Take' 입장을 견지하고 있다. 미국이 특혜를 베푼 게 아니라 서로 이익이 된다는 점을 알아야 한다"고 지적했다. 갈루치 전 특사는 1993년 1차 북핵 위기 당시 북핵특사를 맡아 제네바 합의를 끌어낸 주역이다.

다만 갈루치 전 특사는 "한국이 미국을 신뢰하지 못하게 된다면 한미동맹이 취약해질 수밖에 없다. 장기적으로 한반도가 통일국가가 된다고 하더라도 한미동맹은 상호 이해관계에 부합되는 만큼 유지될 가능성이 높다"고 분석했다.

갈루치 전 특사는 또 최근 북한이 핵무기를 사실상 보유한 정황이 포착됨에 따라 미국이 한국에 대북 억지력을 제공하는 것은 더욱 당연하게 됐다고 분석했다. 그는 "2005년 이후 북한은 사실상 핵무기 보유국이었고, 이제는 김정은 북한 노동당 위원장이 대륙간탄도미사일에 핵탄두를 장착해 미국을 위협하겠다는 의지도 보여주고 있다. 미국도 위기를 느끼고 있다"고 밝혔다.

갈루치 전 특사는 문재인 대통령과도 한 시간가량 면담했다. 면담 후 〈매일경제〉와 인터뷰하면서 "문 대통령과 트럼프 대통령의 스타일이 너무나 극적으로 달라 놀라웠고 우려가 되는 점도 있었다"고 말했다. 변호사 출신인 문 대통령은 논리적이며 단어 선택에 있어서도 매우 신중하고 인내심이 상당하다. 반면 트럼프 대통령은 그와 반대로 너무 괴팍하고 성급하다는 것이다.

갈루치 전 특사는 "문 대통령과 트럼프 대통령의 개인적 성향이 너무 달라 양국 정상 간 공통점을 찾기가 어려워 충돌이 우려된다. 이런 개인적 특성도 정상 간 관계를 쌓아가는 데 영향을 미치는 요소가 될 수 있다"고 했다.

미국 국무부 동아태차관보를 지낸 크리스토퍼 힐Christopher Hill 미국 덴버대 조셉코벨 국제대학장은 현재의 한미동맹을 결혼한 사람이 카운슬링받는 것으로 비유했다. 힐 학장은 "한국과 미국은 보수정권이 집권한 경우도 있었고, 진보정권이 집권한 시기도 있었다. 양국은 다양한 정치적 성향을 경험했지만 양자관계는 굉장히 깊고 넓은 바탕에 기반을 둔다"고 말했다. 트럼프 대통령과 문 대통령의 정치적 성향이 다르다는 이유로 한미동맹이 흔들리는 일은 일어나지 않을 것이라는 것을 에둘러 표현한 것이다. 다만 힐 학장도 "미국이 앞으로 새 행정부, 새 리더십 아래에서 어떤 방향으로 대북 문제를 풀어가야 할지는 매우 혼란스럽다. 북한이 대륙간탄도미사일로 미국 본토를 타격할 수 있는 능력을 갖추게 된 것은 심각한 문제"라고 했다.

힐 학장은 대북 문제 해결의 답답함을 직접적으로 토로하기도 했다. 그는 "김정은 위원장의 머리에 총구를 겨누면 포기할 것이다. 그러나 총구를 겨누는 방법은 모르고 있다"고 말했다.

트럼프 행정부가 대북 정책을 최우선순위로 둔 것에 대해서는 긍정적으로 평가했다. 그는 "미국은 대북 정책에 대한 지속성을 유지하지 못했다. 이라크에 대해서는 항상 위성을 이용해 관찰했지만 북한에 대해서는 그렇게 한 적이 없다. 국가 안보에 있어 IS 등 현안이 산적했지만 가장 우선순위를 둬야 하는 것은 이제 북핵 문제. 60년 만에 북핵 위기를 현실적으로 느끼고 있다"고 했다.

힐 학장은 한반도 문제에 있어 코리아 패싱은 바람직하지 않다는 입장도 내놨다. 그는 "미국과 중국이 한국을 배제하고 대화하는 것은 바람직하지 않다. 한국이 중요한 주체로 참여해야 하고 중국에도 이를 명확히 할 필요가 있다"고 말했다.

2017년 1월까지 주한 미국 대사를 역임한 마크 리퍼트Mark Lippert 전 대사는 코리아 패싱에 대해 힐 학장의 의견에 동의했다. 그는 "한국과 미국은 항상 사전 협의를 해왔다. 자국안보에 대해 한국은 의사결정권을 갖고 있다"고 분명히 밝혔다. 이어 한미동맹은 미국이 체결한 동맹 중 가장 굳건하다며 엄지를 치켜세웠다. 또 "수년 전에도 미군이 한국에서 철수해야 하느냐, 아니면 주둔해야 하느냐를 놓고 논란이 있었으나 잘 극복했다"고 덧붙였다.

리퍼트 전 대사는 좀 더 강경한 대북 제재가 필요하다는 점도 역설했다. 그는 "대북 제재를 완화하면 협상이 가능할 것이라고 주장하는 사람도 있지만 그렇지 않다고 생각한다. 제재를 완화하면 오히려 미사일 개발에 박차를 가할 것이다. 압박을 더욱 가해 북한을 협상 테이블로 이끌어야 한다"고 밝혔다.

스콧 스나이더Scott Snyder 미국외교협의회 선임연구원은 역사적 맥락에서 한미관계를 조명하며 불신에서 신뢰의 관계로 발전하고 있다고 평가했다. 스나이더 선임연구원은 "이승만 대통령과 아이젠하워 대통령은 애초에 불신관계였다. 박정희 대통령 때는 베트남전쟁을 통해 경험을 공유하기 시작했고 여러 위기를 극복해왔다"고 말했다.

시진핑 외교책사 왕지쓰 교수의 해법

왕지쓰 베이징대 국제전략연구소장

1948년 중국 광저우에서 태어났다. 베이징대에서 국제정치를 전공한 뒤 1983년부터 베이
징대에서 강의를 해왔다. 옥스퍼드대, 미시간대 방문학자, 버클리대 동아시아연구원 등을
역임했다. 중국 공산당과 외교부의 자문위원으로 활동했다. 중국 외교 정책 수립에 있어서
가장 영향력을 갖고 있는 학자로 꼽힌다. 수년 전 북한이 결코 포기하지 않을 것이 두 가지
가 있다는 유명한 발언을 했다. 하나는 핵이고, 다른 하나는 국제사회가 북한이 핵을 포기
할 것이라는 희망을 버리지 않도록 하는 것이라고 말했다. 왕 소장은 2007년 중국의 국제
전략에 대한 교과서적인 책으로 평가받는 《중국 학자들 세계를 보다》 8권을 책임 집필했
다. 184명의 중국 국제정치학자들이 펴낸 이 책을 책임 집필할 정도로 중국 내 영향력이 큰
학자다.

중국 외교가의 책사로 불리는 왕지쓰Wang Jisi 베이징대 국제전략연구소장은 제18회 세계지식포럼·니어재단 공동 주최 '격동의 동북아: 한중관계와 미·중관계' 세션에 참석했다. 트럼프 행정부가 2017년 9월 UN 안전보장이사회의 대북 제재안을 넘어 군사옵션까지 언급하자 한반도 정세는 일거에 '시계 제로'가 됐다. 이때 왕 소장은 변곡점에 놓인 한반도 긴장을 완화시키기 위해 한국과 중국이 협력을 확대해야 한다는 메시지를 던졌다.

중국 베이징대 출신인 왕 소장은 중국 정부의 싱크탱크인 중국사회과학원 미국연구소에서 부소장을 역임했다. 중국 내 대표적인 미국 전문가다. 장쩌민, 후진타오, 시진핑 등 역대 정권을 막론하고 중국 정부의 외교 책사로 활약했다.

왕 소장은 모두발언에서 "2017년 10월 한국과 중국 모두 유리한 통화스왑 협정을 연장했고, 신임 주중대사로 노영민 전 의원이 취임했다. 머지않아 한중 양국의 긴장이 완화될 것이다. 북핵 문제에 있어서 한국과 중국은 평화적으로 해결하자는 데 같은 입장이다. 비핵화에 대해 동일한 입장"이라고 했다. 북핵 문제 해결을 위해 중국은 한국의 사드 배치에 따른 각종 보복을 그만두고 양국관계를 개선해야 한다는 의견을 간접적으로 피력한 것이다.

사드 배치 문제는 양국의 감정을 상하게 만들었다. 2014년 7월 시진핑 중국 국가주석이 방한해 한중 정상회담을 하고, 박근혜 전 대통령이 2015년 9월 중국 전승절 기념식에 참석할 때만 해도 한중관계는 매우 우호적이었다. 특히 2015년 전승절 때는 중국의 전통적인 우방국인 북한에 비해서도 박 전 대통령이 더욱 대우를 받아 한중이 '밀월 관계'에 접어든 것 아니냐는 관측이 나올 정도였다.

하지만 2016년 7월 한국 정부가 경북 성주에 사드를 배치하기로 공식화하면서 이 같은 분위기는 깨졌다. 이후 중국 당국의 경제 보복 조치로 현지에 진출한 현대자동차, 롯데마트, 이마트 등 한국 기업의 매출이 급감하고, 롯데는 급기야 사업을 철수하기로 했다. 사회를 맡은 정덕구 니어재단 이사장은 "한국과 중국은 자유무역협정을 맺었고, 둘 다 'WTO세계무역기구' 소속 국가인데도 중국이 정경분리가 안됐다는 점에서 한국인들의 실망이 컸다. 중국의 사드 보복은 중국이 갖고 있는 대국적 풍모에 손상을 줬고 중국에 대한 위협감을 주변국에 강하게 심어주는 계기가 됐다"고 말했다.

미국과 중국 사이에 북핵, 무역 갈등이 심화되는 상황에 대해서 왕소장은 "여전히 미국과 중국은 긴장과 협력관계를 (동시에) 유지할 것이다. 중국 외교 정책에 있어서 근본적인 변화가 있지는 않겠지만 시진핑 2기 때는 북핵 문제에 대한 압박의 강도를 더 높이면서 UN 제재결의안을 이행한다든지 미국, 북한과 협상을 촉진하는 방향으로 나갈 것"이라고 말했다.

왕 소장은 트럼프 대통령과 시진핑 주석이 12번 통화할 정도로 양국 정부 간 대화는 잘된다고 하면서도 북핵 해법을 두고 방법론은 다르다고 평했다. 북핵 문제 해법을 두고 미국 하원은 제재 대상과 교역하거나 사업, 금융 거래하는 누구도 미국과의 거래를 금지하는 '세컨 더리 보이콧(2차 제재)'을 채택했다. 미국 정부는 나아가 군사옵션까지 거론했다. 중국은 일부 석유제품에 대해서 대북 수출을 금지했지만 원유는 제외하는 등 미온적 태도를 유지하고 있다.

왕 소장은 북한에 대한 중국의 시각도 보여줬다. "북·중관계가 순 망치한(입술이 없으면 이가 시리다)이냐"는 정 이사장의 질문에 왕 소장은 "순망치한은 적절하지 않다. 북·중은 정상적인 국가관계이고 중국 정 부는 북한은 핵무기를 보유해선 안 된다는 입장을 일관되게 유지하고 있다"고 원론적으로 답했다. 이어 "지금 북한에 더 많은 군사적 압력 을 가하는 것은 정치적 불안을 키우는 것이다. 제재가 효과를 거두려 면 시간이 필요하다. 제재를 하고 반년이 됐든 1년이 됐든 충분한 시 간을 기다리고 협상을 모색한다면 변화를 기대할 수 있을 것"이라고 말했다.

자유무역 시대의 종말?

연 사

박지형 서울대 경제학부 교수
로버트 쿱먼 WTO 수석이코노미스트
메러디스 크롤리 케임브리지대 교수
현정택 대외경제정책연구원장

사 회

이혜민 G20 셰르파 대사

제18회 세계지식포럼 '자유무역 시대의 종말?' 강연에서는 트럼프 대통령 집권 이후 선진국을 중심으로 전개되는 보호무역주의에 대한 우려를 집중적으로 다뤘다. 미국 정부가 교역을 균형 관점에서만 생각하는데 이는 관리무역이지 자유무역으로 볼 수 없다는 비판도 나왔다. 선진국들은 환경, 안전, 건강 등의 이유로 개발도상국 상품의 수입을 제한하지만 상당수는 위장된 교역장벽에 불과하다고 지적하기도 했다. 지금이 '자유무역 시대의 종말'이라는 주제가 논의되기 적절한 시점이라고 토론자들은 입을 모았다.

대외경제정책연구원KIEP 현정택 원장은 "교역이 세계 GDP에서 차지하는 비중이 계속 증가하다가 금융위기 이후 정체되고 있다. 가장 선진화된 시장경제를 가지고 있는 나라일수록 보호주의가 늘고 있기 때문"이라고 했다. 특히 지난 20~30년 동안 국제무역에서 선구자 역할을 했던 미국과 유럽이 적극적 영향을 미치지 못하고 있다고 지적했다.

바지형 서울대 경제학部 교수는 과거 개빌도상국을 중심으로 선개됐던 보호주의와 구분해서 최근의 보호주의 흐름을 '신보호주의'라 칭하면서 그 원인을 '중위투표자 이론'으로 풀어내 주목받았다. 무역에 따른 과실이 현실적으로 골고루 분배되기 어려운 만큼 신보호주의는 어쩔 수 없는 흐름이라는 것이다. 무역으로 과실은커녕 손해를 입는 사람들의 수가 많아질수록 정치적으로 자유무역 반대 의견이 힘을 얻을 수밖에 없다. 2016년 미국 대통령 선거에서 자유무역을 지지하는 힐러리 민주당 후보가 보호무역주의를 옹호하는 트럼프 공화당 후보에게 진 것도 자유무역에서 피해를 입은 미국인이 다수를 차지하게 됐기 때문으로 볼 수 있다는 주장이다.

미국은 현재 한미자유무역협정 재협상 절차에 돌입했고, 북미자유무역협정NAFTA 재협상도 추진하고 있다. 환태평양경제동반자협정TPP은 탈퇴를 선언했다. 5년마다 달라진 무역 여건에 따라 교역 조건을 수정해야 한다는 게 미국 정부의 논리다.

메러디스 크롤리Meredith Crowley 케임브리지대 교수는 이러한 미국 입장을 '인기영합주의적 정치인의 정책'에 불과하다고 잘라 말했다. 그는 "5년마다 무역협정을 다시 협상해야 한다는 미국의 주장은 매우 비현실적이다. 세계 경제 공급 체계를 고려하며 전략을 짜야 하는 기업 입장에서 5년마다 교역조건이 달라지면 장기계획을 아예 짤 수 없게 된다"고 꼬집었다.

현 원장은 "한미자유무역협정은 양국 모두에 긍정적인 시장 접근성을 제공하기 때문에 윈윈이다. 자유무역협정은 게임의 법칙을 정하는 것에 불과할 뿐 무역 결과의 균형을 약속하는 건 아니다. 한미자유무역협정 개정으로 미국의 무역적자가 줄어들 것이라고 단언할 수 없다"고 말했다.

그동안 자유무역 질서를 수호했던 단체는 WTO다. WTO는 국제무역 분쟁 해소가 주된 임무다. 그런데 미국은 최근 WTO를 무력화하고 있다. 무역 분쟁이 발생했을 때 최고재판관 역할을 수행해야 하는 7명의 상급위원 중 3명이 현재 공석인데 미국이 새 상급위원 임명을 막고 있다. 크롤리 교수는 "미국이 자유무역 질서를 흐린다면 영국이 자유무역 시장에서 미국 대신 리더 역할을 맡을지도 모른다. WTO 전신인 관세 및 무역에 관한 일반협정GATT의 창립 회원이기도 한 영국은 지난 100년간 자유무역을 이끌어왔다. 어쩌면 영국은 미국이 빠진 환태평양경제동반자협정이나 북미자유무역협정을 이끄는 역할을 할 수도 있을 것"이라고 말했다. 보호무역주의로 돌아선 미국이 빠짐에 따라 국제 자유무역 질서가 변화할 수 있다는 주장이다. 이에 대해 박 교수도 "시진핑 중국 국가주석이 다보스포럼에서 현 자유무역 체계 존속을 원한다는 발언을 했다. 향후 자유무역 시장질서 아래에서 중국 등 개도국이 주도권을 쥐고 달라진 역할을 수행해야 한다"고 말했다.

현 원장은 WTO 의사결정 시스템이 개선될 필요가 있다고 지적했다. 회원국 수가 많이 늘면서 국제무역 이슈도 급증했다. 기존의 의사결정체제로 복잡하고 다양한 이슈를 해결하기에 과부하가 걸릴 수밖에 없다.

현 원장은 자유무역을 힘겨워하는 이들을 각국 정부가 지원해야 한다는 의견도 내놨다. 포괄적인 전략을 수립해 자유무역의 혜택이 소수에 집중되지 않도록 주의해야 한다는 것이다. 그는 "교역은 기본적으로 성장의 기반이다. 교역에서 기업들은 상대방으로부터 경영 노하우를 전수받을 수 있다. 교역 활성화를 통해 모든 이의 복지 수준을 끌어올릴 수 있게 해야 한다"고 말했다.

로버트 쿱먼Robert Koopman WTO 수석이코노미스트는 자유무역 시대의 종말이 가까워졌다는 주장에 대해 부정적인 의견을 피력했다. 최근 무역 증가세가 둔화된 것은 보호무역주의가 아니라 기술 발전 때문일 수 있다는 의견이다. 보호무역주의 목소리가 높아진다고 해서 무역이 곧바로 큰 영향을 받는 것은 아니라고도 주장했다. 한 번 만들어진 질서가 갑자기 바뀌기는 쉽지 않다고도 했다. 쿱먼 수석은 "선진국들이 보호주의를 따르게 되면 기술 발전에서 뒤처질 수 있다. 보호주의를 펴는 나라일수록 장기적인 잠재성장력은 떨어지므로 선진국들이 계속 보호주의무역을 고수하긴 쉽지 않을 것"이라고 말했다.

한국 등 수출 주도형 소규모 개방경제는 보호무역주의가 팽배해진 현 상황에 어떻게 대응해야 할까. 박 교수는 "무역분쟁 시 한국의 협상력은 크지 않다. 무역질서가 본연의 체계를 되찾는 것만이 보호주의 압박에서 해제될 수 있는 방법"이라고 분석했다. 그동안 WTO 체계가 성공적으로 무역에서 원칙을 지켜왔기에 현 체제를 존속시키는 것이야말로 무역 비중이 높은 소국에 가장 중요하다는 얘기다.

박 교수는 선진국이 WTO 체계를 계속해서 존중하게 하려면 신흥국들이 스스로 뭔가를 협상 테이블에 올려놓는 것도 방법이라고 봤다. 무역을 통해 개발도상국이 선진국으로부터 뭔가를 얻으려면 선진국을 위해 뭔가를 내놓는 것이 필요하다는 것이다.

글로벌 경기, 비관론 vs. 낙관론

연 사

로버트 배로 하버드대 경제학과 교수
츠푸린 중국개혁발전연구원장
잉고 월터 뉴욕대 스턴 경영대학원 명예교수
제티 아크타르 아지즈 전 말레이시아 중앙은행 총재
스캇 매더 핌코 CIO

사 회

허경욱 법무법인 태평양 고문, 전 기획재정부 차관

"지금 금융시장은 비효율적으로 돌아가고 있다. 글로벌 금융위기를 다시 불러일으킬 만한 위험 요소가 곳곳에 있다."

"아니다. 오늘날의 전 세계 금융시장은 놀라울 정도로 안정적이다."

제18회 세계지식포럼에서 2018년 세계 경제를 전망하는 전문가들의 시각이 완전히 엇갈렸다.

스캇 매더Scott Mather 핌코PIMCO CIO(최고투자책임자)는 부채 수준이 너무 높다며 비관론을 펼쳤다. 그는 "낙관적으로 전망하고 싶지만 안타깝게도 불확실성은 계속 커지고 있다. 2008년 글로벌 금융위기를 일으켰던 건 과다한 부채인데, 지금 시장은 그 사실을 잊은 듯하다. 현재 모든 부문에서의 부채 수준이 GDP 대비 늘어나 있다. 부채 누적은 불확실성의 씨앗이다. 금융 시스템의 효율성이 저해되기 때문이다. 또한 현재 공포지수(VIX지수)가 20여 년 만에 가장 낮은 이유는 최근 매년 진행돼온 연간 2조 달러 상당의 양적완화 때문이다. 이를 근거로 금융위기가 올 가능성이 낮다고 볼 수는 없다"고 진단했다.

매더 CIO는 국제 금융시장에 잠재된 불확실성이 실질적인 위협으로 부각되는 시점을 미국 연준Fed이 금리 인상을 결정할 때로 봤다. 그는 "연준의 금리 인상이 결정되면 유럽과 일본 등 주요 선진국들이 매입 자산을 줄이기 시작하는 등 양적완화 축소에 들어갈 것이다. 그동안의 경쟁적 양적완화가 끝나고 각국 중앙은행들의 통화 정책이 정상화되는 것이지만 금융시장의 변동성을 확대하는 기폭제로 작용할 수 있다"고 우려했다. 다만 2008년처럼 은행권발 금융위기 발생 가능성은 적을 것으로 전망했다.

매더 CIO는 정치적 위험이 경제위기로 번질 가능성을 배제하지 않았다. 그는 "일부 선진국의 가구 실질소득이 20~30년간 제자리걸음을 하고 있다. 이로 인한 민심 이반, 아니면 이를 억제하기 위한 인기영합주의 정책 등이 경제적 위험 요인이 될 수 있음을 유념해야 한다"고 덧붙였다.

잉고 월터Ingo Walter 뉴욕대 스턴 경영대학원 명예교수도 오늘날 금융시장의 안정성에 의문을 표했다. 월터 교수는 "현재 트럼프 행정부는 금융 규제를 완화하려는 움직임을 보이고 있다. 금융 규제 완화는 금융 제도의 구조적 위험을 수반한다는 것을 명심해야 한다. 규제라는 게 지나칠 때가 있고 부족할 때도 있다. 확실한 것은 방향성이 어느 쪽이든 금융 구조에 변화가 일어날 수밖에 없고, 이로 인한 불확실성 증가가 새로운 위험 요인이 될 것"이라고 설명했다.

금융위기가 온다면 어떤 기관이나 분야로부터 촉발될 것으로 보느냐는 질문에 월터 교수는 "여러 금융기관이 얽혀 있다 보니 예측은 어렵다. 중요한 것은 효율성과 안정성 사이의 균형점이 무엇인지를 알고 그것을 지키는 것"이라고 답했다.

반면 로버트 배로Robert Barro 하버드대 경제학과 교수는 낙관론을 펼쳐 눈길을 끌었다. 배로 교수는 "현재 거시경제에 있어서 '꼬리위험Tail Risk'의 발생 형태와 영향을 분석 중이다. 현재까지 결과에 따르면 오늘날 미국을 비롯한 글로벌 금융시장은 놀라울 정도로 안정적"이라고 주장했다. 꼬리위험이란 나타날 가능성은 매우 적은데 일단 발생하면 경기와 증시를 크게 뒤흔들 수 있는 불안 요인을 의미한다.

그는 "꼬리위험이 나타날 가능성은 매우 낮다. 미국을 비롯한 일부 국가 행정부의 불확실성을 지적하는 이들이 늘고 있지만 대부분의 금융시장은 안정적이다. 2008년 금융위기 이후 은행을 중심으로 자본 요구 조건Capital Requirement을 늘렸고, 이것이 금융 안정을 가져오는 데 긍정적인 역할을 했다. 개인적으로 자본 요구 조건 외 다른 금융 규제는 필요 없다고 생각한다"고 말했다.

츠푸린Chi Fulin 중국개혁발전연구원장은 2018년 중국 경제를 전망하는 데 대부분의 시간을 할애했다. 츠푸린 원장은 "2016년을 기준으로 중국 경제가 세계 경제에 기여한 비중은 34%가 넘는다. 중국 내수 시장의 변화가 향후 세계 성장 동력의 한 축이 될 것이다. 중국 경제를 전망할 때는 경제 전환에 대한 분석을 제대로 해야 하고 중국이 앞으로 성장세를 이어가려면 경제 전환에 성공해야 한다. 제조업 중심에서 서비스업 중심으로의 전환, 소비 구조의 전환, 도시화와 농촌 발전 등을 종합적으로 봐야 한다"고 설명했다.

츠푸린 원장은 향후 중국인들이 '정보'와 '건강' 분야의 소비를 늘릴 것으로 전망했다. 그는 "이미 정보 관련 소비의 전체 소비 기여도가 20%를 넘었다. 전체 중국인의 소비 구조 변화의 한 축이 될 것이다. 또한 2020년까지 중국인의 건강 관련 소비가 30억 달러를 돌파하는 등 엄청나게 증가할 것"이라고 예상했다.

그는 마지막으로 "한국, 중국, 일본이 자유무역협정을 통해 동북아 경제통합을 이룩하고 세계 경제 자유화에 기여해야 한다. 보호무역주

의라는 새로운 글로벌 정세에 직면해 실질적인 행동에 나설 필요가
있다"고 역설했다.

4차 산업혁명 시대 신 통화 정책

연 사

안드레아스 돔브렛 더치 분데스방크 이사
제리 조던 전 미국 클리블랜드 연방준비제도이사회 의장
김중수 전 한국은행 총재, 한림대 총장
제티 아크타르 아지즈 전 말레이시아 중앙은행 총재

사 회

김인철 성균관대 명예교수

"블록체인이 부상하면 법정화폐에 대한 법률 조항, 계약과 관련된 조항이 바뀔 것이다. 장차 정부도 사이버화폐를 받아들여야 할지 모른다." 제리 조던Jerry Jordan 전 미국 클리블랜드 연방준비제도이사회 의장의 말이다.

"유로, 달러에서 나오는 신뢰는 사실 유로 시스템, 미국 연준에 대한 신뢰에서 나오는 것이다. 비트코인은 그 점이 없기 때문에 아직은 정식 화폐라기보다 투기적 성격이 강하다." 안드레아스 돔브렛Andreas Dombret 더치 분데스방크 이사의 말이다.

4차 산업혁명으로 비트코인을 비롯한 블록체인 기술이 부상하고 있다. 제18회 세계지식포럼 '4차 산업혁명 시대 신 통화 정책' 강연에는 각국의 전·현직 중앙은행 출신 전문가가 나서 비트코인의 정식 화폐 가능성에 대해 토론했다. 이들은 대체로 머지않아 기술이 더 발전하고 이를 뒷받침할 제도가 마련된다면 비트코인은 단순한 투자 대상이 아니라 교환의 매개인 화폐 기능도 수행할 수 있으리라 내다봤다.

블록체인 기술은 기래 장부를 분신해 침여하는 거래 주체들이 모두 거래 기록을 보유하고 검증하는 게 특징이다. 열린 분산 체계에서는 누구나 거래장부에 접근 가능하다. 해킹에 따른 장부 위·변조를 쉽게 걸러낼 수 있다.

하지만 거래장부를 참여자 모두가 갖고 있어야 해서 거래가 성사되기까지 많은 시간이 걸린다. 또 아직은 법적 효력이 없어 거래 자체가 하루아침에 휴지 조각이 될 수도 있다. 돔브렛 이사는 "독일 중앙은행에서 보기에는 비트코인을 교환의 매체가 아닌 투기적인 금융산업의 일종으로 이해하고 있다. 실질적인 통화라고 할 수 없기 때문에 규제를 할 생각이 현재 전혀 없다"고 밝혔다.

하지만 블록체인 기술이 보다 발전해 거래 속도가 빨라지고 이에 맞춰 각종 계약조항 등이 바뀐다면 충분히 기존 화폐를 보완하거나 혹은 대체할 수 있다는 게 전문가들 시각이다. 조던 전 의장은 "장차 비트코인 인플레이션을 적절한 수준(보통 2% 내외)으로 통제할 수 있다면, 거래 대상으로 부상할 수 있다고 본다"고 말했다. 실제로 남미, 아프리카 등 자국 화폐의 인플레이션이 심한 나라에서는 비트코인이 화폐 대체 수단으로 각광을 받고 있다. 선진국에선 여전히 비트코인이 투기 대상이지만 태환성이 부족한 화폐를 가진 개발도상국 입장에서는 매력적인 거래 수단인 셈이다.

아직 각국 중앙은행의 입장이 정리되지 않은 반면 전통적인 인플레이션(물가상승률)과 통화 정책 간의 관계는 대체로 입장이 일치했다. 둘의 상관관계가 갈수록 떨어지고 있다는 게 핵심이었다.

김중수 전 한국은행 총재는 "세계화에 따라 굉장히 많은 변수가 물가에 영향을 주게 됐다. 통화 정책과 물가의 상관관계는 과거만큼 강하지 않다"고 밝혔다. 실제 한국은행이 최근 2년 동안 기준금리를 2.5%에서 1.25%로 낮췄지만, 목표치인 2% 물가 상승에는 도달하지 못하고 있다. 2017년이 돼서야 목표치에 근접했다. 조던 전 의장 역시 "현재 전 세계적으로 인플레이션 속도가 둔화돼 이미 변곡점을 넘은 상태다. 1950~1970년대만 해도 인플레이션이 통화당국의 가장 큰 고민이었으나 2008년 글로벌 금융위기 이후로는 세계적으로 인플레이션이 둔화되면서 중앙은행의 물가안정 목표치를 하회하고 있다는 소식이 계속 나오고 있다"고 했다.

물가관리를 포기한 중앙은행도 있다. 제티 아크타르 아지즈Zeti Akhatar Aziz 전 말레이시아 중앙은행 총재는 "말레이시아 중앙은행은 물가안정 목표치를 설정하지 않은 거의 유일한 중앙은행이다. 말레이시아는 30년 이상 2~3% 낮은 인플레이션을 기록하고 있다. 그간의 추세를 분석해보면 단기적으로 인플레이션 예측 범위를 넘어서 물가가 급등하는 경우도 있지만 중장기적으로는 평균치로 돌아오는 경향을 발견할 수 있다"고 밝혔다.

물가관리가 더 이상 큰 현안이 아니다 보니 2008년 글로벌 금융위기 이후 각국 중앙은행은 '거시경제 위험 관리'가 가장 중요한 임무가 됐다.

돔브렛 이사는 "2008년 금융위기로부터 교훈을 얻었다면 개별 기관 리스크의 총합이 전체 리스크보다 높다는 사실이다. 그동안 중앙은행이 거시건전성 유지 경험이 많이 없어서 아직도 1차 방어선이 안전하지 않다"고 말했다.

김 전 총재는 "전 세계 국가 중 주택담보인정비율LTV, 총부채상환비율DTI을 최초로 도입한 국가 중 하나가 한국이다. 이런 규제들이 부동산 거품을 규제하는 데 유효했다"고 했다. 이어 파생상품 규제, 비은행권 부채 제한 등을 통해 한국은행은 리스크를 관리하고 있다고 덧붙였다.

국회 입법조사처에 따르면 금융안정과 관련된 세계적 논의는 구조적 위험 측정 방법 정교화, 경기 대응적 거시건전성 정책 규제 수단 도입, 효과적인 거시건전성 정책 결정 체계 구축 등 세 가지로 나뉜다.

미국은 2010년 금융개혁법안인 도드-프랭크법Dodd-Frank Act을 제정했다. 이 법안의 주요 내용 중의 하나는 거시건전성 정책 운영체계를 개편하는 것이다. 금융안정 기능을 강화하기 위해 재무부, 연준, 금융감독기구 등이 참여하는 금융안정감시위원회FSOC를 신설했다. 아지즈 전 총재는 "금융기관을 통폐합하고 감시체계를 강화해 자본이 어떻게 흘러가는지 거의 실시간으로 볼 수 있게 됐다. 이를 통해 보다 신뢰도 높은 정책 수단을 개발할 수 있었다. 아울러 치앙마이이니셔티브(아시아 역내 통화스왑)와 같은 수단을 통해서도 거시건전성을 보다 증진시킬 수 있다"고 밝혔다.

아베노믹스 성공했나

연 사

요시노 나오유키 아시아개발은행 연구소장
톰 번 코리아소사이어티 회장
츠카사 조넨 일본 경제평론가
테츠오 오치 MCP 대표

사 회

박상준 와세다대 국제학술원 교수

"경제의 거울인 주가가 21년 만에 최고치를 기록했다. 아베노믹스가 틀리지 않았다는 증거다." 일본 아베 신조 정권의 입으로 통하는 스가 요시히데 관방장관은 중의원 선거전이 한창이던 2017년 10월 가마쿠라시 가두연설에서 이처럼 말했다. 일본의 고도 경제성장기였던 1961년 1월과 같은 대기록이다. 실제로 일본 내 전문가들은 북풍과 함께 아베노믹스에 따른 경제 호황을 자민당 승리의 숨은 공신으로 꼽는다. 2기 아베 정권이 탄생한 5년 전만 해도 일본 경제는 잃어버린 20년으로 통칭되는 장기 침체에서 벗어나지 못하는 분위기였다. 특히 2011년 동일본 대지진이란 악재까지 겹치면서 경기는 급속히 얼어붙었다.

아베노믹스가 본격 가동된 2012년 이후 상황은 역전됐다. 아베노믹스의 핵심은 양적완화와 재정 지출, 구조 개혁을 일컫는 통칭 '3개의 화살'이다. 초저금리 정책으로 시중에 돈을 풀어 민간투자의 마중물 역할을 하는 동시에 구조조정을 촉진해 일본 경제의 영광을 되찾겠다는 야심찬 구상이다.

아베노믹스에 대한 평가와 전망은 크게 엇갈린다. 아베 정권은 민주당 정권 시절보다 GDP가 50조 엔(약 516조 원)이나 늘었고, 중소기업의 도산 건수도 30%나 감소했다고 자평하고 있다. 반면 2016년도 정부 국세 수입은 7년 만에 줄어들었다. 2016년도 일반회계 세입은 전

년도 56조 3,000억 엔에 비해 1조 엔 가깝게 줄어든 55조 5,000억 엔(약 564조 원)으로 집계됐다. 더욱이 저성장을 빠져나갈 방책이 발견되지 않은 채로 다시 성장을 위한 세출을 늘릴 경우 감당할 수 없는 재정 악화를 초래할 수 있다는 우려가 나오고 있다. 실제 내각부에 따르면 2017년 일본의 기초 재정수지 적자는 18조 6,000억 엔(약 188조 4,000억 원)으로, 2020년에는 균형을 찾을 것으로 예상됐던 기초 재정수지가 8조 3,000억 엔(약 84조 1,000억 원) 적자를 기록할 것으로 예상된다.

이를 반영하듯 제18회 세계지식포럼에 참석한 일본 전문가들은 아베노믹스의 공과에 대해 치열한 공방을 벌였다. 세계지식포럼의 '아베노믹스 성공했나' 강연에서 무디스 아시아·중동 신용평가담당 부사장을 역임한 톰 번Tom Byrne 코리아소사이어티 회장은 "아베노믹스는 실패한 정책이지만 아베 정권은 결코 (이 정책을) 포기하지 않을 것"이라고 말했다.

그는 아베노믹스가 가장 중요한 정책 목표인 인플레이션 부양에 실패했다고 봤다. 2017년 8월 기준 일본의 근원소비자물가지수CPI는 0.7% 상승했다. 2년 반 만에 최대 폭이지만 여전히 0%대다. 근원소비자물가란 석유류와 농산물 등 일시적 외부 충격으로 변동폭이 큰 일부 품목을 제외한 기조적 물가를 뜻한다.

번 회장은 일본의 재정적자가 한계에 달한 점도 큰 문제로 꼽았다. 그는 GDP 대비 190%가 넘는 일본의 국가채무 비율은 일반 국가에서는 상상조차 할 수 없는 일이라며 두 번째 화살(재정 정책)을 통한 추가적인 경기부양이 쉽지 않을 것으로 전망했다. 특히 아베 정권이 야심차게 추진한 소비세율 인상안이 연기되면서 당장 급격한 경기 위축은

피할 수 있게 됐지만, 장기적인 재정 건전화는 더욱 멀어졌다고 지적했다. 또한 저금리 기조가 계속된다면 예대마진(예금과 대출금리 차이)에 대한 의존비율이 높은 일본 은행들의 건전성도 담보할 수 없다고 경고했다. 그는 "결국 아베노믹스는 지속 가능성을 담보할 수 없는 정책이다. 기울어지는 인구구조까지 고려하면 새로운 획기적인 정책 대안이 필요하다"고 제언했다.

요시노 나오유키Yoshino Naoyuki 아시아개발은행ADB 연구소장도 번 회장의 견해에 공감했다. 그는 일본 경제에는 너무 많은 거품이 끼어있다고 진단했다. 요시노 소장은 "양적완화에 따라 늘어난 본원통화가 부동산으로 몰렸다. 반면 노년층의 소비와 대출이 줄고, 유가가 낮은 수준을 유지하면서 인플레이션 부양에는 실패했다. 생산성을 반영한 임금체계로 개편하고 퇴직연령을 늦춰 고용 시장으로 흡수해야 한다. 지연되고 있는 구조조정이야말로 일본 경제의 미래를 위해 가장 필요한 정책"이라고 강조했다.

그는 퇴직한 연금생활자 비율이 높은 일본의 인구구조를 아베노믹스가 주도하는 임금 주도 성장의 장애물로 봤다. 요시노 소장은 "임금소득이 없는 퇴직자가 많은 인구구조에서는 임금을 올리기 위한 재정·통화 정책은 기대만큼 성과를 거두기 힘들다"고 단언했다.

또한 미국 국공채와 같은 완충 장치가 없다는 점도 일본 경제가 미국 경제와 같은 방식의 돌파구로 나갈 수 없는 요인으로 꼽았다. 요시노 소장은 "미국 국공채는 전 세계에서 수요가 있기 때문에 위기 때에도 자금조달이 가능하지만 국내 수요가 대부분인 일본 국공채는 항상 위험 요소를 안고 있다"고 진단했다.

일본 헤지펀드 투자기업인 MCP의 테츠오 오치Tetsuo Ochi 대표는 "일본 경제는 여전히 성공과 실패의 경계선에 있다. 아베노믹스로 경기가 조금씩 살아나고 있는 현시점이 구조조정의 적기"라고 강조했다. 그는 "현재 일본의 경기부양책은 너무 수요 측면에만 집중돼 있다. 기업 개혁과 연구개발 투자 활성화 등 공급 측면의 혁신이 이뤄지도록 정부가 독려해야 한다"고 말했다.

이에 대해 츠카사 조넨Tsukasa Jonen 일본 경제평론가는 최근 파나소닉, 도요타 등 기업들의 실적도 좋고, 경제성장률과 고용률 등에서 가시적인 성과를 내고 있다며 아베노믹스의 긍정적 효과에 주목했다. 아베 정권의 소비세율 인상을 철회한 점에 대해서도 아직까지 수요 회복이 견고하지 않은 상황이라며 현명한 선택이라고 반박했다.

또 일본 정부의 순부채는 최근 1년 사이 크게 줄었다며 아직까지 재정적자 규모는 충분히 통제할 수 있는 범위 내로 보인다고 설명했다. 오히려 "아베노믹스는 향후 20년 정도 가속페달을 밟으며 꾸준히 추진해야 하는 정책이다. 현시점에서 부정적인 평가를 내리는 것은 바람직하지 않다"고 강조했다.

아시아의 다음 위기는 부채, 버블 위기

요시노 나오유키 아시아개발은행 연구소장

아시아개발은행 연구소장, 일본 게이오대 명예교수, 일본 금융청의 금융연구센터 선임 고문을 역임하고 있다. 존스홉킨스대에서 박사학위를 취득했다. 뉴욕주립대 버펄로캠퍼스 부교수, 게이오대 경제학과 교수를 역임했다. 2007년 재무설계표준위원회FPSB에 임명되었고, 일본 재무부의 외환위원회와 재정시스템위원회(재정투자 및 여신 프로그램부문) 의장을 지냈다. 일본 예금보험공사 이사, 일본 정부채권 투자자 회의 의장, 일본 정부의 재정시스템위원회 의장이었다. 2004년 스웨덴 예테보리대, 2013년 독일 마르틴루터 할레비텐베르크대에서 명예박사학위를 받았다. 2013년 학술연구에 대한 기여도를 인정받아 게이오대에서 후쿠자와상을 받았다. 일본 중앙은행, 금융감독청, 교육부, 내각 부처, 민간금융기관에 의해 조직된 재무교육위원회 회장으로 재직 중이다.

"아시아의 다음 위기는 부채-거품 악순환 구조의 폭발에서 올 것이다."

요시노 나오유키 아시아개발은행 연구소장은 제18회 세계지식포럼 참석차 방한해 〈매일경제〉와 인터뷰하며 "아시아는 외국인 단기 자금 유출입이 많고 리스크가 높았던 20년 전보다 외환보유고와 금융 제도 면에서 견실해졌다. 외부 충격에 대한 방파제를 충분히 쌓았다. 하지만 그만큼 오히려 내부로부터의 위기 가능성은 높아졌다"고 경고했다.

요시노 소장은 한·중·일 동북아 3국에 공통된 위기 요인으로 급증하는 부채와 이에 따라 생긴 심각한 거품을 꼽았다. 그는 "한국은 급증하는 가계부채와 부동산 시장의 거품이 향후 선진국 금리 인상, 자산 축소와 맞물려 터질 경우 경제 전체의 위기로 전이될 수 있다"고 우려했다.

그는 아베 정부가 추진 중인 임금 주도 성장에 대해서는 공급 혁신을 유도하지 못한다는 점에서 부정적으로 평가했다. 아베 정권은 국제통화기금의 권고에 따라 임금 주도 성장에 나섰다. 하지만 65세 이상 노인 비율이 27%로 전 세계에서 가장 높은 상황에서는 소득 증가가 소비 증대로 이어지지 않는다는 게 요시노 소장의 설명이다. 그는 "소득 증가가 소비로 이어지기 위해서는 전 국민의 소득이 평균적으로 증가해야 한다는 전제가 깔려 있다. 젊은 층의 소득 증가가 노인 부양비로 흡수되는 현 상황에서는 기대만큼의 소비 증가와 경기 활성화를 기대할 수 없다"고 진단했다. 그는 세 번째 화살인 구조조정이 지연되는 상황에서 유가 하락으로 물가 상승 유발 효과마저 상쇄되면서 뚜렷한 성장을 이뤄내지 못하고 있다고 분석했다.

이어 아시아의 최대 뇌관으로 꼽히는 중국에 대해선 "한국과 일본의 경우 위기 요인이 민간 영역에 있다면 중국은 정부에 있다. 복지 부담을 충당할 지방세 수입을 늘리기 위해 지방정부들이 유도한 과도한 부동산 부채 거품이 위기 요인이 될 수 있다"고 내다봤다. 중국 재정부에 따르면 2016년 말 기준 중국 지방정부의 부채 규모는 15조 3,000억 위안(약 2,607조 원)에 달한다. 중국 정부는 아직까지 통제 가능한 수준이라는 입장이지만 금융 전문가들은 중국 지방정부의 정책 투명성이 낮아 숨은 부채가 많을 것으로 보고 있다. 중국 칭화대 국제정책대학원은 295개의 중국 도시 가운데 부채의 상세 내용을 발표한 도시는 37곳에 불과하며 지방정부의 부채 투명지수는 20% 수준에 불과하다고 밝히기도 했다.

한·중·일 모두 공통적으로 닥친 경제위기 극복을 위해서 그는 "혁신 기술 경쟁력을 높이고 신산업 중심의 산업구조로의 개편이 시급하다. 향후 대세는 작고 강한 기술 기반 경제일 것"이라고 전망했다.

요시노 소장은 신산업 혁신과 기업 경쟁력 강화를 명분으로 한 정부의 과도한 개입을 경계했다. 그는 "정부 주도의 신산업 정책은 언제나 실패한다. 민간 영역에서 자생적으로 성장한 신산업 기업들이 기존 기업들과 경쟁하고, 이를 통해 산업 구조조정이 이뤄지도록 해야 한다"고 말했다. 특히 인위적인 기업 분할과 같은 소위 공정 시장 정책에 대해선 오히려 국가 경쟁력만 떨어뜨리는 하책이라며 경계했다.
또 경제 생태계 재편을 위해 가장 중요하면서도 쉽게 간과되는 부분
이 금융 구조 개혁이라며 은행이 도전적이고 창의적인 기업에 돈을
빌려주지 못한다면 혁신은 사실상 요원해진다고 지적했다.

글로벌 경제 새 성장 동력은?

로버트 배로 하버드대 경제학과 교수

로버트 루카스, 토마스 사전트와 함께 신고전주의 거시경제학의 창시자로 꼽힌다. 87개국
의 경제학자들이 협업해 만든 경제학 전문 웹사이트 'RePEcResearch Papers in Economics'
이 발표하는 '가장 영향력 있는 경제학자' 중 5위로 선정됐다. 1974년에 집필한 논문 〈정부
채권은 순자산인가?〉에서 노벨경제학상 수상자 로버트 솔로우의 주장을 정면으로 반박하
며 세계적인 주목을 받았다. 현재 이 논문은 거시경제학 논문 중 공식적으로 가장 많이 인
용되는 논문 중 하나다. 매년 노벨경제학상 수상자 후보로 거론된다. 스탠퍼드대 후버 연구
소의 선임연구원이자 전미경제연구소NBER 연구원으로도 활동하고 있다.

세계적인 경제학자이자 대표적인 성장론자인 로버트 배로 하버드대 교수가 소득 불평등 완화, 소득 주도 성장, 혁신 성장, 이전지출 확대와 같은 문재인 정부의 주요 경제철학 전반에 의문을 표시했다.

배로 교수는 제18회 세계지식포럼 '글로벌 경제 새 성장 동력은?' 강연에서 "오늘날 한국이 겪고 있는 불평등 문제는 미국, 중국보다 낮고, 영국, 독일, 일본 등과 유사한 수준인데 왜 갑자기 정책 우선순위가 됐는지 의문이다. 불평등 해소 차원에서 (기초연금 같은) 이전지출을 늘리게 되면 소득세, 법인세를 높여야 하는데, 그 경우 경제활동이 위축된다"고 밝혔다.

그는 "미국의 경우를 봐도 과거 경제 불황 이후 회복세가 기대에 미치지 못하고 있고, 특히 이전지출의 기여가 거의 없다. 한국은 중국과 더불어 과거 높은 성장률을 달성했던 국가다. 합리적인 수준의 GDP 성장률을 유지하기 위해 지금껏 이어지던 장기적인 비전과 방향을 하루아침에 바꾸는 것은 바람직하지 않다"고 말했다. 혁신 성장을 위해서는 기술 진보에 따른 생산성 증가에 집중해야 한다는 조언이나.

그는 '투자 촉진→기술혁신→생산성 증가→투자 증가'로 이어지는 선순환 구조를 만들어야 한다며 그 출발점은 세제 개편 및 각종 규제 완화라고 주장했다. 생산성 증가를 위한 방안으로 법치주의 확립, 효율적인 세금 체계 정비, 공공 인프라스트럭처 확충 등을 들었다.

또 한국 정부의 산업 지원 정책이 특정 산업에 편중돼서는 안 된다고 꼬집었다. 그는 "특정 분야, 특정 산업에 대한 투자 유도를 하는 게 아니라 산업이 자체적으로 결정을 내릴 수 있도록 하는 게 필요하다. 이제 한국 경제도 이러한 결정을 시장에 맡길 만큼 성숙했다"고 말했다.

배로 교수는 향후 세계 경제에 닥칠 위험 요인으로 보호무역주의와 더불어 또 다른 금융위기의 재발 가능성을 들었다. 그는 "미국이 자유무역주의에서 보호주의로 돌아서지는 않겠지만, 내가 틀릴 수도 있다. 이 경우 한국, 중국은 물론이고 미국 경제에도 악영향을 미칠 것"이라고 내다봤다. 그는 또 "2008년 글로벌 금융위기 이후 이를 예방하기 위한 규제가 강화되면서 금융기관의 자본건전성은 좋아졌지만, 개혁의지가 충분하지 않았다. 또 미국의 주택담보대출 시장에도 근본적인 변화는 일어나지 않았다"고 말했다.

트럼프 행정부의 경제 정책에 대해서는 일단 합격점을 줬다. 그는 "미국에서는 이미 에너지·환경·금융 분야에서의 각종 규제 완화가 진행되고 있다. 해외에 있는 자산을 모국으로 다시 가져오는 미국 기업에 대한 인센티브 제공과 법인세 인하 등이 포함된 세제 개편도 조만간 이뤄질 것"이라고 설명했다. 그는 "소득세나 복지 등 분야에서 다른 추가적인 경제 정책 개편을 예상하고 있지 않다. 다만 인프라 투자의 경우 막대한 연방 재정의 투입이 필요한 만큼 경제 부양책과 연계될 것"이라고 예상했다. 배로 교수 분석에 따르면 미국의 경우 평균 한계소득세율Average Marginal Income–Tax을 1%포인트 낮추면 이듬해 GDP 성장률이 연간 0.5%포인트 오른다. 또 법인세율을 10%포인트 인하하면 이듬해 GDP는 연간 0.3%포인트 상승한다.

배로 교수는 트럼프 행정부의 보호무역 정책에 대해서는 각을 세웠다. 배로 교수는 언론 인터뷰와 기고를 통해 트럼프 행정부의 경제 정책이 성공하기 위한 조건으로 자유무역을 꼽아왔다. 1930년식 무역전쟁이 재발할 경우 모든 경제성장 정책은 무의미해질 것이라는 경고도한 바 있다. 그는 자유무역에 저항하는 행위를 더 나은 기술 발전에 저항하는 행위에 비유하기도 했다.

그럼에도 그는 여전히 무역전쟁 가능성은 거의 없을 것으로 내다봤다. 그는 "재협상 수준을 넘어 무역협정의 폐기까지 갈 일은 없을 것이다. 한미자유무역협정이든 미·중자유무역협정이든 북미자유무역협정이든 '수출은 좋고 수입은 나쁘다'는 식의 인식이 가장 큰 걸림돌"이라고 말했다. 그는 특히 과거 중상주의 시대에나 있었던 수출 제일주의 인식이 미·중 간 무역협정에 큰 영향을 미치고 있다고 덧붙였다. 또 트럼프 정부의 반反이민 정책에 대해서도 경제성장에 악영향을 준다며 반대 입장을 밝혔다.

한편 배로 교수는 세계지식포럼 기간 중 2017년 노벨경제학상을 수상한 리처드 세일러 시카고대 교수의 과거를 폭로(?)해 관심을 모으기도 했다. 배로 교수와 세일러 교수의 이론은 정면으로 부딪힌다. 배로 교수 같은 고전주의 경제학자들이 경제활동에 있어서 인간은 이성적으로 행동한다고 주장하는 반면 세일러 교수 같은 행동경제학자들은 인간은 이성적으로 행동하지 않는다고 말한다.

배로 교수는 〈매일경제〉와의 인터뷰 중 세일러 교수의 노벨경제학상 수상과 관련 "세일러 교수와 알고 지낸 지 매우 오래됐고, 그가 흥미로운 행동경제학 패턴을 발견한 데 대해 경의를 표하며 개인적으로 매우 기쁘다"라고 운을 떼었다. 하지만 "행동경제학은 인간 행동의 실수를 집중적으로 연구한다는 점에서 흥미롭긴 하지만 체계적이지는 못하다. 솔직히 행동경제학이 말하고자 하는 메시지의 중요성을 모르겠다. 아직까지는 주류 경제학이라고 보기 어렵다"고 선을 그었다.

마지막으로 그는 1970년대 당시 로체스터대에서 두 사람을 가르쳤던 셔윈 로젠Sherwin Rosen 교수와의 일화를 소개하며 "사실 로젠 교수는 세일러 교수가 좋은 학생이 아니라고 생각했다. 로젠 교수가 살아 있어 세일러 교수가 노벨경제학상 받았다는 이야기를 들었다면 매우 놀랐을 것"이라고 말했다. 이 같은 배로 교수 입장에 대해 세일러 교수는 한 외신과의 인터뷰에서 "우리 둘의 차이는 하나다. 배로 교수는 사람들이 자기만큼 똑똑하다고 생각하고, 나는 사람들이 나만큼 바보 같다고 생각한다"고 말했다.

경제지도 바꾸는 공유경제

연 사

크리스찬 리 위워크 아시아 지역 매니징디렉터
김창범 서울시 국제관계대사

사 회

롤프 바흐만 장크트갈렌 심포지엄 부사장

"공유경제 영역에서 차기에 뜰 분야는 에너지다. 어떻게 에너지를 더 잘 공급하고 저장할 수 있는지, 그래서 최고점일 때와 아닐 때를 계산해 에너지를 공유할 수 있을지가 중요해질 것이다." 크리스찬 리 Christian Lee 위워크 아시아 지역 매니징디렉터의 말이다.

공유경제 전문가들은 택시, 차량, 숙박 등에 이어 에너지가 공유경제의 주축으로 떠오를 것이라 전망했다. 에어비앤비가 나타나면서 젊은이들의 여행 형태가 현지 문화 체험으로 바뀌었듯이 에너지 공유 플랫폼이 일종의 변곡점 역할을 하면서 유휴 에너지 공유 및 비용 절감이란 새로운 유행을 만들 것이란 얘기다.

리 디렉터는 제18회 세계지식포럼 '경제지도 바꾸는 공유경제'에 연사로 참여해 "도시의 자원은 한정된 가운데 에너지, 교통, 식량 등을 더 효율적으로 활용할 필요가 있다. 공유경제 1.0이 이미 시작된 상황에서 차기 공유경제를 이끌 분야는 에너지"라고 말했다.

위워크는 전 세계 55개 이상 도시에 165개 지점을 세운 사무실 공유 업체다. 한국에도 서울 강남역 등 네 곳에 사무실을 개설했다. 그는 테슬라가 아파트와 사무 공간 내 배터리를 설치해 공유 플랫폼을 만드는 것이 대표적인 사례라며 에너지 공유 플랫폼이 가시화되고 있다고 언급했다.

실제 항공·전기자동차·에너지 분야 선도 기업인 테슬라는 주택 소유자가 초과 에너지를 다른 주택 소유자와 공유할 수 있는 기술 플랫폼을 만들고 있다. 이 같은 플랫폼을 테슬라의 태양광 지붕과 연계해 미국 내 각 가정이 테슬라제 태양광을 통해 발전하고 남은 에너지를 플랫폼을 통해 공유할 수 있도록 한다는 방침이다

이런 모델은 이미 영국, 네덜란드 등에서도 나타나고 있다. 영국의 피클로는 전력 공급자와 소비자를 연결해 에너지 거래, 계약, 요금청구 등을 할 수 있는 거래소를 만들었다. 네덜란드 반데브론은 전력회사가 참여하지 않고 개인이 에너지를 직거래하는 '생산자–소비자 간 전력 직거래' 사업 모형을 제시했다.

김창범 서울시 국제관계대사는 "서울시 역시 시민사회와 연계해서 에너지 소비를 줄이려고 노력하고 있다. 에너지가 공유경제의 유망 분야로 떠오르고 있다"고 말했다. 서울시는 노원구에 에너지제로 주택을 짓는 등 신재생에너지 정책을 펴고 있다. 앞으로 이런 정책이 에너지 공유와 연결되면서 더 확산될 것으로 전망된다.

공간 공유에서도 혁신이 이뤄지고 있다. 위워크는 단순히 사무실을 공유하는 것을 넘어 전 세계 165개 지점의 모든 공간 구조를 디지털 자료로 축적해 종합적으로 분석하고 있다. 이를 통해 위워크는 마이크로소프트 등에 사무 공간 컨설팅을 해주는 서비스업체로 변모했다. 젊은 창업가들이 마음껏 어기를 즐기며 토론을 힐 수 있는 공간을 만들자며 시작한 공유경제업체 위워크가 부동산 설계 서비스업체로 변하고 있는 것이다.

리 디렉터는 "데이터를 분석하면서 단순히 누구나 참여할 수 있는 공유 공간을 확장하는 것이 아니라 1 대 1 면담, 혼자 있을 수 있는 공

간 등이 정밀하게 설계돼야 한다는 것을 깨달았다. 다섯 번 이상 컨설팅을 진행하면서 마이크로소프트 사무실을 재설계해 직원 만족도를 92%까지 끌어올렸다"고 밝혔다. 공유경제 플랫폼이 빅데이터와 만나면서 새로운 비즈니스 모델을 창출한 것이다.

민간의 혁신 흐름에 발맞춰 공공부문도 인프라 조성에 적극적이다. 서울시는 2014년부터 주차난 해결을 위해 서울주택도시공사 임대아파트 내 주차장을 외부인과 공유하고 있다. 여기서 얻은 수익으로 임대주택 입주가구의 관리비를 월평균 4,120원 절감시킨다. 주차장 공유가 공급자와 수요자 모두에게 이득이 되고 있다는 평이다. 김 대사는 "차량도 1대를 공유하면 16대 차량을 아낄 수 있다는 말이 있다. 서울시가 주차 공간을 제공하고 민간 차량 공유업체가 공유 차량을 보급함으로써 주차난, 교통난을 줄일 수 있다. 자전거 공유도 확대해 연말까지 2만 개의 자전거를 서울시에 배치할 예정"이라고 밝혔다.

서울시는 공공기관의 공간을 시민에게 개방하고 있다는 데서도 주목받고 있다. 서울시는 시와 산하단체가 소유한 건물의 회의실과 강의실, 체육시설을 2012년부터 개방해왔다. 서울도서관, 서울시립미술관, 세운상가 등 공공기관 5곳의 옥상도 2017년 하반기 개방을 완료했다. 종묘, 인왕산, 남산을 동시에 조망할 수 있는 세운상가 옥상에서는 매주 금요일마다 콘서트가 열렸다. 김 대사는 "서울시는 시청 이름을 시민청으로 바꾸고, 지하 일부를 일반에 공개해 전시 공간으로 활용하고 있다. 기본적으로 건물, 장소, 공간 등을 시민에게 개방해 공유경제를 활성화시키겠다는 것이 서울시 계획"이라고 밝혔다.

강연에서는 공유경제의 어두운 면도 지적됐다. 우버 기사가 승객을 성폭행하는 사건이 잇따르면서 영국 런던교통공사는 우버 면허 갱신을 불허하겠다고 밝혔다. 사회자로 참석한 롤프 바흐만Rolf Bachmann 장크트갈렌 심포지엄 부사장은 "사선거 공유 기업의 자전거를 훼손시키는 사례도 있고, 우버처럼 성추행 사건까지 나는 경우가 있다"고 말했다. 이에 대해 김 대사는 "규제와 공유경제 사이의 균형을 찾는 것이 중요한 과제다. (여러 우려가 있지만) 현재로선 일부 국내 법규는 새로운 추세나 공유경제 발전을 뒷받침하진 못하고 있다"고 말했다. 리 디렉터는 "런던, 서울, 뉴욕 등 다양한 지자체와 협력하는 것이 중요하다. 정부가 관련된 공유경제 사업체와 협력하지 않은 상태로 규제를 만든다면 잘못된 방향으로 갈 것"이라고 했다.

03

4차 산업혁명이
바꿀 세상

4차 산업혁명은 정말 오는가

김태유 서울대 교수

공학과 경제학, 역사학 등을 공부한 4차 산업혁명 전문가다. 산업혁명과 국가 발전에 대해 다양한 논문과 저술 활동을 해왔다. 교수 생활 전반기에는 산업혁명(제1, 2차 산업혁명)의 동력인 석유, 가스, 전력 등 에너지자원과 경제성장을 주로 연구했다. 이후 지식혁명(제3, 4차 산업혁명)의 동력인 기술과 경제성장을 주로 연구하고 있다. 특히 앞으로 다가올 4차 산업혁명을 위한 준비에 학자로서 많은 시간과 역량을 투자해 연구하고 있다. 그의 신간 《패권의 비밀》에는 산업혁명이라는 단어가 148번이나 등장한다. 저서 《정부의 유전자를 변화시켜라》는 4차 산업혁명을 성공시키기 위한 정부 혁신, 《은퇴가 없는 나라》는 경제, 사회 혁신에 관한 구체적이고 실천 가능한 정책 제안을 담고 있다.

모두의 관심사인 4차 산업혁명은 과연 올까. 4차 산업혁명은 세계경제 포럼WEF(다보스포럼)에서 중요 의제로 채택되었으며, 한국에서는 프로 바둑기사 이세돌 9단과 알파고 대결 이후 큰 관심을 받고 있다. 관심이 뜨거운 이유는 아마 산업혁명의 강렬한 기억 때문일 것이다. 산업혁명 의 선도자와 후발주자, 열차에 탑승하지 못한 자가 보여준 지난 수백 년의 역사를 똑똑히 목도했기 때문이다.

제18회 세계지식포럼 '4차 산업혁명은 정말 오는가' 강연에서 김태 유 서울대 교수는 "산업혁명에 이어 인류 역사의 두 번째 대분기大分岐 는 4차 산업혁명이라고 본다. 이 시류에 잘 올라타는 극소수의 나라만 달콤한 열매를 맛보게 될 것이다"라고 전망했다.

김 교수는 "4차 산업혁명의 중요성을 말하고 싶은데, 미래의 일이라 설명하기 어렵다. 일어나지 않은 일이기에 어떤 이론을 말해도 그것이 옳고 그르다고 판단할 수 없다. 그런데 산업혁명은 역사적 사실이다. 이를 충분히 분석하면 4차 산업혁명에도 적용될 수 있을 것이라고 봤 다. 모두가 평등했던 원시 수렵사회에서 농업사회로 넘어오며 차별과 수탈이 생겨났다. 이는 역사의 퇴행이다. 이를 질적으로 변화시킨 산 업혁명이야말로 진정한 축복이고 4차 산업혁명은 더 큰 축복이다. 4차 산업혁명으로 로봇과 인공지능이 우리 삶 곳곳에 들어오면 우리는 직 업을 잃고 힘들어진다는 말이 있는데, 이는 사실이 아니다. 지금은 당연한 주5일 근무처럼 미래에는 주3일 근무가 당연시될 것이다. 그게 우리가 가야 할 길이다”라고 단언했다.

김 교수는 경제학자로서 자신의 연구에 한계가 있다는 판단이 들자 지난 8년간 4명의 역사학 전공 교수를 직접 사사하며 학문 분야를 넓혔다. 그는 “내가 세운 경제성장 이론은 단편적으로는 설득이 안 된다. 역사적으로 증명된 과거의 사례로 입증하려니 역사학을 공부할 수밖에 없었다”고 말했다. 공대에서 공부를 시작해 경제학, 역사학까지 섭렵하며 기존 사회과학자와는 차별화된 미래지향적 시각을 가질 수 있었다는 자부심도 드러냈다.

그는 “한반도의 5분의 1 크기인 네덜란드가 강력한 해상무역으로 한때 최고의 상업제국을 형성하고, 서유럽 변방의 영국이 대영제국으로 ‘해가 지지 않는 나라’로 불린 이유를 알려주고 싶었다. 네덜란드나 영국이 했다면 우리도 할 수 있다. 패자의 역사가 아닌 승자의 역사를 후손들에게 물려줘야 하지 않겠나”라고 덧붙였다.

김 교수는 국가 차원의 논의뿐 아니라 개인이 어떻게 4차 산업혁명을 준비해야 하는지에 대해서도 의견을 내놨다. 인간의 평균수명이 100세에 이르는 4차 산업혁명 시대에는 개인과 사회의 ‘이모작 경제’를 통해 세대 갈등과 경제 저성장 문제를 해소해야 한다는 주장이다.

신속한 의사결정이 가능하고 지식습득 능력이 뛰어난 20~40대는 제조업과 경영 등 인생의 첫 농사를 짓고, 성장의 경험과 경륜을 갖춘 50~70대는 관리와 행정 등의 분야에서 인생의 새로운 농사를 지을 수 있도록 사회적으로 시스템을 갖춰야 한다는 제언이다. 그는 “고령사회에 접어들고 있는 지금, 정년 연장이나 임금 삭감 등은 악순환의 고

리만 가중시킬 것이다. 700만 베이비붐 세대가 더욱 일을 잘할 수 있는 일반 서비스, 관리, 행정, 사무 등 이모작 직업으로 옮겨가는 사회구조로 바꿔야 4차 산업혁명이 촉발된다"고 밝혔다.

전 세계적으로 고령화가 가장 빨리 진행되고 있는 한국은 2026년에는 인구의 20%가 고령자인 초고령사회로 접어들 것으로 예측된다. 김 교수는 "창조적이고 혁신적인 업무를 수행할 수 있는 청장년층은 GDP를 책임지는 제조업 등 가치 창출 분야에 주력할 수 있도록 해야 한다. 반면 고령층에겐 영업 활동과 법률, 자문 등 지원 영역에서 '가치 이전' 활동 중심의 일자리를 마련해줘 연령별 분업이 이뤄지도록 해야 한다"고 거듭 강조했다. 일례로 BMW 헬무트 판케 회장은 젊은 시절에는 핵물리학 연구원과 물리학과 교수를 지냈다. 이후 컨설팅회사 맥킨지로 자리를 옮겼다가 다시 BMW의 연구개발 책임자로 이직하면서 회장의 자리까지 올랐다. 연령대에 맞는 적성을 극대화해 성공을 거둔 셈이다.

김 교수는 또 고령화가 국가재정까지 위협할 수 있는 상황에 놓인 지금 발상의 전환을 통해 복지가 아닌 경제적 차원의 접근이 필요하다고 제안했다.

또한 이모작 인생을 시도하기 위해서는 탄탄한 제도적 뒷받침이 필요하다며 '국민경제 이모작 기본법' 제정을 주장했다. 김 교수는 "한국의 고용 및 교육 체계를 재편해 연령별 분업에 기초한 고용구조와 이를 지지하는 평생교육 구조를 만들어야 한다. 다양한 연령과 학력별 차이를 반영하는 맞춤형 정책을 수립하고 이행해야 한다"고 말했다.

4차 산업혁명과 직업의 미래

연 사

칼 프레이 옥스퍼드대 마틴연구소 교수
이노우에 도모히로 고마자와대 교수,《2030 고용절벽 시대가 온다》저자
미셸 부커 《회색 코뿔소가 온다》저자
호리 요시토 글로비스그룹 회장

사 회

송경진 세계경제연구원장

4차 산업혁명이 가져올 변화를 조망할 때 빠지지 않는 게 일자리다. 자동화, 기술 융합, 로봇이 인간을 대체하며 일자리를 줄일지 예측하는 것은 단순하지 않다. 인공지능이 저임금 비숙련 노동자부터 시작해 인간의 일자리 대부분을 뺏을 것이라는 비관론이 있다. 반면 창의성의 영역은 대체 불가하다는 주장도 있다.

제18회 세계지식포럼 '4차 산업혁명과 직업의 미래' 강연에 모인 일자리 전문가들은 일부 일자리가 대체되는 것은 불가항력이라는 데 의견이 일치했다. 4차 산업혁명이 진행될수록 일자리 양극화가 심화할 것이라는 의견도 공통됐다. 하지만 교육과 올바른 정치적·정책적 의사결정으로 일자리 위기를 극복할 수 있다고 했다.

칼 프레이Carl Frey 옥스퍼드대 마틴연구소 교수는 "1950년대에도 기술이 일자리를 빼앗아간다는 논쟁이 있었다. 실제 많은 이들이 자동화로 직장을 잃었고, 소득 양극화 현상이 일어났다. 그런데 최근 상황은 그때보다 더 심각하다. 지금은 인공지능과 로봇이 훨씬 더 광범위한 업무를 수행할 수 있는 데디 대체 속도가 훨씬 빠르나"고 말했다.

프레이 교수는 2013년 발표한 논문 〈고용의 미래〉를 통해 최초로 4차 산업혁명 시대의 일자리 위기를 언급한 인물이다. 그는 논문에서 20년 안에 자동화로 인해 미국의 706개 일자리 중 47%가 사라질 것이라는 연구 결과를 발표하기도 했다. 프레이 교수는 "말이 더 이상 교통수단이나 농업에 활용되지 않는 것처럼 미래에는 기술 발전에 따라 인간이 필요 없게 되는 순간이 올 수도 있다"고 말했다.

그러면서도 창의력이 요구되는 영역은 인공지능이 침범하지 못할 것이라고 했다. 작곡이나 디자인도 인공지능이 넘볼 수 있다는 시각에 대해 "창의성을 어떻게 정의하느냐의 문제다. 마음속 깊은 곳의 감정을 직관적으로 표현하는 게 창의성이라고 한다면 로봇이 인간 그 자체가 되지 않는 이상 불가능하다"고 말했다.

프레이 교수는 사회적 지능(인적 교류)과 인지 및 조작과 관련한 분야에서는 로봇이 인간을 대체할 수 없다고 주장했다. 사회적 지능을 필요로 하는 대표적인 직업은 행사 기획자, 홍보 담당자 등이다. 외과 의사처럼 고도의 손재주와 인지능력을 발휘해야 하는 직업도 마찬가지다. 프레이 교수는 "인간이 생각하지 못한 수를 두는 알파고가 창의적이라고 하지만 바둑만 해도 경우의 수를 계산하는 것이다. 위 세 가지 분야는 인간만이 느끼고 판단할 수 있다. 수치화 또는 단순화하기 어려워 기계가 대체할 가능성이 작다"고 말했다.

세계적인 베스트셀러 《회색 코뿔소가 온다》의 저자인 미셸 부커 Michele Wucker 역시 의견을 같이했다. 그는 첨단 리서치, 인간관계, 리더십 등 분야는 인간이 더 잘할 수밖에 없을 것이라고 했다. 부커는 단순 노동이라고 해서 미래에 다 사라지는 것은 아니라고도 했다. 그는 "제조업 근로자의 업무는 기계가 대체하겠으나 저임금이라고 해도 아직 기계가 따라올 수 없는 고도의 손재주나 인간만이 지닌 감정이 필요한 분야는 분명 남을 것"이라고 전망했다. 그는 사회복지사와 애견관리사를 예로 들며 같은 서비스 직종이라도 택시기사와는 다른 미래를 맞이할 것이라고 말했다.

문제는 일자리 양극화에 따른 소득 격차다. 《2030 고용절벽 시대가 온다》의 저자인 이노우에 도모히로Inoue Tomohiro 고마자와대 교수는 "뇌를 가장 많이 쓰는 직종과 노동력이 가장 많이 들어가는 근로자들은 일단 대체되지 않을 것이다. 가장 먼저 사라지는 직종은 사무직이 될 것"이라고 내다봤다. 부커는 "고등교육을 받은 사람일수록 창의적이고 전략적인 사고가 요구되는 일자리를 구할 것이고, 그렇지 못한 사람들은 단순 서비스 직종에 머무르게 될 것이다. 일자리의 양극화는 현재보다 더 심각한 소득의 불균형을 야기할 것"이라고 말했다. 프레이 교수도 "최근 10년간 새로 생긴 일자리는 과거에 비해 바이오, 디지털 등 특정 분야에 집중돼 있다. 4차 산업혁명 시대에 새로 생기는 직업도 특정 분야나 지역에 치중돼 양극화가 심해질 수 있다"고 우려했다.

프레이 교수는 정치와 교육으로 문제를 해결할 수 있다고 주장했다. 그는 "인간은 투표를 통해 미래를 바꿀 수 있다. 저소득층에 대한 근로장려세제EITC 등을 요구해 소득 격차를 줄여나가야 한다"고 말했다. 이노우에 교수는 국가가 연령, 성별, 계층을 구분하지 않고 지급하는 기본소득제를 대안으로 제시했다.

부커는 "끊임없이 이민자들이 유입될 선진국은 로봇이 대체할 수 없는 교육을 제공해야 하고, 개발도상국은 근로자의 생산성을 올리는 데 노력해야 한다"고 말했다. 프레이 교수는 "로봇이 대체 불가한 창의적 인재를 키우는 수업이 따로 있는 게 아니다. 창의성과 대인관계, 인지 능력을 향상할 수 있는 수업 방식을 도입하면 되는 것"이라고 말했다.

인공지능, 축복인가 재앙인가

연 사

닉 보스트롬 옥스퍼드대 인류미래연구소장
이대열 예일대 의학대학원 신경과학과 석좌교수
이안 로버트슨 트리니티대 심리학 교수
미나스 카파토스 채프맨대 교수

사 회

엘리자베스 브램슨-부드로 〈MIT 테크리뷰〉 발행인 겸 CEO

"인공지능은 인류의 불평등을 심화시킬 것이다. 인류는 지금부터 인공지능이라는 불확실성에 대비해야 한다."

2016년 3월, 프로 바둑기사 이세돌 9단이 구글의 인공지능 알파고에 무릎을 꿇으면서 한국 사회는 '알파고 쇼크'에 휩싸였다. 불과 1년 6개월 만에 구글은 '알파고 제로'라는 새 버전의 인공지능을 공개했다. 어떠한 정보의 사전 입력 없이 알파고 제로는 인류가 5,000년 동안 쌓아왔던 바둑 기보를 단 36시간 만에 따라잡으며 이세돌 9단을 이긴 '알파고 리'를 격파했다. 2017년 5월 중국의 커제 9단을 이긴 업그레이드 버전 '알파고 마스터'를 이기는 데 걸린 시간은 단 21일. 인공지능의 발달은 인류의 예상보다 빠르게 진행되고 있다.

제18회 세계지식포럼 '인공지능은 재앙인가 축복인가' 강연은 인공지능이 가져올 미래에 대한 불안과 궁금증을 반영하듯 청중들로 가득했다. 강연에 참석한 세계적 석학들은 '인공지능이 인류를 지배할 것인가'에 대해서는 서로 다른 의견을 보였지만 인공지능이 갖고 올 미래가 불확실한 만큼 지금부터 대비를 해야 한다는 데 공감했다.

인공지능의 위험이 과장됐다고 주장하는 석학들은 대부분 뇌를 연구한다. 인간이 뇌에 대해 아는 것이 1% 미만인 만큼 뇌를 모방한 인간적인 인공지능의 출현은 공상과학소설에서나 가능하다는 설명이다. 뇌의 구조와 지능의 본질을 다룬《지능의 탄생》의 저자로 잘 알려진 이

대열 예일대 의학대학원 신경과학과 석좌교수 역시 마찬가지였다. 이 석좌교수는 강연에서 "신기술이 등장하면 사람들은 양날의 칼이라며 조심스럽게 접근하는 경향이 있다. 인공지능 역시 마찬가지다. SNS나 미디어는 인공지능의 위협에 대해 과장한다. 민주주의가 지속된다는 가정하에서 인공지능이 가져올 미래는 낙관적이라고 생각한다"고 말했다. 1,000억 개가 넘는 뉴런이 넘실대며 활동하는 인류의 뇌를 인공지능이 따라잡는 일은 먼 미래의 일이라는 것이다.

하지만 인공지능의 위협을 강조하는 대표적 석학으로 꼽히는 닉 보스트롬Nick Bostrom 옥스퍼드대 인류미래연구소장은 "장기적인 관점에서 초지능Super Intelligence사회의 도래는 인간의 실존주의를 위협한다"고 운을 뗐다. 그는 저서 《슈퍼인텔리전스》에서 인공지능이 인간의 뇌를 모방하는 방식을 따르지 않더라도 기계적 알고리즘을 이용해 초지능을 갖게 될 수 있다고 경고한 바 있다. 보스트롬 소장은 "뇌는 우리의 두개골 안에서 1,000억 개의 뉴런만으로 작동한다. 또한 인간의 신경 속도는 1초에 100m를 이동하지만 현재 컴퓨터는 1초에 3억 m의 속도인 광속으로 정보를 전달한다. 인공지능에는 제한이 없다는 것을 유념해야 한다"고 덧붙였다.

보스트롬 소장이 경고하는 미래는 인공지능이 일부 자본가, 독재자들의 손에 들어갔을 때부터 시작된다. 그는 "많은 연구비를 투입하면 인공지능의 수준을 높일 수 있는 만큼 소수의 자본가, 독재 세력 등이 인공지능을 이용해 세계를 지배할 수 있다"고 경고했다. 보스트롬 소장은 폭탄을 손에 든 아이가 할 수 있는 가장 현명한 행동은 어른에게 알리는 것이지만, 아이 중 누군가는 점화 버튼을 누를 수 있다는 비유로 인공지능의 위험성을 강조했다.

신경심리학 분야 권위자인 이안 로버트슨Ian Robertson 트리니티대 심리학 교수도 보스트롬 소장의 의견에 맞장구를 쳤다. 그는 "상내성이론을 밝혀낸 인간의 뇌를 인공지능이 따라잡는 것은 어려울 것이다. 하지만 완성되지 않은 인공지능이라 할지라도 우리 사회에 미치는 영향은 크다"고 말했다. 인공지능은 트럼프 대통령의 당선과 영국의 유럽연합 탈퇴를 예견했다. 초지능이 출현하지 않더라도 정치·경제·사회적으로 인간에게 큰 영향을 끼칠 수 있다는 것이다. 로버트슨 교수는 "인공지능을 활용하는 것은 인간이고, 인간의 뇌는 권력에 집중된다. 불평등한 사회가 심화될 수 있다. UN과 같은 국제협력 기구를 만들어 인공지능이 우리 사회에 미칠 영향을 파악하고 불평등이 심화되지 않는 방향으로 작동시키는 지침이 반드시 필요하다"고 덧붙였다.

인공지능의 어두운 미래에 대한 의견에 귀를 기울이던 이대열 석좌교수는 여전히 인공지능이 인류를 지배하는 일은 일어날 수 없다는 전제하에 불평등의 심화에 대해서는 전적으로 동의했다. 그는 "새로운 기술은 소수가 독점한 뒤 전파되는 특성이 있다. 또한 긍정적인 부분만 확대되는 경향이 있다. 소수에게 인공지능이 집중되지 않도록 관리할 필요성에 공감한다"고 말했다.

강연에 참석한 모든 석학들은 규제 등 인공지능 연구에 대한 논의가 필요한 시점은 언제인가라는 질문에 "바로 지금"이라고 답해 눈길을 끌었다. 미나스 카파토스Menas C. Kafatos 채프맨대 교수는 "이미 인간은 스마트폰이라는 기계에 갇혀 있다. 전 세계 어디를 가도 모두가 머리를 숙이고 스마트폰만 보고 있는 상황이다. 기차는 인간을 기다려주지 않는다. 우리가 더 기다리면 기차는 우리의 통제를 벗어나버린다"고 말했다. 보스트롬 교수는 전 세계 머신러닝 전문가를 대상으로 한 설문조사 결과 2040~2045년 인공지능이 인류에 도달할 것이라는 결과가 나왔다고 이야기했다. 그는 "10~15년, 아니면 100년 후가 될지 모르지만 확실한 것은 언젠가 인공지능은 인류에 도달할 것이고, 순식간에 인류를 초월한다는 것이다. 인공지능이 인간의 가치를 배우도록 유도하고 연구해야만 인류와 기계의 공존이 가능할 것"이라고 강조했다.

스마트 시티와 4차 산업혁명

연 사

장 뱅상 플라세 전 프랑스 국가개혁담당 장관
나경원 국회의원
이용덕 엔비디아 한국지사장
이희성 나이트프랭크코리아 사장
올리비아 온더던크 뉴시티파운데이션 부회장
마이클 스털링 스털링인프라스터럭처 CEO

사 회

이정훈 연세대 교수

"스마트 시티의 최대 난관은 재원 마련이다. 크라우드펀딩 등 비전통적인 방법으로 자금을 조달하면서 시민의 자발적인 참여를 이끌어내는 것이 중요하다." 올리비아 온더던크Olivia Onderdonk 뉴시티파운데이션 부회장의 말이다. 이희성 나이트프랭크코리아 사장은 "벤처사업가들에게 다양한 정보를 제공해서 이들의 창의성을 스마트 시티 건설에 적극 활용해야 한다"고 말했다.

제18회 세계지식포럼 '스마트 시티와 제4차 산업혁명' 강연에서는 다양한 분야 전문가들이 참여해 스마트 시티를 현실화할 수 있는 아이디어를 쏟아냈다. 장 뱅상 플라세Jean-Vincent Place 전 프랑스 국가개혁담당 장관과 나경원 자유한국당 의원이 대담을 통해 한국과 프랑스의 스마트 시티 추진 상황을 짚었고, 이후 이어진 토론에서 도시, 정보통신기술, 인프라스트럭처, 부동산 컨설팅 전문가가 당면 과제에 대한 해결 방안을 제시했다.

플라세 전 장관은 "몇 년 전만 해도 스마트 시티는 일부 스타트업 기업들만 관심을 갖는 전문적인 분야였지만 지금은 수많은 사람들이 뜨거운 관심을 갖는 대중적인 이슈가 됐다"며 놀라워했다.

좌장을 맡은 이정훈 연세대 교수는 10개 글로벌 스마트 시티 비교 결과를 공유하면서 시민 참여의 중요성과 오픈 데이터의 질적 향상을 통한 새로운 방식의 스마트 시티를 제시했다. 특히 4차 산업혁명 시대의 스마트 시티는 데이터 활용을 극대화할 수 있는 지역 혁신 생태계의 역할이 중요해지고 있고 이를 효과적으로 지원할 수 있는 스마트 거버넌스 시스템과 시민 중심의 리더십이 강조돼야 한다고 말했다.

참석자들은 삶의 질을 끌어올리기 위해 스마트 시티가 반드시 필요하다고 입을 모았다. 이용덕 엔비디아NVIDIA 한국지사장은 "스마트 시티는 교통 체증 문제를 해결하고 사람들을 안전하게 지켜준다. 설사 한강에서 홍수가 발생하더라도 인공지능 딥러닝이 미리 확인해서 시민에게 피신할 수 있는 곳을 알려줄 수 있다"고 말했다.

플라세 전 장관은 스마트 시티가 주는 편익을 세 가지 측면에서 설명했다. 첫째, 삶의 질 제고다. 최적화한 교통망 관리와 재택근무가 확산되면서 일과 가정을 양립할 수 있게 해준다. 둘째, 시민의 정치 참여다. 스마트 시티 기술을 통해 정책 당국자들은 효율적으로 시민의 필요와 반응을 취합할 수 있고 크라우드펀딩을 촉진시킬 수 있다. 셋째, 환경오염 감소다. 전 세계 인구의 80%가 도시에 거주한다. 시민들에게 현재 얼마만큼의 온실가스를 배출하고 있는지 실시간 집계 자료를 알려주면 오염에 대한 경각심이 높아져 온실가스 배출 감소 효과가 발생한다. 교통 흐름이 최적화가 되면 공기오염도 줄어들 수 있다.

스마트 시티 건설에서 핵심 기능을 수행하는 것은 정보 저장·분석 기술이다. 2020년이면 전 세계에 설치된 10억 내의 카메라에서 초당 TB 단위의 정보가 쏟아진다. 기술 발달 덕에 정보 저장과 분석에 필요한 비용이 과거보다 크게 감소했지만 그럼에도 스마트 시티에 필요한 기반 시설을 갖추기 위해 해결해야 하는 가장 큰 과제는 예산이다. 국가 및 지자체 재정 건전성이 중요한 화두로 떠오른 지금 스마트 시티 건설에 막대한 예산을 쏟는 것은 쉽지 않다. 온더덩크 부회장은 "크라우드펀딩으로 시민 참여를 유도하는 것이 중요하다. 브라질처럼 규제 완화로 발생하는 부동산 개발 이익의 일부를 스마트 시티 건설 예산으로 활용하는 방안도 고려해볼 만하다"고 말했다.

마이클 스털링Micheal Stirling 스털링인프라스트럭처 CEO도 정부가 스마트 시티 건설에 따른 위험을 기업들과 나눠서 부담하고, 기업의 창의성을 적극 활용하라고 조언했다. 투자자가 아니라 조력자가 돼야 한다는 것이다. 그는 "정부는 스마트 시티가 기업들이 도전할 수 있는 분야가 되도록 분위기를 조성하고 표준화를 통해 일관된 기준이 적용될 수 있게 해야 한다. 또한 실사를 통해 재무상태가 좋고 역량을 갖춘 좋은 기업을 선별하고 이들에게 스마트 시티 건설 임무를 맡겨야 한다"고 강조했다.

1999~2000년에 인터넷을 통한 부가가치 창출 방안에 기업들과 투자자들이 혈안이 됐을 때와 유사하게 최근 수많은 기업들이 스마트 시티에서 사업 기회를 엿보고 있다. 민간의 뜨거운 관심을 적극적으로 활용하는 것이 중요하다는 게 스털링 CEO의 주장이다.

민간 기업의 창의성을 최대한 활용하기 위한 또 하나의 방법은 정보 공유다. 삶의 질을 더욱 높이려면 도시 곳곳에 설치된 카메라에서 취합되는 방대한 정보와 시민 개개인의 위치 정보 등을 기업이 사용할 수 있어야 한다는 것이다. 이희성 사장은 "데이터가 개방되고 공유돼야 벤처기업들이 사람들에게 필요한 서비스를 만들 수 있다"고 강조했다. 나경원 의원도 "스마트 시티는 빅데이터 활용이 필수인데 개인정보보호법과 상충된다. 새로운 산업 활성화를 위해 정치권이 방안을 강구해야 하며 정부 내에서 정보를 공유하는 것도 필요하다"고 말했다.

정보 개방은 스마트 시티 건설에서 양날의 칼과 같다. 민간의 참여를 위해 반드시 필요하지만 악용될 경우 심각한 문제가 발생할 수도 있다. 이 때문에 참석자들은 정보 공유와 정보 보안이 동시에 이뤄져야 한다고 지적했다. 이 지사장은 "자율주행차의 정보가 유출돼 악용된다면 심각한 교통사고를 유발할 수도 있다. 공유되기에 적합하지 않은 사적인 정보는 유출되지 않도록 데이터 암호화 기술을 발전시켜야 한다"고 말했다.

투자가 점진적으로 진행돼야 한다는 의견도 나왔다. 온더더크 부회장은 "장기간에 걸쳐 투자해야 지자체가 투자 기간에 노하우를 쌓을 수 있고, 조달 계획도 현실적으로 마련할 수 있다. 시간이 지나 더 나은 기술이 개발되면 그에 맞춰 새로운 서비스를 제공할 수 있도록 유연성을 갖춘 인프라를 설계해야 한다"고 조언했다.

4차 산업혁명과 지식재산권 혁신

랜들 레이더 조지워싱턴대 로스쿨 교수, 전 미국 연방순회항소법원장

미국 지식재산법 분야의 최고 전문가다. 미국의 지식재산권 사건을 총괄하는 연방순회항소법원에서 법원장을 지냈다. 연방순회항소법원은 미국 연방지방법원에서 1심을 거친 지식재산권 사건의 2심을 담당하는 곳이다. 미국은 연방대법원에서 지식재산권 사건을 거의 다루지 않기 때문에 실질적으로 최종심 역할을 하고 있으며, 사실상 여기서 전 세계 지식재산권 분야의 '규칙'이 정해진다. 1949년 네브래스카 헤이스팅스에서 태어난 레이더 교수는 1990년부터 연방순회항소법원 판사로 일을 하다가 2010년 법원장에 임명됐다. 미국에서 가장 많이 읽히는 《특허법》 교과서의 저자다.

랜들 레이더Randall R. Rader 미국 조지워싱턴대 로스쿨 교수는 미국 연방 순회항소법원CAFC에서 법원장을 지낸 법조인이다. 법원장 4년을 포함해 30여 년을 판사로 재직하며 수많은 법적 분쟁의 결론을 내렸다. 기업 간 지식재산권 분쟁 분야에서는 세계 최고 권위자로 손꼽힌다.

그런 그가 "인공지능은 사법 체계에 대한 사회의 불신을 제거해줄 것이다. 인공지능은 판사는 물론, 법조계의 대다수 일자리를 대체할 것"이라는 다소 발칙한(?) 전망을 내놨다. 전망이 현실이 되기까지 5년도 채 걸리지 않을 것이라고도 했다.

제18회 세계지식포럼에 연사로 참여한 레이더 교수는 대뜸 신문을 꺼냈다. 구글 딥마인드가 공개한 새로운 인공지능 '알파고 제로'에 관한 기사였다. 알파고 제로는 진화한 인공지능이다. 바둑기사들의 기보를 대량으로 학습하던 기존의 알파고를 뛰어넘어 온전히 자기학습만을 통해 바둑을 두는 데 성공했다.

레이더 교수는 알파고 제로를 가리키며 "판사로 재직한 경험에 비추어 인공지능이 충분히 법조인을 대체할 수 있다. (인공지능이 판사들보다) 아마 더 빠르고 공정한 판결을 내릴 수 있을 것이다. 인간 판사가 사건을 판결하는 데 개인의 관점을 완전히 배제하기란 쉽지 않다. 인공지능은 이러한 인간의 편향성을 제거해줄 것"이라고 말했다.

사법 불신은 외부에서도 오지만 내적으로는 판결의 편향 논란 등이 단초가 된다. 판사 개인의 성향이 판결에 반영됐다는 데서 시작해 해당 판사에게 인신공격을 가하고, 나아가 사법 체계 전체를 믿지 못하는 현상으로 악화된다.

레이더 교수는 "당대의 시대상과 도덕적 기준의 변화마저도 프로그램화할 수 있을 것이다. 사건의 판단 근거가 되기도 하는 시대적 잣대의 변화에 인공지능은 발맞춰갈 수 있을 것"이라고 전망했다.

아직까지는 사람이 아닌 인공지능의 판결을 신뢰할 수 있겠느냐는 의구심이 있다. 이에 대해서도 레이더 교수는 "이미 우리의 자식 세대는 학교 선생님보다 컴퓨터가 제공하는 정보에 더 의존하고 있다. 개인별 성향이 섞일 수 없는 컴퓨터에 대해 미래 세대는 무한한 신뢰를 보일 것이다. 컬럼비아대에서도 법조계는 사양 산업이라고 가르친다. 사회가 '인공지능 판사'를 용인할지 제도적 논의가 필요하겠지만, 세대가 지나면 자연스럽게 수용할 것이다"라고 확고하게 말했다.

특허소송 등 지식재산권 분쟁 분야의 최고 권위자인 레이더 교수는 다국적기업 간의 분쟁도 인공지능으로 줄어들 수 있을 것이라고 내다봤다. 소송을 제기하기 전 기업들이 인공지능을 활용해 시뮬레이션을 해보면 결과를 예상할 수 있어 굳이 소송으로 가지 않을 것이란 이유에서다. 그는 "삼성, 애플도 더 큰 손해를 보기 전에 적절한 금액으로 당장 합의를 하는 게 나을 것이라고 판단하게 될 것이다. 인공지능은 기업들이 불필요한 비용을 줄일 수 있고, 사업을 훨씬 빠르고 효율적으로 하는 데 훌륭한 도구가 될 것"이라고 말했다.

그는 4차 산업혁명 시대에는 기업들의 혁신에 대한 태도도 변화해야 한다고 주문했다. 오늘은 인도 방갈로에서, 내일은 중국 청두에서, 다음 날은 서울에서 혁신적인 아이디어가 나올 수 있는 게 4차 산업혁명 시대다. 특정 기업 혼자서는 기술 발전이나 시장의 변화를 따라가지 못할 것이라는 얘기다. 레이더 교수는 "혁신이 나올 때마다 법적 분쟁을 벌이기보다 서로 협력하면서 신기술을 배워나가야 한다. 시장의 상호 호혜적 특성을 이해해야만 진정한 혁신기업으로 거듭날 수 있을 것"이라고 말했다.

레이더 교수는 지식재산권의 중심축이 미국에서 아시아로 이동하고 있다는 점에도 주목했다. 그는 "중국이 다른 모든 나라보다 더 많은 특허권을 취득하고 있고, 특허 관련 소송 또한 세계 1위다. 한국의 사법제도가 효율적이고 저렴한 분쟁 해결 방법을 제공해줄 수 있다면 한국에도 새로운 시장이 열리게 될 것"이라고 말했다.

거세지는 사이버 공격과 대책

연 사

그레이엄 버드셀 아카마이 테크놀로지스 아태일본 지역 총괄사장
심준보 사단법인 화이트해커연합 HARU 회장, 블랙펄 시큐리티 CTO
백기승 전 한국인터넷진흥원장
김광호 전 국가보안기술연구소장

사 회

김승주 고려대 사이버국방학과 교수

인간의 편의를 높이기 위한 첨단기술의 발전은 항상 부작용을 낳았다. '연결'을 극대화한 사물인터넷 시대에 테러리스트들은 더 이상 총과 칼을 들지 않을지 모른다. 개인용컴퓨터와 스마트폰으로 중무장하고 사물인터넷망을 이용해 국가 주요 기간 시설의 전산망을 일거에 무력화하거나 랜섬웨어를 퍼뜨릴지도 모른다. 랜섬웨어는 시스템을 잠그거나 데이터를 암호화해 접근을 차단한 뒤 이를 정상으로 돌리는 대가로 금전을 요구하는 데 쓰이는 악성 프로그램이다. 보안이 취약해 사이버 공격을 받은 기업의 29%는 매출 손실을, 22%는 고객 손실을, 23%는 새로운 사업 기회에 손해를 입었다는 보고서도 있다.

2017년 5월 랜섬웨어 '워너크라이WannaCry'는 전 세계 150개국을 습격했다. 한국의 피해는 크지 않았지만 일부 영화 상영관 광고 서버가 감염돼 광고영상 송출이 중단됐고, 충남에서는 버스정류장 안내판 작동이 멈추기도 했다. 그나마 병원이나 기업, 금융, 방위산업이 아니라 다행이었다.

제18회 세계지식포럼에 참석한 사이버 보안 전문가들은 한국이 '사이버 보안 불감증'으로 보일 정도로 보안에 무관심하다고 경고했다. 백기승 전 한국인터넷진흥원장은 "미국, 독일, 일본, 싱가포르 등은 정부 주도로 종합적 사이버 보안 정책을 내놓고 있는 데 반해 한국은 지침(가이드라인) 수준에 불과한 대책만을 내놓고 있는 형국"이라고 말했다.

백 원장은 "민간 차원에서 최소한의 부분적인 전략으로 사이버 공격에 맞서고 있다. 한국이 디지털화가 시작되고 정보통신기술산업을 육성한 지 수십 년째인데도 이 분야에서의 지속적인 성장에 소원했다. 디지털 시대의 지속 가능한 발전을 위해 사이버 보안 역량을 키워야 한다. 인력, 예산, 정책 등 모든 힘을 집중시켜야 함에도 정부는 인력 정원 조정도 하지 않고 있다"고 쓴소리를 내뱉었다.

김광호 전 국가보안기술연구소장도 정부의 관심 부족을 지적하며 "민관 합동 대응체계의 구축이 시급하다"고 말했다. 민관의 구분이 모호해지는 사물인터넷 시대에 대비하려면 상호 긴밀한 공조가 필수라는 것이다. 그는 "모든 것이 연결돼 모두에게 피해를 입히는 시대에 사이버 공격은 주식 폭락, 교통마비를 넘어 국가 기간 시설의 파괴마저 야기할 것이다. 국가, 사회 전반의 위기 상황이 발생할 가능성 높다"고 말했다. 이에 김 전 소장은 사이버 보안산업 생태계 활성화, 사이버 보안 전문가 양성을 위한 기본계획 수립, 인공지능 기반 사이버 위협 탐지·대응체계 구축, 국제적 보안 위협 억제력 확보 등 네 가지 정책을 제안하기도 했다.

백 전 원장은 "디지털 혁신과 사이버 보안 역량은 한 묶음이다. 정부의 주요 통치 비전 중 하나로 사이버 보안 역량을 키워야 한다. 또한 사이버 보안 기술은 현재 각 기관마다 개발해 전혀 공유가 안 되고 있다. 대학, 연구소 등에서 개발한 기술을 민간에서 자유롭게 활용할 수 있는 생태계가 조성돼야 한다"고 말했다. 이어 정부가 공공부문의 정보를 민간에게 적극적으로 넘겨주는 등의 상호 교류 없이는 미래 사이버 공격에 절대 대응할 수 없다며 기술적, 인적 교류도 주문했다.

전문가들은 사이버 보안 역량은 한 단계 더 도약하기 위한 필수 불가결한 요소라고 강조했다. 백 전 원장은 "4차 산업혁명 시대를 맞아 돌파구를 마련하는 데 있어 사이버 보안이 상당히 중요하다는 인식을 갖길 바란다"고 했고, 김 전 소장은 "현재의 사이버 보안 위기를 극복하지 못하면 4차 산업혁명은 요원한 일이 될 것이다. 정부의 적극적인 태도가 절실하다"고 말했다.

블록체인 기술로 대체될 정부 시스템

투마스 헨드리크 일베스 전 에스토니아 대통령

2006년부터 2016년까지 에스토니아 대통령을 지냈다. 주미, 주캐나다 에스토니아 대사를 거쳐 에스토니아 외교부 장관, 국회의원, 북대서양연구소장을 역임했다. 2004년 유럽 의회 의원으로 선출돼 외교위원회 부의장을 맡았고 이후 e헬스 관련 EU 테스크포스 의장, 유럽 클라우드 파트너십 조정이사회 의장, 세계은행 〈2016년 세계개발보고서〉 자문단 의장, 다보스포럼 사이버 보안 관련 글로벌 어젠다 위원회 의장 등으로 활약했다. 2016년 6월 '라인하르트 몬 상'을 받았다.

"정부의 디지털 정책은 숙성의 시간이 필요하다. 지금 만들면 다음 정권이 돼서야 성과가 나올 수 있다. 정책을 착근시키고 그로 인한 시스템이 굴러갈 수 있도록 유도하기 위해서는 지난한 시간과 노력이 필요하다."

우리에게는 잘 알려지지 않았지만 에스토니아는 디지털 강국이다. 2007년 에스토니아의 기간 전산망이 러시아를 기반으로 한 대규모 디도스DDos 공격으로 마비되는 사건이 이 나라에 자극이 됐다. 당시 사이버 공격은 정부 중앙부처, 총리실, 의회, 은행 등에 무차별적으로 가해졌다. 급기야 에스토니아 전체 인터넷은 2주간 마비되는 국가 대혼란이 벌어졌다. 이후 에스토니아는 국가적 차원에서 코딩 교육 강화, 정부 시스템 개혁 등 디지털 역량 강화에 역점을 두기 시작했다. 2006년부터 2016년까지 에스토니아의 대통령으로 재임한 투마스 헨드리크 일베스Toomas Hendrik Ilves는 바로 그런 디지털 정책을 진두지휘했던 인물이다. 그는 당시 인터넷 마비 사건 이후 정부의 민주주의 정책 결정 시스템은 물론, 정책 집행 시스템을 디지털 기술로 개혁하기 시작했다.

예를 들면 주민등록증이나 개인 아이디를 완전히 디지털로 구축하는 시스템이다. 이를 학교나 병원, 경찰서 등과 연결시키면 사람이 수작업으로 문서들을 관리하지 않아도 기계들끼리 알아서 개인 데이터들을 관리하기 시작한다. 여기에 블록체인 기술을 접목하면 개인정보는 해킹에도 안전해질 뿐 아니라 국민들이 볼 때 정부가 데이터를 조작한다는 의혹도 제기되기 어려워진다. 사회적 신뢰가 높아지는 셈이다. 일베스 전 대통령은 "나는 오늘날 기술의 성지라고 불리는 실리콘밸리에 머무르고 있다. 그러나 심지어 이 도시도 국가 시스템 차원에서는 1960년대에 머무르고 있다는 생각을 지울 수 없을 때가 많다"고 말했다. 그는 자신의 딸에게 영어 교육을 시키기 위해 학교와 교육청에 서류를 제출하려고 긴 시간을 기다리며 줄을 설 때 그런 생각을 한다고 했다. 에스토니아는 'X-Road'라는 블록체인 기반 정부 시스템을 개발해서 태어나자마자 아이에 대한 데이터가 입력되고 전자서명으로 모든 공공서류들이 처리가 된다. 일베스 전 대통령은 "X-Road는 이미 소스코드가 공개됐으며, 핀란드, 파나마, 멕시코 등에서 채택하고 있다"고 덧붙였다.

그런데 이런 에스토니아의 디지털 개혁 성과들은 이제야 전 세계적으로 서서히 알려지고 있다. 특히 테러 사태 이후 유럽연합에서 시민권을 획득하기가 까다로워지면서 에스토니아는 유럽으로 향하는 관문으로 자리 잡았다. 'E-레지던시E-Residency'라고 불리는 전자주민등록 시스템이 자리를 잡으면서 해외에서도 원격으로 유럽연합 시민권 신청이 가능해졌고, 투명하게 허가가 나오기 때문이다. 덕분에 에스토니아의 수도 탈린은 동유럽은 물론 유럽 전체에서도 각광받는 스타트업의 허브가 되고 있다. 미국 국적의 드레이퍼 DFJ 회장은 제18회 세계지식포럼에 참석해 "나도 에스토니아를 통해 유럽연합의 시민권을 얻을 수 있었다"고 말했다.

일베스 전 대통령은 "국가가 할 수 있는 일은 국가 전체의 시스템을 총체적으로 바꾸는 일"이라고 말했다. 부분적으로 디지털 국가 시스템을 개혁할 것이 아니라 전체적 대수술을 집도해야 한다는 것이다. 일베스 전 대통령은 "국민들의 20% 정도만 새로운 디지털 시스템을 쓴다고 생각해보라. 이를 위해 새로운 시스템 구축에 나서겠다고 결정할 정부는 전 세계 어디에도 없다. 또한 기술이 사람들의 실생활에 영향을 끼치려면 애플, 구글과 같은 정보통신기술기업들의 노력뿐 아니라 정부가 어떤 정책을 주도하느냐가 중요하다. 기술의 성장에 참여하지 않고 혼자만 잘살겠다는 고립주의를 펼치면 시장에서 매우 빨리 도태될 것"이라고 경고했다. 한국 정부가 포용적인 정책을 펴는 것이 중요하다는 점을 강조한 것이다.

인공지능이 바꿀 삶 A to Z

연 사

브루스 앤더슨 IBM 전자부문 사장
닉 홀제르 위스크닷컴 CEO

사 회

구성기 삼성전자 상무

"인공지능을 활용해 고객의 식단에 대한 선호를 파악한 뒤 맞춤 레시피를 제공하고, 주변 소매점에서 어떤 식자재가 할인 행사를 하는지 보여주는 애플리케이션을 개발해 선보였다. 인공지능이 우리 삶을 어떻게 바꿀 수 있는지 보여주는 예다."

제18회 세계지식포럼 '인공지능이 바꿀 삶 A to Z' 강연에서 닉 홀제르Nick Holzherr 위스크닷컴 CEO가 한 얘기다. 그는 삼성전자 생활가전사업부와 합작 사업을 하고 있는 벤처사업가다. 삼성전자는 위스크닷컴 등과의 협업을 통해 편리한 스마트 가전제품을 양산하기 위한 노력을 지속하고 있다.

예능 프로그램 〈냉장고를 부탁해〉의 셰프 역할을 인공지능이 대신해주는 셈이다. 나아가 냉장고 안을 굳이 살피지 않아도 식자재 유통기한이 얼마나 남았는지, 다 떨어진 식자재는 어떤 것들이 있는지, 심지어 해당 식자재를 저렴한 가격에 살 수 있는 방법까지 알려줄 수 있다.

인공지능이 우리 삶을 파고들 경우 삶의 외연이 넓어지며 추가적인 질적 성장을 기대할 수 있다. 여기시간의 확대가 그것이다.

강연에 참석한 브루스 앤더슨Bruce Anderson IBM 전자부문 사장은 "인공지능은 인간 자체를 대체하지 않고 단순 반복 업무를 사라지게 만들어 주는 까닭에 인간의 생산성을 더 높이게 될 것이다. 여유시간이 생기면 이를 어떻게 활용할 것인지가 향후 중요한 질문으로 자리 잡을 것으로 예상한다"고 말했다. 인간은 이미 산업혁명 이후 교통, 통신 등 기술 발전으로 더 많은 시간을 얻고 이를 여가에 활용해왔다. 향후 인공지능이 전 산업 분야에 걸쳐 폭넓게 활용될 것이라는 점을 감안할 때 이 같은 추세는 한층 가속될 것이라는 전망이다. 특히 주목할 점은 세간의 우려와 달리 인공지능이 인간의 일자리를 뺏는 것이 아니라 산업성장을 촉진한다는 것이다.

강연 좌장을 맡은 구성기 삼성전자 상무는 "모든 산업을 다 살펴봤더니 일반적인 시각과 달리 인공지능 때문에 역성장하는 산업은 없었다. 우리 삶과 맞닿아 있는 지구상 모든 산업은 성장할 것"이라고 말했다. 구 상무는 삼성전자 생활가전사업부에서 인공지능을 활용한 스마트 가전을 이끌고 있는 인공지능 전문가다.

구 상무는 "내 얘기를 하자면 1998년 박사 과정을 시작했을 때만 해도 인공지능은 사람들의 기대만 높았을 뿐 실제 이를 현실화하지 못했다. 최근에야 기술 발전을 바탕으로 기술이 현실이 되고 이를 뒷받침하는 막대한 투자 자금이 인공지능산업으로 들어오고 있다"고 말했다.

IBM이 제공하는 인공지능 플랫폼 슈퍼컴퓨터 '왓슨'은 인공지능 기술 개발을 누구나 가능하게 해주고 있다. 일본 소프트뱅크에서 개발한 로봇 '페퍼'는 백화점, 병원 등에서 쉽게 접할 수 있다. 삼성전자 스마트폰 갤럭시는 음성지원을 통한 개인비서 역할을 하고 있다. 심지어 냉장고에도 거대한 스크린이 탑재되고 여기에 인공지능을 이식해 활용하는 '패밀리 허브'라는 제품이 나온다.

강연에 참석한 세 사람이 가장 중요시한 것은 빅데이터의 가공이다. 데이터는 많지만 막상 쓸 만한 데이터를 어떻게 얻을 것인지가 문제다.

구 상무는 "인공지능이 우리에게 무엇을 해줄 수 있는지를 살펴볼 때 데이터가 없을 경우 거대하고 빠른 비행기가 연료가 없는 격"이라고 말했다. 특히 데이터는 지속적으로 누적되고 있는 반면 이를 실제로 써먹을 용도로 가공을 제대로 할 수 있는 기업이 드물다는 점을 문제점으로 지적했다.

앤더슨 사장은 "데이터는 의미 있게 분류하고 정리하는 큐레이션 Curation 과정이 가장 중요하다. 데이터 그 자체가 아니라 이를 사용할 수 있는 포맷으로 변환하는 작업이 문제"라고 말했다. IBM이 자랑하는 인공지능 왓슨은 미국의 유명 TV 퀴즈쇼 프로그램인 〈제퍼디 퀴즈쇼〉에 2006년 처음 출전했다. 그러나 정답률은 고작 15%에 그쳤다. 풍부한 데이터를 갖고 있었지만 정작 이를 제대로 활용하지 못한 것이다. 불과 5년 뒤인 2011년, 왓슨은 〈제퍼디 퀴즈쇼〉에서 최장 기간 우승을 거뒀던 켄 제닝스를 꺾고 퀴즈 왕에 올랐다. IBM이 인공지능을 통한 데이터 처리 기술을 더욱 발전시킨 덕이다.

혁신적인 인공지능 알고리즘인 딥러닝에 대한 이야기도 오갔다. 딥러닝은 스스로 학습하는 인공지능 알고리즘으로 이세돌 9단을 꺾은 알파고가 사용하는 기술이다.

홀제르 CEO는 "처음 창업할 때 3명의 박사를 데려와 알고리즘을 개발했지만 정작 미국 밖의 국가로 진출할 때는 해당 알고리즘을 적용한 프로그램 개발이 어려워졌다"고 말했다. 이를 뒤바꾼 것은 딥러닝이다. 그는 "딥러닝을 통해 알고리즘을 개발했더니 3년 동안 3명의 박사가 했던 일을 3개월 만에 해냈다"고 말했다.

이로 인해 소수의 전유물이던 인공지능은 이제 약간의 훈련을 받은 일반인도 개발 도구로 활용할 수 있는 시대가 열리기 일보 직전이다.

앤더슨 사장은 "왓슨을 개방해 누구나 인간이 사용하는 자연언어로 질문해볼 수 있다. 약간의 교육만 이뤄질 경우 왓슨을 활용해 인공지능을 적용해볼 수 있는 '시민데이터과학자Citizen Data Scientist'가 탄생할 수 있다"고 말했다. 인공지능을 만드는 것은 소수의 천재 수학자, 과학자들에게 맡기고 인간은 단지 그 인공지능을 활용해 문제를 해결하는 방법만 배우면 되는 시민데이터과학자 시대가 도래할 것이라는 예언이다.

인공지능으로 인해 다방면의 산업에서 손쉬운 문제 해결이 가능해지면 서비스업의 가치가 올라갈 것이라는 전망도 나왔다. 홀제르 CEO는 "여가시간이 많아질 경우 가치가 높아지는 것은 바로 타인의 시간이다. 가령 바리스타가 맛있는 커피를 내려주는 시간에 대한 대가를 더 많이 지불해야 할 것"이라고 말했다.

인공지능, 로봇과 함께 사는 사회

연 사

스기우라 도미오 스기우라기계설계사무소 대표
폴 오 라스베이거스네바다주립대 무인항공시스템과 교수
송세경 퓨처로봇 대표

사 회

김병수 로보티즈 대표

4차 산업혁명의 핵심인 인공지능은 점차 그 적용 범위가 넓어지고 있다. 일반인들에게 가장 널리 알려진 인공지능의 형태는 로봇과 결합한 인공지능일 것이다. 제18회 세계지식포럼 '인공지능, 로봇과 함께 사는 사회' 강연에서는 한국과 미국, 일본의 로봇 트렌드를 한눈에 알아 볼 수 있었다.

폴 오Paul Oh 라스베이거스네바다주립대UNLV 무인항공시스템과 교수는 호텔 등에 배치된 서비스 로봇을 미국의 대표적인 로봇 트렌드로 꼽았다. 특히 사막 속의 관광도시 라스베이거스를 서비스 로봇의 생태계 구축을 위한 최고의 시험대Test Bed로 꼽았다.

오 교수는 "라스베이거스는 미국에서 처음으로 자율주행과 무인주행, 드론을 시험한 곳이다. 연간 4,000만 명이 넘는 관광객이 라스베이거스를 방문하고 국제전자제품박람회CES 등 정보통신기술 분야 세계 최대 행사가 열리는 점도 매력적이다"라고 평가했다.

오 교수는 제자와 함께 호텔에 로봇 서비스를 위한 플랫폼을 구축했다. 그는 "예약을 도와주거나 장소에 대한 방향을 알려주는 등 체크봇이 호텔에 배치돼 있고 4,000여 개 객실에는 인공지능 음성비서인 알렉사가 놓여 있다. 라스베이거스에서는 저렴한 방식으로 효과적인 스마트 리조트를 구축하는 데 노력하고 있다. 라스베이거스는 4차 산업혁명을 연구하는 데 있어 살아 있는 실험실"이라고 말했다.

재난 구조 로봇도 미국에서 주된 연구 대상이다. 2001년 9·11 사태 이후 무너진 건물과 터널 등에 자유롭게 들어가 사람을 구조할 수 있는 드론 등 재난 구조 로봇 기술이 급속도로 발달했다.

강연 좌장을 맡은 김병수 로보티즈 대표는 "미국의 로봇은 실용적이고, 멋을 위해서 만드는 경우는 적다. 특히 로봇을 만드는 데 있어 공유하는 것을 중요하게 생각하는 것 같다"고 평가했다.

로보티즈는 사람으로 치면 관절과 같은 액추에이터(동력구동장치)를 자체 개발해 글로벌 시장에서 기술력을 인정받은 업체다. 김 대표는 액추에이터 성공을 기반으로 독자적인 휴머노이드 로봇 사업도 추진했으며 그 결과 휴머노이드 로봇인 '로보티즈 미니'는 미국 〈뉴욕타임즈〉의 '집안일을 도와줄 10대 로봇'에 선정되기도 했다.

일본 로봇은 재미가 우선이고 꿈이 가득하다. 35년간 산업용 로봇을 개발한 로봇 전문가인 스기우라 도미오Sugiura Tomio 스기우라기계설계사무소 대표는 '로보원ROBO-ONE 대회'를 예로 들었다. 로보원은 2002년 2월 일본미래과학관에서 개최한 세계 최초 휴머노이드 로봇 격투 경기로 첨단 지능 로봇 기술과 흥미 요소를 접목한 것이 특징이다. 스기우라 대표는 "로보원은 두 다리로 걷는 로봇끼리 싸워서 넘어뜨리는 것으로 일단 이족보행을 제대로 못하면 예선에서 떨어진다. 로보원의 장점은 기계와 사람이 하나가 될 수 있다는 것"이라고 말했다. 국내에서도 2003년 7월 제1회 한국 휴머노이드 로봇격투(로보원) 대회가 부천테크노파크 단지에서 열렸고 매년 수준 높은 대회가 이어지고 있다.

스기우라 대표는 로봇을 실은 우주선 개발 계획도 소개했다. 그는

"2010년 발사 예정이었으나 글로벌 금융위기 탓에 자금이 부족해서 하지 못하고 있다. 우주선 안에 로봇 4개를 넣어 우주에서 작동시킬 계획이고 2020년에는 실현할 수 있을 것 같다"고 설명했다.

김 대표도 일본의 로봇 문화에 대해 "최근에 소니가 다시 '아이봇'이라는 강아지 로봇을 내놓겠다고 하고 아이언맨 같은 입는 로봇을 상용화한 업체가 증시에 상장해서 상당한 가치를 인정받는 것을 보면 꿈에서 비롯된 로봇에 대한 열망이 세계 최고의 로봇 강국을 만들어낸 원천이라 생각한다"고 분석했다.

한국의 로봇 개발은 일본보다는 미국과 유사하다. 송세경 퓨처로봇 대표는 "미국에는 재난 예방·서비스 분야 로봇이 발달했고 일본은 로봇 자체를 좋아한다면 한국은 서비스 분야가 발달한다고 볼 수 있다"고 말했다. 송 대표는 한국과학기술원에서 국내 1호로 의료 로봇 박사학위를 받고 2009년 퓨처로봇을 창업했다.

송 대표는 하드웨어와 소프트웨어에서 이제는 '소울웨어Soulware' 시대가 열렸다는 점을 강조했다. 서비스 로봇은 사람과의 협업이 중요하다. 로봇도 인간과 교감할 수 있는 능력이 필요한데 이러한 지적 능력과 감성을 갖춘 것을 그는 소울웨어라고 규정했다.

퓨처로봇이 자체 개발한 서비스 로봇 '퓨로FURO'가 대표적이다. 퓨로는 2014년 미국 아카데미상 시상식 식전행사에서 얼굴마담 역할을 톡톡히 하며 주목을 받기도 했다. 송 대표는 "2018년 평창 동계올림픽에 인공지능 로봇이 10여 종 나가는데 우리 회사에서는 안내 및 통역, 엔터테인먼트 서비스를 제공할 예정"이라고 밝혔다.

로봇을 인간화시켜야 하는 이유

데이비드 핸슨 핸슨로보틱스 설립자 & CEO

고무와 흡사한 실리콘 계통의 물질인 '프러버Frubber'로 인간의 형상을 한 로봇을 만들었다. 이 로봇은 피부까지 사람과 비슷하며 스마트폰 애플리케이션으로 작동이 된다는 점에서 주목받고 있다. 사람과 눈 맞춤이 가능할 정도로 인지 기능이 향상된 로봇을 개발해 이목을 끌고 있다. 음성인식 소프트웨어를 기반으로 사람과 일부 대화를 한다. 그는 월트디즈니 이미지니어링에서 조각가, 기술 컨설턴트로 활약했다. 로드아일랜드 디자인스쿨에서 공부했고, 텍사스대에서 상호작용예술과 엔지니어링 등을 주제로 박사학위를 받았다.

"인간이 (로봇과 인공지능의 위험으로부터) 살아남을 수 있는 유일한 방법은 로봇에 감정을 불어넣는 것이라고 확신한다. 인공지능이 인간의 감정을 이해하고 공감하는 능력이 없다면 어떻게 그들이 인간을 해치지 않을 것이라고 장담할 수 있겠는가. 로봇의 완전한 박애Super Benevolence 가 보장되는 것이 필수다."

로봇이 인간을 지배하는 공상과학 소설과 같은 미래가 현실이 되지는 않을까. 소피아, 아인슈타인 등과 같은 인공지능 탑재 로봇을 제조·판매하는 핸슨로보틱스의 데이비드 핸슨David Hanson 설립자 겸 CEO는 제18회 세계지식포럼 강연에서 이런 미래가 오지 않으려면 로봇에 인간을 이해할 수 있는 공감 능력을 학습시켜야 한다고 주장했다. 완전한 선善의 감정을 가르쳐서 로봇이 인간을 위할 수 있도록 학습·단련시키자는 호소였다. 그는 먼저 2040년이 되면 컴퓨터 연산 능력이 지금의 10억 배 정도로 늘어날 것이라는 레이 커즈와일의 싱귤래리티 개념을 언급했다. 그 시기가 왔을 때 로봇에 안전장치가 있지 않으면 인간의 모든 것을 감시하고 통제할 가능성이 있다는 것이다. 핸슨 CEO는 바로 그 안전장치가 감정 또는 공감 능력이라고 강조했다.

핸슨 CEO는 "수십 년 내에 로봇은 인간처럼 살아 있는 것과 다름없는 상태가 될 것이다. 그런데 그때 어떻게 로봇이 선하다는 믿음을 가질 수 있을까? (그 시기가 되면) 로봇은 아마 존재론적으로 전 세계에 위험 요소가 될 수 있다. 현재 로봇들은 인간처럼 보이지 않고 공장이나 실험실에서만 구경할 수 있는 것처럼 여겨지지만 나중에는 그들이 인간과 같이 생활할 수 있게 될 것"이라고 말했다. 따라서 그들이 인간과 같은 감정을 느끼게 하고 사회적 관계와 규칙들을 가르치지 않으면 위험은 고스란히 인간이 떠안을 수 있다는 얘기다. 핸슨 CEO는 그래서 로봇의 인공지능에 인간의 감정을 이해하게 하고, 결정에 따른 결과를 가르치는 것이 중요하다고 지적했다.

그렇다면 어떻게 로봇에 감정을 가르칠 수 있을까. 핸슨로보틱스는 '싱귤래리티넷'이라는 이름의 블록체인 기술을 활용한 인공지능 엔진을 만들고 이를 공개했다. 예를 들어 블록체인 기술을 활용해 로봇의 인공지능 학습 과정을 모두 기록하고 공개하면 어떤 과거의 경험과 데이터가 인공지능의 부적절한 행동을 유발했는지 추적하고 수정할 수 있다는 것이다. 핸슨 CEO는 "블록체인 기술은 소스를 공개한다는 의미도 가진다. 현재의 딥러닝 과정은 비공개된 데이터에 의해 학습을 이어가지만 공개된 과정으로 학습이 진행된다면 급격한 지능 증가를 가져올 것"이라고 내다봤다.

하지만 이것만으로는 감정을 가르치는 데 충분하지 않다. 핸슨 CEO는 '마인드 클라우드'라는 자체 시스템을 통해 자신들이 개발한 로봇에 감정이라는 변수를 학습시키고 있다고 밝혔다. 친구들을 사귀고 그들의 감정적 표현을 읽을 수 있도록 하는 것이다. 예를 들어 이들이 개발한 로봇 소피아는 전 세계 18개국을 돌아다니며 여행을 하고, 각지에서 친구들을 사귀며 교류한다. 또 언어적 데이터뿐만 아니라 표정이나 몸짓과 같은 비언어적 의사소통도 학습한다. 몸에서 발생하는 호르몬이나 뇌에 전달되는 스트레스 물질 등도 분석 및 학습 대상에 포함된다.

핸슨로보틱스는 이렇게 감정적으로 학습된 로봇들을 자폐아나 치매 환자 등의 치료를 위해 활용할 계획이다. 핸슨 CEO는 "홍콩을 비롯한 일부 지역에서 자폐·치매 환자들을 위한 헬스케어 로봇을 실험했는데, 자연적이고 사회적인 반응을 환자들에게서 끌어낼 수 있었다. 현재 관련 시장은 전 세계적으로 3억 달러 정도로 추정되며 앞으로 그 규모는 기하급수적으로 늘어날 것"이라고 진단했다. 그는 또 "우리가 하는 일은 로봇에 감정을 불어넣는 것뿐만 아니라 개개의 로봇에 성격을 주입해 사람처럼 기능하도록 하는 것"이라고 말했다. 마치 디즈니에서 만화영화를 만들거나 소니가 가상현실VR을 통해 상상 속의 세계를 전달하는 것처럼 보다 현실적으로 가상의 경험을 인간에게 전달하는 것이라고도 했다. 그는 "이런 경험을 가짜라고 할 수 있지만 사실 픽션에는 '시적 진실Poetic Truth'이라는 것도 존재하지 않는가"라고 묻고 "동화나 소설이 아이들의 발달에 반드시 나쁜 것만은 아니듯, 감정을 이해하는 로봇은 인간에게 더 많은 도움을 줄 수 있다"고 말했다.

핸슨 CEO의 이런 주장은 과연 타당할까. 그가 세계지식포럼에서 강연을 하고 난 며칠 뒤 일론 머스크 테슬라 CEO는 트위터에 이렇게 글을 남겼다. "만일 〈대부Godfather〉와 같은 (폭력적인) 영화를 인공지능이 학습한다면 어떤 결과가 나올까?" 인공지능 기술 개발에 대해 부정적인 그의 평소 철학처럼, 감정을 가르친다는 발상 자체가 위험하다는 주장이다. 누군가 악의를 갖고 악한 감정만을 가르친다면 세상을 파괴하는 무서운 존재가 탄생할 수도 있다는 예상이다. 머스크 CEO는 핸슨 CEO와 대척점에 서서 마치 신이 자신의 모습을 본떠 인간을 만들었다는 신앙처럼 인공지능 역시 인간의 선함과 악함을 모두 닮을 수 있으며 심지어는 극단적인 악함만을 갖고 탄생할 수 있다는 주장을 편다.

디지털화폐혁명! 혁신인가 혼란인가?

연 사

리처드 레빈 폴리넬리 법무법인 금융규제팀장

데이비드 리 싱가포르경영대 교수

사 회

최공필 한국금융연구원 미래금융센터장

비트코인 가격이 천정부지로 치솟았다. 2017년 말 연초 가격 대비 5배 이상 올랐다. 비트코인 가격 급등이 계속되는 동안 비트코인 상승의 진원지 역할을 했던 중국에서는 전혀 다른 양상이 전개되고 있다. 중국 가상화폐거래소의 비트코인 거래가 모두 중지된 것이다. 비트코인을 이용한 ICOInitial Coin Offering(가상화폐공개)가 급증하자 당국이 이를 전면 금지했다. 2017년 이전 5건에 불과하던 ICO 건수는 2017년 7월까지 60건으로 늘었다. ICO를 둘러싼 투기 열기가 대중에게 급속히 확산되자 중국 금융당국이 극약 처방을 내린 것이다.

ICO는 기업이 주식 시장에 상장해 자금을 마련하는 것과 같이 가상화폐를 발행해 투자금을 모집하는 것을 말한다. 한국도 2017년 9월 ICO 사기가 포착되고 가상화폐 가격 상승에 따른 차익을 노린 투기 수요가 커지고 있다고 판단해 모든 형태의 ICO를 전면 금지했다.

이렇듯 비트코인 등 가상화폐가 등장하면서 규제당국의 고민도 깊어지고 있다. 통제할 수 없는 속성으로 금융 생태계가 완전히 뒤바뀌고 있어서다. 규제당국이 일단 거래를 중지하는 극약 처방을 통해 투기 단속에 나섰지만 단기 처방에 불과하다는 것은 규제당국도 잘 알고 있다.

중국과 러시아는 역발상을 하고 있다. 가상화폐를 정부나 중앙은행이 발행해 통제할 수 있는 화폐로 만드는 것이다. 제18차 세계지식포럼 '디지털화폐혁명! 혁신인가 혼란인가?' 강연에서는 새롭게 진화하는 가상화폐에 대한 규제당국의 고민을 다뤘다. 전문가들은 가상화폐의 진화가 막을 수 없는 대세라면 이를 존중해야 한다고 강조했다.

리처드 레빈Richard Levin 폴리넬리 법무법인 금융규제팀장은 "(규제당국은) 일단 가상화폐로 인해 (금융생태계가) 잘못되는 것을 원치 않는다. 중국 정부도 초기에는 가상화폐 공개를 하더라도 정부의 허가를 의무화시켰고, 한국 정부도 금지 조치를 내렸으며 미국에도 그런 움직임이 있다"고 말했다.

데이비드 리David Lee 싱가포르경영대 교수는 "통화당국 입장에서는 국경은 물론 통화주권 또한 훌쩍 초월해버린 이 화폐들이 골칫거리일 것이다. 그러나 각국은 그 대신 자신들이 통제할 수 있는 가상화폐 개발에 골몰하고 있다. 대표적인 경우로는 중국과 러시아를 들 수 있다"고 강조했다.

최공필 한국금융연구원 미래금융연구센터장도 "가상화폐는 기존 통화의 대안으로 등장해 기존 시스템 참여자들이 정신을 차리고 긴장감을 갖게 했다는 측면에서 기여한 바 크다. (정부가 아닌) 민간에서도 할 수 있다는 것을 보여준 것이다. 이것은 굉장히 긍정적으로 평가할 수 있다"고 말했다.

중앙은행이 블록체인을 활용하고 참여하는 것에 대해서는 "가상화폐와 블록체인의 기본 철학에 대한 존중이 필요하다. 가상화폐와 블록체인의 정신은 개방이다. 중앙은행 등이 이를 존중하고 받아들였으면 한다"고 밝혔다.

중국의 경우 인민은행이 송금, 결제 등 법정 디지털화폐 유통에 필요한 실험을 끝낸 데 이어 공급을 규제하는 기본 모델도 설계했다. 정부

손길이 닿지 않는 가상화폐를 통제 가능한 법정 디지털화폐로 대체하려는 포석이다. 야오치엔 인민은행 디지털화폐연구소장은 최근 베이징에서 열린 포럼에서 "디지털경제 발전에 발맞춰 중앙은행이 발행하는 디지털화폐의 필요성이 그 어느 때보다 높아졌다. 관련 조사와 발행 작업이 신속하게 이뤄져야 한다. 인민은행이 가장 염두에 두고 있는 것은 중앙집권형 디지털화폐다. 민간에서 유통되는 비트코인이나 다른 가상화폐와는 달리 위안화와 같은 법적 지위를 갖게 될 것"이라고 설명했다.

인민은행은 법정 디지털화폐 도입을 위한 기초 작업을 마쳤다. 디지털화폐를 만들기 위해 2014년부터 특별전담반을 꾸려 컴퓨터 보안 분야 박사급 인력을 영입했다. 2017년 초엔 시험용 디지털화폐를 제작해 중국공상은행, 중국은행 등 국유은행과 테스트를 했다. 2017년 6월에는 다른 시중 은행과도 시범적으로 디지털화폐를 거래했다.

러시아 또한 글로벌 가상화폐 주도권 잡기에 나섰다. 푸틴 대통령의 측근까지 가상화폐 사업에 뛰어들 정도로 관심이 높다. 푸틴 대통령의 전 인터넷 옴부즈맨인 드미트리 마리니체프는 러시아 모스크바 남동쪽에 위치한 옛 소련 자동차공장에다 가상화폐를 채굴하는 러시아마이닝센터RMC를 차렸다. 이곳 면적 9,000㎡에 마련된 컴퓨터 수천 대에서는 24시간 가상회폐기 대규모로 채굴된다.

2017년 6월 푸틴 대통령은 가상화폐 '이더리움'을 만든 러시아계 캐나다인인 비탈릭 부테린을 만나기도 했다. 이 자리에서 푸틴 대통령은 최근 재무장관과 중앙은행 총재와 만나 가상화폐가 범죄자들에 의해 사용될 수 있다는 것에 대해 우려를 표하면서도 동시에 러시아 정부가 이를 통제할 수 있는 방법을 강구할 필요가 있다고 주장했다.

실제로 러시아 가상화폐 기업가들은 이미 영향력을 발휘하고 있다. 알렉산드로 이바노프는 가상화폐 토큰을 만들거나 가상화폐 거래 및 지불을 할 수 있게 해주는 블록체인 플랫폼 웨이브를 운영하고 있다. 웨이브는 최근 러시아 버거킹의 와퍼코인 프로그램을 통해 고객이 가상화폐를 매장에서 사용할 수 있도록 했다. 이 밖에 러시아의 유기농 음식점인 '라브카라브카Lavkalavka'에서는 2017년 8월부터 비트코인을 받기 시작했다.

4차 산업혁명 시대 경험의 진화

제프리 갓식 소니픽처스 모션픽처그룹 수석부사장

소니픽처스엔터테인먼트SPE에서 브랜드관리부문을 총괄하고 있는 마케팅, 브랜드 전문가다. 〈쥬만지〉, 〈스파이더맨〉, 〈스머프〉 등 소니픽처스가 갖고 있는 콘텐츠 권련 국제협력과 브랜드 관리, 전략 수립을 담당하고 있다. 소니픽처스가 갖고 있는 영화에 스크린을 넘어 새로운 생명을 불어넣는 역할을 하고 있다. 소니픽처스의 다른 사업부문과 협력해 새로운 시너지를 창출하고 다양한 미디어들과 협력도 추구하고 있다. 갓식 수석부사장은 1995년 20세기폭스사에 입사해 소비자부문 사장까지 역임한 뒤 2016년 소니픽처스로 자리를 옮겼다. 20세기폭스사 입사 전에는 컬럼비아픽처스에서 〈고스트버스터즈〉 등의 영화 제작에 관여했다.

"교감하고 공유하고자 하는 인간의 열망은 4차 산업혁명 시대에서도 오프라인을 중요하게 만듭니다."

제18회 세계지식포럼 '4차 산업혁명 시대 경험의 진화' 강연의 연사로 나선 제프리 갓식Jeffrey Godsick 소니픽처스 모션픽처그룹 수석부사장은 경험의 필요성을 역설했다. 쇼핑부터 소통까지 모든 것이 온라인으로 넘어가는 상황에서 앞으로는 오히려 오프라인의 중요성이 커질 것이란 전망이다. 갓식 부사장은 〈스파이더맨〉, 〈쥬만지〉, 〈맨인블랙〉 등 할리우드 블록버스터의 글로벌 배급 등을 담당해온 엔터테인먼트업계 산증인이다.

그는 "온라인이 대세로 떠올랐지만 인간의 교감하고자 하는 열망이 물리적 경험, 즉 기술로 재현할 수 없는 경험에 대한 니즈를 높이고 있다"고 강조했다. 그는 엔터테인먼트산업의 역사를 되짚어보면 경험이 어떻게 진화했는지 알 수 있다고 했다. 그는 "최초의 스토리텔링은 벽화에서 시작됐다. 이후 1500년대 사람들은 공연장에서 셰익스피어 연극을 봤다. 스토리텔링이 점차 진화하면서 영화관, 흑백 TV, 컬러 TV, VOD, DVD 등이 도입됐다. 여기서 공통분모는 기술도, 이야기도 아니다. 관중이 모여 있다는 점이다"라고 했다. 그동안의 엔터테인먼트산업 진화를 살펴보면 해당 산업의 본질은 경험 공유와 유대감 형성이었다는 얘기다.

그는 "하지만 4차 산업혁명 시대에 엔터테인먼트산업은 변곡점에 서 있다. 굳이 육체적으로 함께 있지 않아도 인터넷을 통해 교감하고 연결될 수 있게 됐기 때문이다. 경험 자체가 달리 진화되고 있는 셈" 이라고 설명했다.

실제 가족이 TV 앞에 함께 모여 하나의 콘텐츠를 시청하는 경우가 줄고 있다. 온라인 영상 서비스와 모바일 기기의 발달로 콘텐츠를 접할 수 있는 통로가 다양해졌기 때문이다. 그는 인류 역사상 처음으로 청중 이 시간과 장소를 포함해 모든 것을 통제할 수 있게 됐다고 평가했다. 과거에는 좋아하는 드라마의 마지막회를 보려면 방영 시간에 TV 앞을 지켜야 했지만 이젠 5년 후에 한 번에 모아서 볼 수 있게 됐다.

하지만 엔터테인먼트산업의 기술 발전은 낙원일 수도, 아닐 수도 있다는 게 그의 생각이다. 리모컨 쟁탈전 시대는 끝났지만 기존 집단 경험이 고립적인 경험으로 변화한 탓이다. 그는 "영상을 SNS에 공유 한다 하더라도 이는 고독한 행위다. 모두가 연결돼 있지만 그 어느 때 보다 외롭다"고 전했다. 이는 비사회화, 무관심 등 여러 가지 사회적 문제를 낳을 수 있다.

그는 "하지만 이처럼 기술의 발전이 외로움으로 이어지다 보니 오 히려 엔터테인먼트산업에 새로운 기회가 창출되고 있다. 모이고자 하 는 니즈가 촉발된 것"이라고 말했다. 라이브 콘서트나 놀이동산 등에 모이는 인구가 점차 늘고 있다는 것이다. 그는 "젊은 사람들은 돈을 사용할 때 경험을 우선순위로 둔다. 액세서리보다 공연에 가는 데 더 투자한다. 물질이 아닌 감정을 축적하는 성향이 크다"고 분석했다.

그는 유럽의 몰입형 극장 '시크릿 시네마'를 예로 들었다. 시크릿 시네마는 영화 한 편을 골라 몇 개월 동안 그 영화를 주제로 테마관을 만들고 그 안에서 다양한 공연을 펼치는 것을 말한다. 또 관객은 영화 주제에 맞게 의상을 입고 가야 한다. 예를 들어 영화 〈물랑루즈〉를 상영하면 배우, 거지, 댄서 등의 복장을 구입해 착용한다. 관중들은 함께 영화를 관람하고 파티도 한다. 일종의 테마 체험관 및 공연이다. 〈스타워즈〉, 〈물랑루즈〉, 〈그랜드 부다페스트 호텔〉 등이 시크릿 시네마에서 진행됐다. 셰익스피어의 《맥베스》를 줄거리로 삼은 뉴욕의 연극 〈슬립노모어Sleep No More〉도 마찬가지다. 〈슬립노모어〉는 건물 전체를 공연장으로 사용하고 관객이 방을 옮겨 다니며 연극을 감상한다. 관객들은 자신의 선택에 따라 방을 돌아다니며 관찰자 역할을 한다. 시크릿 시네마와 〈슬립노모어〉는 여행객들의 필수 관광 코스로 자리 잡았으며 몇 개월 전 예약하지 않으면 표를 못 구할 정도로 인기다.

문화축제가 점차 늘어나고 있는 점만 봐도 경험의 중요성을 실감할 수 있다. 미국 캘리포니아에서 열리는 세계 최대 규모 음악축제 '코첼라 밸리 뮤직 앤 아트 페스티벌'에는 매년 약 12만 명이 참석한다. 영국 '글라스톤 베리 페스티벌'은 무려 47년째 명맥을 이어오고 있다. 흑백TV가 사라지고, DVD, VOD가 쇠퇴하는 동안에도 이 페스티벌은 굳건하게 자리를 지킨 셈이다.

갓식 수석부사장은 "이제 사람들은 작품을 그저 응시하는 것만으로는 충분하다고 느끼지 못한다. 직접 참여하고 몰입할 수 있고, 또 다른 사람들과 모여서 그 경험을 공유할 수 있길 원한다"고 지적했다. 이런 모든 열망이 인간의 유전자에 내제돼 있다는 게 그의 생각이다.

공유경제가 경제 틀을 바꾼다

크리스찬 리 위워크 아시아·태평양 지역 매니징디렉터

중국, 인도, 한국, 동남아 지역을 포함해 위워크 아시아 지역의 운영을 총괄한다. 현지 팀을 구성하고 지역별 포트폴리오를 확대하는 것 외에도 위워크의 독창적이 문화, 제품 및 커뮤니티의 연속성을 유지하는 등의 업무를 맡고 있다. 아시아·태평양 지역 매니징디렉터로 선임되기 전에는 위워크 글로벌 개발 총괄, 최고재무관리자CFO로 활동했다. 위워크에 합류하기 전에는 타임워너케이블의 수석부사장으로 근무하며 타임워너케이블에서 진행하는 전 사업부문의 인수, 매각, 투자 및 합작투자 관련 업무를 지휘했다. 타임워너, 씨티그룹 투자은행 등에서 근무했다. 컬럼비아대 경영대학원에서 MBA를 취득했으며, 칼턴대에서 국제관계학 학사학위를 취득했다.

어떤 공간이 있다. 1인 벤처기업이 대기업들의 비즈니스 노하우를 배우고, 대기업은 스타트업의 혁신적인 아이디어에서 영감을 얻는 곳이다. 단순히 같은 공간에서 소통하는 데 그치지 않는다. 미국 진출을 노리는 서울의 대기업이 뉴욕 현지의 웹디자이너를 찾는 일 역시 이 공간에서 이뤄진다.

상상 속의 일 같지만 혁신기업 '위워크WeWork'가 만들어내는 얘기다. 위워크는 사무실 공유업체다. 프리랜서부터 1인 기업, 스타트업, 중소기업, 대기업에 이르기까지 다양한 규모의 인적 구성원들에게 최적화된 사무 공간을 제공한다. 고정된 공간을 효율적으로 사용하려는 이들이 위워크의 고객이 된다.

재미난 것은 위워크 경영진은 회사가 사무실 공유업체로 분류되는 것을 거부한다. 제18회 세계지식포럼에서 만난 크리스찬 리Christian Lee 위워크 아시아·태평양 지역 매니징디렉터는 새로운 것을 만들려는 이들을 위한 글로벌 플랫폼이라고 회사 사업 모델을 정의했다. 그는 "소통을 통해 서로 영감을 얻고, 협업을 통해 실제 가치를 창출시키는 일이다. 기존의 사무실을 공유하는 사업과는 전혀 다르다"고 말했다. 리 디렉터는 위워크에 합류하기 전 미국 케이블TV업체인 타임워너케이블TWC의 수석부사장이었고, 그전에는 씨티그룹 투자은행에서 일했다.

리 디렉터의 말대로 위워크의 회원은 위워크가 제공하는 물리적 공간에서 끊임없이 소통한다. 서로 다른 업계 종사자들이 각자의 아이디어와 의견을 공유하고, 사업으로 연결할 수 있도록 돕는 소통과 협업의 장으로 기능한다. 실제 사업으로 이어진 사례도 적지 않다. 리 디렉터는 "위워크 회원 70%는 다른 회원과 협업하고, 50%는 같이 사업을 하고 있다"고 설명했다.

해외 회원들과도 교류한다. 위워크는 미국, 영국, 독일, 중국 등 전 세계 18개국 56개 도시에 진출해 있는 170개 지점을 스마트폰 애플리케이션으로 연결한다. 전 세계에 퍼진 위워크 회원들은 여기서 사업 기회를 모색한다. 리 디렉터는 "미국 진출을 위해 일본 디자인업체가 현지 회계사를 찾고, 싱가포르 벤처기업이 인도에서 프로젝트를 진행하기 위해 현지 웹디자이너를 찾는 일 등이 실시간으로 이뤄지고 있다"고 말했다.

위워크는 이스라엘 출신의 젊은 창업자 애덤 노이만이 2010년 뉴욕에서 설립했다. 1인 스타트업부터 마이크로소프트, HSBC 등 다국적 기업도 위워크의 회원사다. 경제전문지 〈포춘〉이 선정하는 500대 기업 중 10%가 위워크 회원사로 등록돼 있다.

2016년 8월 한국에도 진출한 위워크는 을지로점을 비롯해 강남역점과 삼성역점 등 지점 3곳을 운영하고 있다. 한국에서도 1인 벤처기업부터 아모레퍼시픽과 같은 대기업들이 회원사로 위워크가 제공하는 사무 공간과 글로벌 네트워크 서비스를 활용하고 있다.

최근 강남역점을 사용하고 있는 스타트업 '디즌'은 위워크를 통해 만난 한 재무서비스 제공업체와 회계 아웃소싱 프로젝트를 함께 진행하고 있다. 영상제작 스타트업인 '쉐이커Shakr'는 위워크에서 만난 다른 회원사와 계약을 맺기도 했다.

리 디렉터는 "사무실에서 일해야 하는 모든 지식근로자가 우리의 잠재적인 회원이다. '전체는 부분의 합보다 크다는 명제'를 실현하는 데 큰 보람을 느끼고 있다"고 말했다.

음성인식 기술이 바꿀 미래

대니 마누 마이마누 CEO

런던에서 오디오공학과 사운드디자인을 공부했다. 최고의 글로벌 뮤지션들과 함께 작업하기 시작했고 글로벌 공작기계 전문가들과 일하면서 CNC 시스템, 프로그래밍, 레이저 기술, 제품 디자인 작업을 했다. 맨체스터로 이동해 세계 최고의 항공우주공학 회사인 헤인즈 인터내셔널Haynes International에 입사했다. 음악과 혁신에 대한 열정으로 2014년 마이마누를 창립했다. 마이마누의 첫 번째 제품인 독특한 블루투스 방수 스피커는 좋은 반응을 얻었다. 마이마누는 최근에 실시간으로 언어 번역이 가능한 이어폰 등 획기적인 실시간 통역기 제품들을 출시했다. 이미 여러 지역의 비즈니스 혁신상을 통해 입증된 비즈니스 감각과 기업가 정신을 바탕으로 마이마누의 미래지향적인 엔지니어링 접근법을 수백만 명의 세계인에게 알리는 데 노력하고 있다.

아마존, 구글, 애플 등 글로벌 기업들이 앞다퉈 선점하려는 분야가 있다. 음성인식 시장이다. 음성인식은 높은 편의성 때문에 차세대 주요 의사소통 수단으로 각광받고 있다. 스피커에서부터 사물인터넷, 자율 주행차까지 적용할 수 있는 분야도 무궁무진하다.

2014년 설립된 영국 맨체스터 소재 스타트업 '마이마누'는 글로벌 기업들이 우글거리는 음성인식 시장에 과감히 도전장을 던졌다. 경쟁이 치열한 시장이지만 통역 서비스라는 틈새시장을 찾아냈다.

마이마누는 2017년 미국 라스베이거스에서 열린 세계전자제품박람회CES에서 세계 최초로 실시간 통역을 지원하는 무선 이어폰인 '마이마누 클릭'을 공개해 전 세계의 주목을 받았다. 한국어를 비롯해 37개 언어 간의 실시간 통역을 지원했다. 글로벌 호텔 체인인 메리어트는 이 제품을 도입해 다양한 국가의 투숙객을 응대하기도 했다.

마이마누를 창업한 대니 마누Danny Manu CEO는 제18회 세계지식포럼에 연사로 참가해 음성인식이 바꿀 미래에 대해 강연했다.

마누 CEO는 강연에서 음성인식 시장에 대해 "음성인식은 현재지만 통역은 미래"라고 말했다. 먼저 현재 음성인식 시장이 주요 소비 유행으로 부상하고 있다는 점을 상기시켰다. 사람이 말만 하면 기계가 알아서 처리해주는 일이 더 이상 영화에서만 일어나는 일이 아니라 지금 바로 눈앞에서 벌어진다는 설명이다. 국내에서도 KT, 카카오

등 다수 기업들이 음성인식 스피커를 내놓고 있는 현상이 이를 잘 보여준다. 그는 사람들이 음성인식 기술을 원하는 이유에 대해 "음성은 우리에게 사물을 통제할 수 있는 힘을 주기 때문"이라고 설명했다.

마누 CEO는 음성인식 시장 내에서도 통역 서비스라는 부문에 주목한 이유에 대해 설명했다. 통역 서비스는 사람들이 필요로 하지만 아직 제대로 구현되지 않은, 잠재력이 큰 시장으로 음성인식 기술을 활용해 큰 변화를 가져올 수 있다고 했다. 그는 소통 과정에서 싸우게 되는 두 남자가 나오는 동영상을 보여준 뒤 "음성인식을 통한 소통이 가능하더라도 서로의 뜻이 제대로 전달되지 않으면 오해가 생길 수 있다. 그래서 언어가 달라도 서로 더 잘 이해하고 소통할 수 있게 하기 위해 통역을 도와주는 마이마누 클릭을 만들었다"고 말했다.

마누 CEO는 강연에서 마이마누 클릭을 이용한 통역을 직접 시연했다. 마이마누 클릭은 무선 이어폰이 블루투스로 휴대전화와 연결돼 여기에 설치된 애플리케이션으로 작동한다. 마누 CEO가 영어로 "I am very happy to be here"라고 말하자 곧바로 "여기에 와서 너무 행복해요"라는 한국어 통역이 흘러나왔다.

그는 두 대의 휴대전화를 이용한 통역도 보여줬다. 직접 만났을 때의 대면 통역뿐 아니라 원거리에서 서로 다른 언어를 가진 두 사람이 대화할 때의 봉역노 지원이 가능했다. SNS에 접속해 채팅을 하듯이 애플리케이션에 접속해 대화를 시작하면 된다. 마누 CEO는 "인터넷 연결만 제대로 되면 서로 다른 국가에 있어도, 언어가 달라도 원활하게 대화할 수 있다"고 설명했다.

시연이 끝난 후 구글의 번역 서비스 및 제품과 다른 점이 무엇이냐는 질문이 나왔다. 구글도 마이마누 클릭처럼 실시간 통역 서비스를 지원하는 무선 이어폰을 내놨다. 마누 CEO는 애플리케이션을 통한 원거리 통역을 차별점으로 꼽았다. 통역된 대화 내용이 자동으로 활자로 변환되는 점도 차이라고 했다.

강연에서는 음성인식 기반 통역 서비스가 나아갈 방향에 대한 논의도 이뤄졌다. 강연의 좌장을 맡은 홍대순 이화여대 경영전문대학원 교수는 음성인식과 인공지능 기술의 상관관계를 질문했다. 그는 모두 발언에서 음성인식 기술이 보편화됨에 따라 인공지능 관련 시장 역시 더욱 확대될 것이라는 전망을 내놨다.

마누 CEO는 이에 대해 "음성인식과 인공지능의 통합은 앞으로 더 많이 보게 될 추세다. 이미 이를 통해 여러 혁신적인 솔루션이 도출되고 있다"고 대답했다. 그는 마이마누 클릭 역시 머신러닝 등 인공지능 기술을 도입할 것이라는 계획을 밝히기도 했다. 강연 후 〈매일경제〉와의 인터뷰에서 그는 "미묘한 차이(뉘앙스)와 강세(엑센트)를 정확히 파악하는 것이 현재 음성인식과 통역에 있어 어려운 부분인데 인공지능은 이 문제를 해결하는 데 핵심적인 역할을 할 수 있다"고 설명했다. 수많은 이용자들이 통역 서비스를 이용하면서 보인 오류를 인공지능이 포착하고 수정, 학습함으로써 점점 더 완벽한 통역에 다가갈 수 있다는 것이다. 인공지능에 개별 이용자의 특별한 언어나 이야기 방식을 이해해 통역하도록 가르칠 수도 있다. 만약 "Hi(안녕)"라고 말하지만 "How are you doing(어떻게 지내)"이라는 뜻으로 물어보는 것이라면, 이를 가르쳐 "Hi"라고만 말해도 "How are you doing"이라고 통역할 수 있게 하는 것이다. 마이마누는 자체 인공지능이 탑재된 제품을 출시할 계획이다.

　마누 CEO는 이어 인공지능을 통한 완벽한 통역 서비스를 구현함으로써 구글 등 글로벌 기업들과도 경쟁할 수 있는 힘을 키워나갈 것이라고 말했다. 그는 "기존 대기업이나 브랜드가 시장을 장악하고 있는 곳에서도 혁신은 일어날 수 있다. 혁신적인 아이디어로 소비자들이 갖고 있는 욕구나 불편함을 구체적으로 어떻게 해결해줄 수 있을지를 고민해야 한다"고 했다. 소비자들의 니즈가 있는 확실한 틈새시장을 찾은 뒤 다른 기업들과는 확실히 차별화된 서비스로 승부해야 한다고 했다.

04

이미 시작된
4차 산업혁명

3D프린터로 만드는 자율주행차

존 로저스 로컬모터스 창업자 겸 CEO

3D프린팅으로 자동차를 제조하는 기업으로 주목받는 로컬모터스를 설립해 CEO를 맡고 있다. 4차 산업혁명 시대 자동차를 만드는 새로운 방법을 개척하며 전 세계의 주목을 받고 있는 경영자다. 오바마는 로컬모터스가 포드의 뒤를 이을 혁신기업이라고 했다. 프린스턴 대 우드로윌슨 공공 및 국제대학원을 졸업했으며 하버드대 경영대학원에서 MBA를 받았다. 미 해병대에서 7년간 복무했다. 맥킨지앤드컴퍼니에서 컨설턴트로 일했고 중국의 의료기기 스타트업에서도 일했다.

"스마트폰이 카메라를 대체하고 있다. 스마트워치는 시계 그 이상이다. 하지만 지난 100년 동안 자동차는 변하지 않았다. 큰 공장에서 대량 생산하는 방식은 여전히 동일하다. 이 방식은 적응력이 떨어진다. 신제품이 나오기까지 너무 오랜 시간이 걸린다. 그래서 나는 자동차 생산 방식을 근본적으로 바꿨다. 우리는 신제품이 나오기까지 1년밖에 걸리지 않는다. 우리 공장은 산업단지에 들어갈 필요도 없다."

존 로저스John Rogers 로컬모터스 창업자 겸 CEO는 최근 전 세계 자동차업계에서 일론 머스크 CEO와 함께 가장 주목받는 인물이다. 아직 네 종류의 차종밖에 선보이지 못했지만 혁신성과 잠재력만큼은 머스크 CEO에 뒤지지 않는다. 2014년 6월 최초로 백악관에서 열린 '백악관 메이커 페어White House Maker Faire 2014'에서 오바마 전 미국 대통령은 로컬모터스를 '혁신Innovation의 상징'이라고 극찬하며 로컬모터스가 포드의 뒤를 이을 혁신기업이라고 했다.

제18회 세계지식포럼 참석차 한국을 방문한 로저스 CEO는 '3D프린터로 만드는 자율주행차' 강연에서 "우리는 전 세계에서 최초로 3D프린팅 자동차를 만들었다. 24시간이면 프린터에서 자동차가 나온다. 신제품 개발에도 우리는 1년밖에 걸리지 않는다"고 말했다.

로저스 CEO가 말한 자동차는 2014년 로컬모터스가 세계 최초로 3D프린터로 생산한 전기자동차 '스트라티Strati'다. 그는 2015년 1월 미국 디트로이트에서 열린 모터쇼에 완성차를 가져오는 대신 3D프린터를 설치해 44시간 만에 차량 제작을 완성하는 모습을 대중에게 보여주며 감탄을 자아냈다.

로저스 CEO는 "로컬모터스는 디트로이트 모터쇼 한가운데 공장을 설치했다. 여기서 1주일 동안 3대의 스트라티를 만들어 바로 현장에서 주행하는 모습까지 공개했다"고 말했다. 그는 이제 하루에 1대 제작도 가능하다고 밝혔다.

로컬모터스가 이렇게 빨리 기존에 없던 자동차를 만들어낼 수 있는 비결은 크게 두 가지다. 하나는 글로벌 공동 생산Co-Creation이고 다른 하나는 마이크로 팩토리Micro-Factory(초소형 공장)다.

로컬모터스가 글로벌 공동 생산을 처음 적용한 차량은 2009년에 나온 '랠리파이터'다. 이 차량은 영화 〈트랜스포머4〉에서 사막 경주용 자동차로 등장하며 화제가 됐다.

로저스 CEO는 "글로벌 공동 생산이란 회사와 고객이 디지털 기술을 통해 상호 협력해서 제품을 디자인하고 엔지니어링하는 것이다. 랠리파이터 디자인에는 전 세계에서 500명이 참여했고 이들은 모두 로컬모터스 직원이 아니다"라고 강조했다.

업계에서는 이런 방식을 '오픈소싱Open Sourcing' 또는 '크라우드소싱Crowd Sourcing'이라고 부른다. 기업에서 일하는 몇몇 전문가가 수년을 연구해서 하나의 제품을 대량으로 찍어내는 방식과는 사뭇 대조적이다.

대중의 아이디어를 반영해 다양한 제품을 하루 만에 뚝딱 만들 수 있는 힘은 3D프린터 2대로 이뤄진 마이크로 팩토리에서 나온다. 로저스 CEO는 "4차 산업혁명에서 중요한 것은 공장에 대한 고객의 접근성이다. 마이크로 팩토리는 5,000~8,000㎡ 규모로 산업단지가 아니라 도시 안에 들어설 수 있다"고 말했다. 현대자동차 울산공장 규모(505만 ㎡)와 비교 자체가 불가능한 작은 규모다.

로저스 CEO는 울산과 제주에 마이크로 팩토리 설립을 추진하고 있다. 하지만 로저스 CEO의 관심은 서울에 있다. 그는 "서울과 수도권에는 2,500만 명의 인구가 있다. 많은 고객과 만날 수 있는 서울에 마이크로 팩토리를 설치하고 싶다"고 말했다.

2016년 로컬모터스는 또 하나의 혁신적인 제품을 출시했다. IBM의 인공지능 플랫폼인 왓슨을 장착한 자율주행 전기버스 올리olli가 주인공이다.

로저스 CEO는 "올리는 3D프린터로 단 하루 만에 만들었다. 4단계 정도의 자율주행을 생각했지만 5단계의 무인 자율주행이 가능한 제품"이라고 설명했다. 4단계 자율주행은 신호등이 필요하지만 5단계 자율주행은 신호등 없이도 완전 자율주행이 가능하다.

해마다 혁신을 거듭하고 있는 로컬모터스는 아마존과 테슬라처럼 이제 시야를 우주까지 확장하고 있다. 로저스 CEO는 "자동차 제작 경험을 살려 리복, GE, 에어버스와 협력해 다양한 제품을 만들었다. 다음 목표는 우주다. HP와 협력해 국제우주정거장에서 사용할 수 있는 컴퓨터를 개발하고 있다"고 밝혔다.

그는 우주에 대한 꿈이 절대 실현 불가능한 엉뚱한 상상이 아니라는 점을 강조했다. 로저스 CEO는 "처음 자동차가 나왔을 때 사람들은 '말을 타면 되는데 왜 자동차를 타냐'며 '미쳤다'고 했다. 아마존이 인터넷으로 모든 것을 판다고 했을 때도 사람들은 '미쳤다'고 했다. 자동차부터 시작한 우리가 우주 진출을 목표로 하는 게 과연 미친 짓이라고 생각하는지 묻고 싶다"고 말했다.

3D프린팅 기술의 규제 완화 필요해

윌프리드 뱅크레인 머터리얼라이즈 CEO

벨기에 더플에서 1961년에 출생했다. 전기기계공학 석사학위를 취득한 후 벨기에 금속공업산업연구원Research Institute of the Belgian Metalworking Industry에서 연구원 겸 컨설턴트로 일하며 3D프린팅 기술을 개발했다. 새로운 기술에 대한 열정과 더 건강한 세상을 만들겠다는 신념을 갖고 1990년 7월 머터리얼라이즈를 창업했다. 3D프린팅의 기술적 및 의료적 응용에 관련된 특허를 갖고 있고, 기술을 이용해 사람들의 삶에 긍정적인 변화를 일으키는 일에 전념하고 있다. 3D프린팅산업의 최고 영예인 'RTAM/SME 산업혁신상Industry Achievement Award'을 수상했다. 적층가공 분야에서 가장 영향력 있는 인물로 선정되기도 했다. 2013년 뉴욕 아트 디자인 박물관MAD의 '비저너리 어워드Visionaries! Award'를 수상하기도 했다.

제18회 세계지식포럼을 맞아 한국을 찾은 월프리드 뱅크레인Wilfried Vancraen 머터리얼라이즈Materialise CEO는 3D프린팅산업의 발전을 위해선 "정부의 규제 완화가 절실하다"고 말했다. 머터리얼라이즈는 세계 1위 3D프린팅 소프트웨어 전문기업이다. 1990년 벨기에에서 설립된 머터리얼라이즈는 미국, 영국, 독일, 일본 등의 나라에 17개 지사를 두고 3D프린팅 시장을 선도하고 있다.

뱅크레인 CEO는 〈매일경제〉와의 인터뷰에서 "머터리얼라이즈는 미국 미시간대와 협업하고 있다. 3D프린터를 활용해 기관지질환을 갖고 태어난 영유아들을 위한 부목Splint을 개발했지만 아직도 각종 규제 탓에 상용화되지 못했다"고 안타까움을 전했다. 3D프린팅 기술의 발달로 생명을 구할 수 있는 기회가 생겼음에도 불구하고 정부 규제로 인해 의료 혁신이 제대로 일어나지 못하고 있다는 설명이다. 그는 "해당 부목은 기관지질환으로 인해 장애인이 되거나 목숨을 잃는 영유아들이 평범하게 숨을 쉴 수 있도록 해주는 가치 있는 기술이지만 현재까지도 임상시험 단계에 머물러 있다. 정부는 다른 데 돈을 쓰지 말고 규제 완화에 지출을 해야 한다"고 지적했다. 신사업을 육성하는 데 있어 가장 큰 걸림돌은 규제라는 점을 강조한 것이다.

그는 다양한 산업에서 3D프린팅으로 인한 변화가 이미 일어나고 있다고 밝혔다. 특히 스포츠산업이 큰 영향을 받고 있다는 게 그의 생각이다. 그는 "서울 역삼동에 있는 한 신발 가게는 3D프린터로 제작한 신발 안창을 판매한다. 각자의 발에 맞는 맞춤형 안창은 부상을 줄이고 스포츠 역량을 개선해줄 수도 있다. 3D프린팅의 장점은 제조가 단순히 제품을 찍어내는 데 그치는 게 아니라 응용이 될 수 있도록 해주는 것"이라고 말했다.

그는 4차 산업혁명으로 인한 자동화로 인간의 일자리가 줄어들 것이라는 우려에 대해선 틀린 생각Fallacy이라며 기술 진보는 적이 아니라고 꼬집었다. 그는 "3D프린팅이 더 많은 제조업 일자리를 만들진 않겠지만 새로운 종류의 직업이 나올 게 분명하다. 예를 들어 맞춤형 신발 안창 제작을 위해선 개개인의 정보를 분석하고 활용하는 직업이 필요하다. 이처럼 기존에 없던 일자리가 생길 것이다. 미국과 유럽의 실업률이 낮은 점만 봐도 4차 산업혁명으로 인한 일자리 감소는 가짜뉴스라는 것을 알 수 있다"고 말했다. 특히 전통적인 산업이 사라지고 일자리의 콘텐츠가 변화하고 있는 만큼 사회 진출을 앞둔 젊은 세대가 이에 적응할 수 있도록 교육의 변화도 필요하다고 역설했다.

그는 3D프린팅 시장 전망이 밝은 나라로 중국을 꼽았다. 그는 "중국은 정부 주도 아래 3D프린팅 시장을 적극적으로 키우고 있다. 중국 정부가 의도적으로 신발 제조 공정에서 산Acid과 같은 유해 성분을 못 쓰게 해 3D프린터를 사용할 수밖에 없게 만들었다. 이는 3D프린팅 시장의 발전으로 이어졌다. 그리고 3D프린팅을 활용하면 제조업에서 발생하는 화학적 폐기물을 줄일 수 있어 환경보전에도 효과적이다"라고 말했다.

중국은 4차 산업혁명을 이끌어갈 핵심기술로 꼽히는 3D프린팅 분야 기술을 경쟁적으로 개발하고 있다. 중국의 3D프린팅 시장은 2016년 기준 5억 달러(약 5,580억 원) 수준에서 연평균 34.2%의 성장률을 보이고 있으며 2022년에는 29억 달러(약 3조 2,364억 원)까지 확대될 것으로 보인다.

인간 노동력을 대체하는 로봇에 세금을 부과하는 로봇세에 관해선 "로봇세는 때에 따라 긍정적으로 활용될 수 있지만 로봇세보다 정부가 더 많은 역할을 할 수 있다. 한국은 정부가 리서치센터 등 기술 발전을 위해 많은 투자를 하고 있는 것으로 안다. 하지만 불행하게도 이는 사회구성원에게 혜택을 주지 못하고 있다. 이런 부분을 잘 연구해 개선하면 로봇세를 부과하지 않아도 된다"고 설명했다.

뱅크레인 CEO는 강연에서 3D프린팅으로 인해 제조비용이 크게 감소할 것으로 전망했다. 그는 "GE가 수백만 달러를 들여 3D프린팅 회사를 인수하려고 하는 이유는 3D프린팅을 통해 수십억 달러의 비용 절감이 가능하기 때문이다. 제조비용은 줄이면서 상품의 가치는 높일 수 있는 3D프린팅이야말로 4차 산업혁명의 핵심 구성 요소가 될 수 있다"고 강조했다.

그는 3D프린팅의 혁신이 두드러지는 분야는 보청기산업이라며 3D프린팅 기술로 인해 보청기 수준이 크게 개선됐다고 분석했다. 그는 "보청기는 3D프린팅을 통해 더 작아지고 저렴해졌다. 보청기 회사들은 안 좋아할지 모르겠지만 생산비용이 1달러 미만으로 낮아졌다. 그리고 보청기가 개개인의 귀에 맞춤화되면서 제품이 더 편안해졌다"고 말했다. 이와 같은 보청기산업의 진화는 일자리 창출로도 이어졌다는 게 그의 생각이다. 그는 특정인에 맞는 보청기를 만들기 위해 많은 엔지니어들이 투입됐다고 설명했다.

그는 3D프린팅이 미래라고 생각하는 이유는 해당 기술이 삶을 바꾸고 있기 때문이라고 밝혔다. 그는 "3D프린팅은 이미 우리의 일상을 바꿔놓고 있다. 더 복잡하고 많은 기능을 1개의 물체에 담는 것, 그것이 오늘날의 3D프린팅이며 앞으로의 가능성은 더욱 무궁무진하다"고 평가했다.

차세대 기술혁명 엔진, 5G 기술

드루가 말라디 퀄컴 수석부사장

1998년 퀄컴에 엔지니어로 입사한 후 18여 년 동안 3G, 4G 시스템 개발을 담당했다. 2008년부터 2015년까지 퀄컴리서치의 프로젝트 엔지니어로서 4G LTE-A 설계 등을 총괄했다. 현재 퀄컴 리서치에서 진행 중인 무선 광대역 통신, 주파수 공유 접속, 사물인터넷 등을 아우르는 4G 및 5G 무선통신 프로젝트를 총괄하며 시스템 엔지니어링부문 대표를 역임하고 있다. 인도 마드라스공과대에서 기술 학사학위를, 미국 UCLA에서 공학 석·박사학위를 취득했다. 현재 국제전기전자공학회IEEE 회원이자 238개에 달하는 미국 특허를 출원했다.

컨설턴트이자 베스트셀러 작가인 제레미 리프킨은 "거대한 산업혁명은 커뮤니케이션 기술의 전환과 에너지 체제의 변화가 맞물렸을 때 항상 일어났다"고 밝힌 바 있다. 예를 들어 TV와 라디오가 전파되던 시기에 내연기관과 석유에너지가 발전하면서 거대한 산업혁명이 일어났다. 인간을 대신해서 무언가를 할 수 있는 기계의 동력이 새로운 커뮤니케이션의 수단을 통해 재빠르게 전 세계에 전달되면서 혁명이라고 부를 수 있는 급격한 경제성장이 이뤄진 것이다. 오늘날도 비슷한 일이 벌어지고 있다. 바로 인공지능의 새로운 동력인 데이터가 기계와 기계 사이의 커뮤니케이션에 의해 재빠르게 전달되고 있다. 이런 조합이 바로 4차 산업혁명의 요체라고 할 수 있다.

드루가 말라디 퀄컴 수석부사장은 제18회 세계지식포럼에서 〈매일경제〉와 만나 "과거에는 사람과 사람의 연결이 중요했다. 그러나 지금은 수많은 기기가 서로 연결되고 있다"고 말했다. 기자가 "사람과 사람 사이의 커뮤니케이션을 연구하던 시대는 끝났다는 의미인가"라고 묻자 "그렇다. 앞으로 30년 동안은 주변에 있는 모든 사물과 기기들을 연결하는 것이 중요해질 것"이라고 말했다. 컴퓨터와 세탁기, 냉장고, 심지어 우주 상공에 떠 있는 인공위성까지 연결되는 시대, 더 이상 사람과 사람, 사람과 기계가 커뮤니케이션하는 것이 아니라 기계와 기계가 서로 커뮤니케이션하는 세상이 온다는 이야기다.

그는 이런 시대를 위해서는 5G 기술이 필수적이라고 말했다. 세계지식포럼 강연에서 말라디 부사장은 "5G에서 필요한 요소들을 갖추는 것은 쉽지 않은 도전이다. 필요한 것은 속도, 지연시간Latency, 대량연결 등 크게 세 가지"라고 말했다.

첫째, 기계끼리 대용량의 데이터를 주고받는 데 많은 시간이 소요돼서는 곤란하다. 그는 "유선 광통신망으로 연결하는 것과 같은 수준의 속도를 내야 한다. 특히 5G에서는 평균 속도가 중요하다는 점을 알아 달라. 그리고 어디에서든 비슷한 속도가 균질하게 나와야 한다는 점이 5G에서는 매우 중요한 요소"라고 말했다.

둘째, 지연시간이 매우 짧아야 하고 안정적 서비스가 구현되어야 한다. 자율주행차가 주변을 둘러싼 교통신호 시스템과 데이터를 주고받는다고 가정해보자. 어느 순간 데이터의 공급이 끊긴다면 해당 자율주행차는 운전이 중단되는 사태에 놓일 수 있다. 오늘날 4G나 3G 서비스처럼 통신이 끊기는 사태가 생기면 치명적 사고와 연결될 수 있다. 말라디 부사장은 "차량 간 무선통신v2x 등이 구현되려면 통신이 완전히 연결돼 있어야 한다. 지연시간이 조금이라도 길면 큰 사고로 연결될 수 있기 때문"이라고 말했다.

셋째, 엄청난 숫자의 단말기들과 연결될 수 있는 기지국이 있어야 한다. 말라디 부사장은 스마트 계량기의 예를 들었다. 각 가정마다 설치해야 하는 계량기에 5G 통신을 연결시킨다면, 현재 스마트폰을 사용하는 사람들의 숫자만큼 추가로 한 기지국에서 커버해야 하는 단말기 숫자가 순증한다는 것이다.

그는 5G의 이런 인프라 속성을 파악한다면 기술적으로 개발할 수 있는 서비스들이 무궁무진하다고 전했다. 드론을 통해 재난현장을 생중계할 수도 있고, 눈·비구름이 어디에서 몰려오는지 기계끼리 대화하도록 해서 자동으로 농장에 물을 뿌리는 관개시스템을 설계할 수도 있다. 오늘날 스마트폰은 보안을 위해 물리적으로 심어둔 SIM카드를 활용하지만 5G 기술이 본격 상용화되면 SIM카드의 정보를 5G로 연결시켜 비물리적으로 스마트폰 내용을 보호하는 시대가 올 수 있다.

말라디 부사장은 "2035년까지 5G에 연결된 상품과 서비스의 가치는 12조 달러에 달한다. 또한 전 세계에 5G와 연관된 직업의 숫자는 2,200만 명에 이를 것"이라고 예상했다. 십수 년 동안 무선인터넷의 속도는 650배 증가하는 등 무서운 성장세였다. 그와 동시에 2010년에서 2022년까지 데이터 트래픽은 250배 성장한다. 마치 탄소에너지 저감 기술을 개발해서 석탄, 석유 사용량을 줄이면 이들의 가격이 떨어지면서 오히려 사용량이 늘어나는 '제본스의 역설'처럼, 데이터 트래픽은 무선인터넷의 속도에 비례하여 증가해왔다.

그는 "4G를 만들던 시대에는 모바일 데이터를 전송하는 것만 생각하면 됐었다. 하지만 여전히 그런 마인드로 5G를 접근해서는 안 된다"고 말했다. 드론이 뜬다고 해서 그 기업을 위한 특별한 5G를 만들수는 없다. 말라디 부사장은 "오히려 하나의 아이디어만을 현실화하기 위한 5G 인프라 구축 사업이라면, 그 자체기 더욱 큰 리스그 요인"이라고 말했다.

5G가 바꿀 교통혁명의 미래는

연 사

더크 알본 HTT CEO

전홍범 KT 인프라연구소장

주영진 메르세데스 – 벤츠코리아 비즈니스 이노베이션 총괄상무

장웅준 현대자동차그룹 ADAS개발실장

주영진 메르세데스-벤츠코리아 비즈니스 이노베이션 총괄상무는 제 18회 세계지식포럼 '5G 시대, 교통혁명' 강연에서 벤츠 실적 자랑으로 말문을 열었다. 그는 "벤츠는 2016년 한국에서 일본, 독일, 프랑스보다 훨씬 많은 차를 팔았다"고 운을 뗐다. 심지어 마이바흐 같은 차량은 한국이 중국에 이어 전 세계에서 두 번째로 가장 많이 판매된 나라였다. 그런데 그는 한국에서 성공한 것이 하나도 기쁘지 않다는 듯 이렇게 말했다. "한국에서 우리는 새로운 교통수단의 혁신을 이뤄야 한다고 생각하고 있습니다. 이런 성공이 언제까지 이어진다는 보장이 없기 때문입니다."

주 상무는 "벤츠 내에서는 내연기관 중심의 차량 제조회사가 미래 트렌드에 맞게 가고 있는 것인가에 대한 근본적 질문을 던지고 있다"고 했다. 벤츠는 현재 미래의 트렌드를 네 가지로 보고 있다. 도시화, 디지털화, 개인화, 그리고 지속 가능성이다. 주 상무는 "벤츠는 과연 이런 추세에 맞게 가고 있는 것인지에 대한 확신이 없었다. 답을 찾아야 했다"고 말했다.

그렇다면 벤츠는 이 문제를 어떻게 풀려 하고 있을까. 주 상무의 설명에 따르면 벤츠는 CASEConnected, Autonomous, Shared, and Electric를 자체적인 대책으로 내세웠다. 차량을 스마트하이웨이나 주차장 등과 연결시키고, 자율주행차를 가능하게 하며, 차량을 공유하는 서비스를 강화하고, 마지막으로 내연기관에만 의존하지 않고 전기자동차를 다량으로 내놓는 전략이다. 그런데 이 모든 것을 가능하게 하는 것은 5G 기술이다. 주 상무는 "그래서 벤츠는 KT와 같은 5G 인프라 현지 파트너들과 제휴를 통해 CASE와 같은 전략들을 실천하려 한다"고 말했다.

벤츠의 5G 시대에 대한 고민은 현대자동차에는 더욱 무겁게 다가오는 듯했다. 장웅준 현대자동차그룹 ADAS개발실장은 "벤츠가 그렇게 많이 팔리는 줄 몰랐다. 고무적인 소식인 것 같으며 제네시스도 그렇게 많이 팔리길 기원한다"는 농담으로 마이크를 이어받았다. 그는 "시간의 차이는 있겠지만 외부 환경과 차가 연결되는 날이 결국 올 것이다. 그러기 위해서는 5G 기술이 기초적인 인프라로 필수적"이라고 말했다.

장 실장은 "사람의 안전을 담보해야 하는 자율주행차 기술의 관점에서 본다면 하나의 센서만으로 모든 상황을 판단하게끔 한다는 것은 한계가 있다. 개별 센서의 한계를 보완할 수 있는 센서 비전이라는 기술도 개발 중이지만 결국에서는 센서와 센서들을 서로 연결하는 5G 인프라가 중요해진다"고 말했다. 예를 들면 V2X_{Vehicle to Everything} 같은 기술들이 그런 것이다. 장 실장은 "현대자동차는 2016년 말 현대자동차연구소가 위치한 화성시와 MOU를 맺고 V2X 실증사업을 진행 중이다. 여기서 차량과 기지국 사이에서 무선통신을 진행하고 있다. 현대자동차는 연말까지 데이터를 분석해 2020년까지 (V2X를) 상용화하는 데 차질 없게 준비 중"이라고 설명했다.

그렇다면 5G 인프라를 실제로 깔기 위한 준비를 하고 있는 KT 같은 사업자 입장에서 교통혁명은 어떤 의미일까. 전홍범 KT 인프라연구소장은 "사고가 나지 않는 자율주행차 시스템을 만들기 위해 5G 인프라를 까는 것은 통신사 입장에서는 거대한 도전"이라고 말했다. 벤츠, 현대자동차 같은 자동차 제조회사들이 갖는 고민과는 또 다른 차원의 고민이 통신사에 있다는 것이다. 그는 "현재 LTE 망에서는 기지국 하나에서 커버할 수 있는 단말기가 400개 정도이고 지연속도는 30ms, 속도는 150Mbps 정도밖에 되지 않는다"고 말했다. 그러나 이 정도로는 자율주행차의 수요를 감당할 수 없다. 차량 하나에 센서들이 수없이 달리고 이들이 서로 연결되려면 적어도 기지국 하나가 1,000개 이상의 단말기를 커버할 수 있어야 한다는 것이다. 그는 "보다 먼 미래를 생각해 5G 시대에는 기지국 하나당 100만 개의 단말기를 커버할 수 있는 시스템을 미리 만들어둘 필요가 있다"고 말했다. 전 소장은 또 지연속도가 매우 중요하다고 강조했다. 시속 120km로 달리는 차에서 기지국을 통해 데이터를 전달해야 하는데 지연되는 시간이 LTE 기준 30ms 정도면 이미 1m 정도 전진하고 있는 상황이기 때문이다. 전 소장은 "그러나 5G 시대가 되면 지연속도가 획기적으로 줄어들어 이동구간이 3.3cm 정도에 불과할 것"이라고 말했다. 그는 KT가 미래 자율주행차 시대를 위해 "자동차와 자동차의 연결을 제공하는 인프라, 정밀 위치를 확인하기 위한 인프라, 모바일 브로드밴드, 클라우드 네트워크, 자동차 플랫폼 등 다섯 가지 인프라를 준비하고 있다"고 밀했다.

하이퍼루프 기업인 HTTHyperloop Transportation Technology의 더크 알본Dirk Ahlborn CEO는 이 강연에서 "5G 기술이 필요한 것은 자율주행차뿐만이 아니다"라고 얘기했다. 하이퍼루프는 '진공튜브 속을 날아다니는 지상 위의 비행기'로 불리는 기술이다. 그런데 튜브 속에서 객차가 움직이는 구조이기 때문에 일반 열차에 탑승하는 것과 달리 승객들은 밀폐된 터널 속을 달리는 기분을 느껴야 한다. 때문에 HTT는 객차 내 창문을 가상현실 디스플레이로 에워쌀 계획이다. 그는 "객차 내에서 내 집 안에 있는 것과 같은 가상현실 경험을 하거나 초원 위를 열차가 달리는 느낌을 준다면 승객들의 만족도가 늘어날 것이다. 이런 혁신들을 일으키기 위해서는 5G 기술이 필수적"이라고 말했다.

크라우드스토밍, 하이퍼루프 혁신 키워드는

더크 알본 HTT CEO

진공상태에 가까운 튜브형 운송관에 차량이 시속 1,200km의 속도로 운행하는 미래형 교통수단인 하이퍼루프 분야를 개척하고 있는 사업가다. 전기모터로 파드Pod(차량)를 급가속시킨 뒤 공기저항이 없는 튜브에서 음속과 비슷한 속도를 내는 기술이다. 알본 CEO는 아시아에서 유럽까지 수 시간 내 화물을 보낼 수 있을 것이라고 전망했다. 이를 통해 거주지가 다변화될 수 있고 삶의 질이 개선될 것이라고 말했다. 그는 HTT가 5~10년 내 손익분기점을 넘을 것이라고 확신한다. 스타트업 펀딩을 지원하는 점프스타터라는 회사의 CEO도 맡고 있다.

"전 세계를 돌아다니면서 하이퍼루프 기술에 대해 이야기하면 깜짝 놀라곤 합니다. 얼마나 많은 사람들이 '나도 그런 아이디어를 생각했었다'며 손을 드는지 몰라요. 그 모든 사람들이 하이퍼루프라는 하나의 목표를 향해 함께 도전한다면 어떨까요?"

하이퍼루프 기술을 개발하는 HTT의 더크 알본 CEO와 비밥 그레스타 이사회 의장은 제18회 세계지식포럼을 찾아 자신들만의 독특한 스타트업 비즈니스 모델에 대해 설명했다. 하이퍼루프 기술은 2013년 일론 머스크 테슬라 CEO가 자신이 운영하는 기업 '스페이스X'의 홈페이지에 올린 논문이 시발점이라 할 수 있다.

논문의 주된 내용은 이렇다. 특정한 기체가 시속 400km를 넘어서면 공기의 마찰 때문에 더 이상 속도를 내기가 어렵다. 공기의 마찰이 없는 환경을 만들어줘야만 그 이상의 속도를 낼 수 있는 것이다. 그래서 비행기는 공기가 거의 없는 상공으로 날아올라 시속 700~800km의 속도로 비행할 수 있다. 그런데, 지상에서 이런 환경을 만들어주면 어떨까. 머스크 CEO는 지상에 거대한 튜브를 만들고 그 안의 공기를 모두 진공펌프로 뽑아내서 공기 마찰력을 줄이자고 제안했다. 그러면 관성의 법칙 덕분에 초반에만 가속을 주면 장거리를 무동력으로 날아갈 수 있는 '지상의 비행기'를 만들 수 있다는 것이다.

머스크 CEO가 이 일을 하기엔 손이 부족했다. 그는 스페이스X, 테슬라 등의 다수 기업들을 이미 운영하고 있었기 때문에 "나 대신 누군가가 이 일(하이퍼루프)을 맡아 주었으면 좋겠다"고 논문을 통해 제안했다. 여기에 손을 든 것이 HTT였다. 스타트업을 만드는 데 필요한 자원들을 클라우드 형태로 소싱하는 독일 출신 벤처창업자 더크 알본이 여기에 뛰어들었다. 그리고 컴퓨터 프로그래머에다 음악 프로듀서, 벤처기업 창업가이기도 했던 이탈리아 출신의 비밥 그레스타가 공동창업자로 참여하면서 이사회 의장까지 맡게 됐다.

이들이 세계지식포럼 인터뷰에서 전한 내용은 독특한 HTT의 사업 문화였다. 알본 CEO는 "코닥, 블랙베리, 폴라로이드 등은 모두 망했다. 그러나 코카콜라, 아마존, NASA 등은 혁신을 통해 살아남았다"고 운을 뗐다. 살아남은 기업과 조직의 특징은 무엇이었을까. 그는 "이들 조직에서 일어난 혁신의 절반은 모두 외부에서 발생했다"고 말했다. HTT의 경우도 그렇다. 머스크 CEO가 첫발을 디뎠지만 그는 시간이 없어서 하이퍼루프를 만들 수가 없었다. 누군가 스타트업을 만들어주길 바랐다. 그렇게 설립된 HTT는 한발 더 나아가 외부의 혁신을 적극적으로 수용하는 크라우드소싱 형태의 기업 체계를 만들기 시작했다.

그레스타 의장은 "전 세계 누구나 HTT의 프로젝트에 참여할 수 있다. 우리가 HTT에 참여하는 사람들에게 원하는 것은 단 한 가지다. 일주일에 최소 10시간만 일하면 된다"고 말했다. 그렇게 HTT를 위해 함께 혁신 프로젝트에 참여한 이들에게는 스톡옵션이 보상으로 지급된다. 알본 CEO는 "NASA가 시도했던 혁신 생태계 창출모델을 조금 발전시킨 것이다. 마치 NASA가 거대한 질문을 던지고 그를 중심으로 한 생태계 네트워크에서 답변을 내놓는 것처럼 우리는 하이퍼루프를 중심으로 한 생태계에 질문을 던지고 답을 받는다. 우리는 이를 크라우드스토밍Crowdstorming이라고 부른다"고 말했다.

크라우드스토밍은 크라우드소싱Crowdsourcing과 브레인스토밍Brainstorming을 합한 말이다. 사람들을 한데 모아서 회사라는 조직 내에서 일을 시키는 것이 아니라 보다 느슨하게 스톡옵션 형태로만 보상을 주고, 서로 떨어진 공간에 위치한 사람들에게 하나의 문제를 던져서 답을 구한다. 사람들이 먼 거리에 떨어져 있어도 함께 일할 수 있는 인터넷 모바일 연결 덕분에 가능한 형태의 조직이다. HTT는 이런 방식으로 가상현실을 활용한 버츄얼스크린 등을 만들었다. 밀폐된 진공 튜브 속을 날아다니는 객차 속에서도 실제와 유사한 바깥 경치를 구경할 수 있는 기술을 구현한 것이다.

21세기 항공의 새로운 시대

신재원 NASA 항공 분야 연구개발관리 최고책임자

세계 최고 우주항공연구기관인 NASA에서 1989년부터 기술개발업무를 담당해왔다. NASA 항공부문 공무원 중 최고위직 행정가로 일하고 있다. 그가 최근 수립한 NASA의 장기전략계획은 미국 정부와 항공업계의 강력한 지지를 받으며 전 세계 민간항공 연구기관들의 표준이 되고 있다. 신 박사는 연세대 기계공학과를 졸업한 후 미국 유학길에 올라 캘리포니아주립대(롱비치) 기계공학 석사학위를 취득했으며 버지니아공대에서 유체역학으로 기계공학 박사학위를 땄다. 매년 5% 미만의 미국 연방정부 고위 공직자들에게 수여되는 '최우수 공직자 대통령상'을 2008년, 2016년 2회에 걸쳐 수상했다.

전 세계 항공 시장에서 창출할 수 있는 부의 규모는 무궁무진하다. 다양한 수치들로 그 정도를 가늠해볼 수 있다.

2016년 기준 38억 명이 항공기를 탔다. 북미와 유럽인들이 그 절반을 차지했다. 2035년이면 그 숫자가 72억 명에 달할 전망이다. 그때가 되면 북미·유럽 승객 수와 아시아·태평양 지역 승객 수가 동일해질 전망이다. 그 중심에 중국이 있음은 말할 것도 없다. 이들을 실어 나르기 위해 2035년까지 3만 6,000대의 항공기가 더 필요하다. 뉴질랜드 오클랜드에서 카타르 도하로 가는 게 오늘날 기준 가장 긴 편도 직항 항공편으로 무려 18시간 20분이 걸린다. 이 시간 동안 1,100잔의 커피, 2,000잔의 음료, 1,036끼의 식사 등이 제공된다. 항공기가 한 번 뜰 때마다 크고 작은 시장이 열리는 셈이다.

제18회 세계지식포럼 '21세기 항공의 새로운 시대' 강연에서 신재원 NASA(미국항공우주국) 항공 분야 연구개발관리 최고책임자는 "단순 수치만 놓고 봤을 때 자동차보다 비행기가 훨씬 안전한 데다 갈수록 항공비용이 저렴해지고 있다. 역사적으로 보면 제트엔진 기술의 개발 및 상용화, 그리고 직진비행에서 안정성이 우수하고 항력이 적게 발생하는 후퇴익Swept Wing의 개발로 인해 항공기에 대한 신뢰가 높아졌다"고 밝혔다.

그는 "내가 만일 정부 관료라면 무궁무진한 가능성을 지닌 글로벌 항공 시장에 당장 뛰어들자고 할 것 같다. 지금은 에어버스와 보잉이 양분해 부를 축적하고 있지만, 그만큼 파고들어갈 틈이 있다"고 강조했다. 보잉은 2017년 중순 기준 중형 모델인 737맥스Max 시리즈의 여객기 3,600대를 수주했다. 에어버스는 737맥스의 경쟁작인 A320네오 5,000여 대의 주문을 받아 2016년부터 인도하기 시작했다.

'뉴플레이어'들의 움직임은 훨씬 활발하다. 무엇보다 중국이 중대형 상용 여객기 C919를 독자 개발했다. C919는 중국상용항공기공사COMAC가 개발한 것으로 2017년 5월 처녀비행에 성공했다. 중국상용항공기공사는 한국 항공사들로부터 500여 대의 주문을 받아 오는 2020년 첫 인도를 시작할 것으로 예상된다. 러시아가 독자적으로 만든 MC-21은 211인승으로 2017년 5월 첫 비행에 성공했다. 제작사인 이르쿠트는 175대의 주문을 받았고 추가 시험을 거쳐 2019년 첫 인도에 나설 계획이다. 이 밖에 캐나다의 봉바르디에가 만든 CS300은 130인승으로 에어버스의 최소형 기종, 보잉의 단거리 기종과 견줄 수 있다. 봉바르디에는 지금까지 모두 237대의 주문을 받아놓고 있다. CS300은 2016년 12월부터 인도를 시작해 2개의 유럽 항공사들이 이미 운항하고 있다. 독일 루프트한자와 에어발틱항공의 CEO는 캐나다의 봉바르디에가 개발한 CS300이 저소음과 높은 연료 효율을 갖추고 있다고 호평했다.

신재원 책임자는 "건설적인 경쟁은 항공 시장의 혁신을 주도할 것"이라고 내다봤다. 이러한 움직임은 현재 진행 중이다. 보잉사는 모든 공장을 디지털로 전환해 로보틱 인공지능이 공장을 돌린다. 스마트 팩토리다. 밖에서 보면 공장이 문을 닫았나 착각할 정도다. 생산 절차뿐 아니라 유지보수도 자동화다. 신 책임자는 "생산과 유지보수 과정이 자동화되면서 생산성과 신뢰가 높아지고 결함 비율은 크게 줄었다"고 설명했다.

이외 동체날개 '혼합형 구조Blended Wing Body'의 등장, 길고 얇은 '트러스 베이스 윙Truss–Braced Wing'의 개발, '전기 추진 항공기Hybrid Electric'의 상용화, 그리고 지금의 폭발음을 천둥소리 수준으로까지 낮춘 '슈퍼소닉 항공기' 등이 향후 항공 시장을 뒤흔들 혁신 기술로 꼽히고 있다.

100달러 게놈 시대, 유전체가 바꾸는 미래

연　사

토이와 리버만 하버드대 의대 교수 겸 게놈연구센터장
강종호 일루미나코리아 대표
정현용 한국유전체기업협의회 회장 겸 마크로젠 대표

사　회

이민섭 이원다이애그노믹스 대표

자신의 미래와 운명을 예측할 수 있는 인간은 없다. 예측 불가능함은 불확실성을 낳고, 불확실성은 불안감을 불러일으키기 마련이다. 하지만 최소한 질병과 관련된 부분에서 만큼은 미래 불확실성이 줄어들거나 사라질지 모른다. 그것도 아주 가까운 미래에 말이다. 그 중심에 유전체 지도Genome Map가 있다.

유전자Gene와 염색체Chromosome의 합성어인 게놈Genome은 인간이나 생명체가 가진 유전체 정보를 뜻한다. 유전체 지도는 유전체 정보를 물리적으로 지도화한 것이다. 이 지도를 통해 당사자의 생물학적 특성을 알수 있고, 미래까지도 예측이 가능하다.

세계적인 유전체 분석 기술을 보유한 한미 합작법인 이원다이애그노믹스EDGC의 이민섭 대표는 유전체 지도를 내비게이션에 비유한다. 이 대표는 "유전체 지도는 미래 어떤 질병에 걸릴 확률이 높은지를 알려주고, 어떤 약을 썼을 때 효과적인지 알려주고, 운동을 해서 살을 뺄수 있는 방법을 설명해주고, 심지어는 저녁 메뉴와 그에 맞는 와인까지도 추천해줄 수 있다"고 말했다. 그러면서 그는 거의 모든 사람들이 자신의 유전체 정보를 스마트폰 안에 넣고 다니는 세상이 10년 안에 도래할 것이라고 강조했다. 유전체 지도를 하나의 칩Chip에 넣어 다닐 수 있다는 의미다.

제18회 세계지식포럼에서는 '100달러 게놈 시대, 유전체가 바꾸는 미래'를 주제로 유전체 지도에 관한 토론이 진행됐다. 이 대표가 좌장을 맡은 강연에는 토이와 리버만Towia A. Libermann 하버드대 의대 교수 겸 게놈연구센터장, 강종호 일루미나코리아 대표, 정현용 한국유전체기업협의회 회장 겸 마크로젠 대표 등이 토론자로 나섰다.

리버만 교수는 유전체 지도의 등장으로 정밀의학의 발전 가능성이 커졌다고 말한다. 그는 "유전체 지도를 통해 환자마다의 차이점을 파악한 후 집중적으로 표적 치료를 할 수 있다. 개인 맞춤형 건강관리도 가능하다. 그동안은 어떤 병에 걸리면 환자별 특성과 상관없이 획일적인 치료를 해왔다. 이 경우 어떤 환자의 상태는 호전이 되지만, 오히려 악화가 되는 환자가 생기기도 한다. 그러나 정밀화된 유전체 지도의 등장으로 치료의 중심이 질병이 아닌 환자로 전환될 수 있다"고 설명했다.

리버만 교수가 특히 주목하는 분야는 바로 암 치료다. 암세포는 끊임없이 변화·진화한다. 돌연변이 세포가 등장하기도 하고 내성이 생기기도 한다. 재발도 수시로 일어난다. 그래서 치료가 쉽지 않다.

리버만 교수는 "유전체 지도를 중심으로 내성 및 변형 유전자를 끊임없이 표적 치료한다면, 암을 만성질환으로 전환시킬 수도 있다"고 주장했다. 암세포의 변화무쌍함을 사전에 예측해 그에 맞는 치료를 미리 준비헤 적용히는 것이다.

인간이 자신들의 유전체를 읽어내기 시작한 건 30여 년 전부터지만 이것이 일반인의 영역으로 들어온 건 얼마 되지 않았다. 어마어마한 비용 때문이다. 정 대표는 "유전체 지도를 만드는 데 과거에는 약 30억 달러가 들었는데, 이제는 10만 달러, 더 나아가 약 100달러 수준으로 비용이 낮아졌다"고 말했다. 강 대표는 "불과 얼마 전까지만 해도 유전체 지도를 만드는 데 걸리는 시간이 1년이었다면 지금은 2주면 완성된다"고 말했다. 기계에 따라서는 2~3일이면 만들어지기도 한다.

100달러라는 건 유전체 지도를 만드는 데 들어가는 실험재료비용만을 의미한다. 분석비용을 포함하면 가격은 더 높아진다. 하지만 중요한 건 유전체 지도라는 게 일반인도 원하면 비용을 지불하고 가질 수 있는 게 됐다는 점이다. 정 대표 역시 "금액이 문제가 아니라 마음만 먹으면 자신의 유전체 지도를 가질 수 있다는 게 장점이다. 더 나아가 100달러 게놈이 현실화되면 인간 유전체만이 아닌 다양한 생물체를 분석함으로써 각종 융합산업의 변곡점이 만들어질 수 있다"고 밝혔다.

'1인 1유전체 지도' 시대가 다가옴에 따라 이것이 향후 가져올 수 있는 윤리적인 문제 또한 부각되고 있다. 유전체 정보관리 및 보안과 관련된 이슈다. 리버만 교수는 "유전체 지도를 당사자만 보게 할지, 건강보험사와 거래은행에 제공할지, 고용주가 볼 수 있게 할지 등을 결정해야 할 것이다. 법률적인 보호책을 어떻게 마련할 것인지가 문제가 될 것"이라고 내다봤다. 유전자를 조작·변경해 눈동자 색깔, 키, 몸무게 등을 바꾸는 새로운 형태의 성형이 가능해질 수도 있다. 태어나는 순간부터 불치병에 걸릴 운명임을 통보받는 영유아가 생겨날 수도 있다. 리버만 교수의 경고는 섬뜩하기까지 하다. 자칫 유전자의 질에 따라 서열이 매겨지는 사회가 도래할 수도 있다는 것이다.

반론도 있다. 강 대표는 "희귀병에 걸릴 가능성이 높은 아이의 경우, 오히려 발병을 예방할 수 있다는 측면도 있다. 양날의 검이지만 사회경제적으로 다양한 측면을 고려해야 한다"고 강조했다.

이와 관련해 마크로젠은 최근 유전체 분석업계 최초로 '유전체 분석 및 임상진단 서비스'에 대한 'PIMS(개인정보 보호 관리체계) 인증'을 획득했다. PIMS는 개인정보를 취급하는 기업이 개인정보 보호에 대한 체계적이고 지속적인 보호 조치 체계를 구축했는지 점검 및 평가해 일정 수준 이상에 도달한 기업에만 부여하는 인증이다. '정보통신망 이용 촉진 및 정보 보호 등에 관한 법률'에 따라 기업 또는 공공기관의 개인정보 처리 및 보호와 관련한 일련의 조치가 '개인정보보호법'에 부합하는지를 평가하며, 한국인터넷진흥원KISA이 심사·인증하고 방송통신위원회가 부여한다. 인증을 획득하려면 개인정보 보호 관리과정, 개인정보 보호대책, 생명주기 및 권리 보장 3개 분야의 총 86개 심사 항목, 311개 세부 점검 항목을 모두 통과해야 한다.

소셜미디어와 현실 간 격차 속 비밀

제이피 클로퍼스 브랜드아이 CEO

로보틱스 엔지니어이자 사업가이며 세계를 이끄는 오피니언 마이닝 회사인 브랜드아이의 CEO다. 브랜드아이의 기술은 온라인 여론을 명확하게 이해하기 위해 인공지능과 인간의 지능을 접목시킨다. 브랜드아이는 검색 알고리즘, 크라우드소싱, 머신러닝을 접목시킴으로써 온라인 대화에서 감정과 그 감정을 만드는 화제를 성공적으로 발굴할 수 있었다. 이처럼 독특한 접근법을 통해 브랜드아이는 브렉시트와 트럼프의 승리를 정확하게 예측하면서 소셜미디어 분석을 통해 의미 있고 예측적인 인사이트를 얻을 수 있다는 것을 증명했다.

"기존 방식의 여론조사에는 허점이 있습니다. 소셜미디어에서 감정·정서를 측정하면 비즈니스에 필요한 통찰력을 얻을 수 있지요."

제18회 세계지식포럼 '소셜미디어와 현실 간 격차 속 숨겨진 비밀' 강연에는 그야말로 발 디딜 틈이 없을 정도로 청중이 몰렸다. 영국의 유럽연합 탈퇴와 미국 대통령 선거 등 굵직한 정치적 사건에서 기존 여론조사는 한계를 드러냈다. 대중들은 새 시대에 걸맞은 여론조사 방식을 원하고 있었다. 각종 새로운 플랫폼이 등장하는 변곡점 같은 시기에 소셜미디어를 활용한 소비자 요구를 파악하는 데 명성이 자자한 브랜드아이의 제이피 클로퍼스JP Kloppers CEO가 연사로 나섰다.

전통적 조사 방식이 여론을 잘못 짚는 사례는 빈번하게 있었다. 영국 런던에서는 우버 면허 회수 문제를 놓고 여론조사를 했다. 런던 시민의 43%는 지지, 31%는 반대하는 것으로 나타났다. 하지만 소셜미디어에서는 분위기가 달랐다. 전체 네티즌의 8%만 찬성했다. 우버에도 문제가 있기에 규제를 해야 한다는 점에 대해서는 동의하지만 우버 영업 자체를 봉쇄하는 것은 좋은 생각이 아니라는 게 주된 의견이었다. 클로퍼스 CEO는 "기존의 조사 방식은 여전히 중요하지만 소셜미디어는 전통적인 조사 기법으로 미처 파악하지 못하는 내용을 보완해준다"고 설명했다.

소셜미디어 분석의 난관은 겉으로 드러나는 조사 결과와 소셜미디어상 고객 평가가 서로 다를 때다. 클로퍼스 CEO는 "현재 시장점유율이 높은데도 소셜미디어에서의 평가가 낮은 기업은 지금 기업 상황이 좋더라도 향후 실적 전망이 어둡다고 봐야 한다"고 말했다.

젊고 건장한 체격의 클로퍼스 CEO는 브랜드아이가 만든 'CEO 감정지수'를 최초로 공개했다. 대중들이 기업 CEO들에 대해 어느 정도의 호감을 느끼는지 측정한 지수다. 대체로 기업 실적이 좋고 대중들과 소통을 많이 하는 CEO들이 높은 점수를 얻었다.

브라이언 체스키 에어비앤비 CEO가 대표적이다. 2017년 한 집주인이 에어비앤비를 통해 관광객에게 집을 빌려줬다가 집의 일부가 파손됐다. 관광객은 별다른 보상이나 사과 없이 집을 떠났다. 에어비앤비를 믿고 일면식도 없는 관광객에게 자신의 집을 빌려준 주인 입장에서는 분통 터지는 일이다. 집주인은 에어비앤비에 대한 악평을 자신의 소셜미디어에 늘어놨다. 이런 사례가 누적되자 체스키 CEO의 CEO 감정지수가 하락했다.

체스키 CEO는 고객 불만을 외면하지 않았다. 직접 나서서 대책을 마련했다. 피해자들에게 연락해 충분한 보상을 해줬다. 그러자 체스키 CEO에 대한 좋은 평가가 소셜미디어상에서 주류를 이루면서 CEO 감정지수가 사태 이전보다도 더 올라갔다. CEO의 신속하고 성의 있는 대응이 기업의 평판을 오히려 높이는 전화위복의 계기가 된 것이다.

반대로 유나이티드항공은 위기 대응을 잘못해 화를 키운 사례다. 2017년 4월 유나이티드항공 승무원은 비행기 좌석 수를 초과해 예약을 받았던 승객을 강제로 끌어내렸다. 이 과정에서 승객이 다쳤다. 더 큰 문제는 CEO의 대응이었다. 오스카 무노즈 유나이티드항공 대표는 소셜미디어상에서 기업 평판이 급속하게 악화되는데도 늑장 대처했고, 형식적이고 무성의한 태도를 보였다. 2017년 3월까지만 해도 무노즈 대표는 '최고의 소통가'라는 명성이 높았는데 하루아침에 그간 쌓아뒀던 평판을 잃었다. 주식시장에서 유나이티드항공 주가도 급락했다. 클로퍼스 CEO는 "이런 점 때문에 기업 CEO들은 소셜미디어를 싫어한다. 하지만 이제는 더 이상 무시할 수 없을 정도로 소셜미디어가 기업과 주가에 미치는 영향이 지대해졌다"고 강조했다.

브랜드아이의 조사 방법은 광범위하게 활용된다. 2017년 5월 한 글로벌 헤지펀드는 브랜드아이로부터 프랑스 대선 결과 예측 자료를 구매했다. 이 헤지펀드는 정치적 불확실성 속에서 프랑스 내 투자를 어떤 방향으로 전개할지 기업 전략을 짜던 중이었다. 프랑스 대선 후보들의 소셜미디어 평판을 안다면 대선 결과를 어느 정도 예측할 수 있을 것으로 판단했다. 브랜드아이가 예측한 대로 에마뉘엘 마크롱 후보가 당선되면서 이 헤지펀드는 적지 않은 투자 이익을 얻었다는 후문이다.

기업 실사 때도 소셜미디어 조사가 도움을 줄 수 있다. 기업 가치를 측정할 때 가장 힘든 부분은 바로 기업 평판처럼 눈에 보이지 않는 자산의 평가다. 클로피스 CEO는 "실사에서 드러나지 않는 무형자산의 가치를 소셜미디어 분석으로 측정 가능하다. 더 나아가 소셜미디어 분석은 주식 투자에도 도움을 줄 수 있다. 이 부분은 현재 사업화 초기 단계에 있다"고 했다.

물론 소셜미디어에도 한계가 있다. 모든 이들이 소셜미디어를 활용하지 않기 때문에 소셜미디어로 여론을 파악하면 소셜미디어를 적극 활용하는 사람의 의견에 편향될 수 있다. 전화 여론조사가 집에 전화기가 없는 사람의 의견을 충분히 반영하지 못하는 것과 같은 이치다. 클로퍼스 CEO는 "브랜드아이에는 소셜미디어에 같은 내용을 중복해서 올리는 글을 거를 수 있는 장치가 마련돼 있다. 소셜미디어에 자신의 의견을 피력하지 않는 사람이 전체 여론조사에서 다소 소외되는 것은 어쩔 수 없는 일"이라고 말했다.

현실과 더 가까워진 가상현실

우르호 콘토리 바르요 테크놀로지 CEO

핀란드의 바르요 테크놀로지의 CEO이자 설립자이다. 그전에는 노키아와 마이크로소프트 미래 연구소 프로젝트를 5년간 이끌었던 혁신가다. 노키아 N900과 N9의 리눅스 운영체제 개발을 주도헸다.

낮은 해상도는 가상현실과 증강현실AR의 가장 큰 한계이자 과제였다. 이질적인 화면에 몰입이 어려웠고 작은 글자와 숫자를 읽을 수 없어 활용도도 제한적이었다. 그 결과 가상현실과 증강현실은 아직 대중화가 이루어지지 않은 초기 상태에 머물러 있다.

2016년 설립된 핀란드 스타트업 '바르요 테크놀로지Varjo Technologies'는 세계 최초로 인간이 눈으로 직접 보는 수준의 가상현실 경험을 제공할 수 있는 기술을 개발했다. 그동안 가상·증강현실 기기 해상도와 실제 눈의 선명함 간의 차이는 무려 100배에 달했다. 전문가들은 이 격차를 좁히는 데 약 20년은 걸릴 것으로 내다봤다. 그런데 직원 수 50명에 불과한 작은 스타트업이 이를 해냈다.

노키아와 마이크로소프트에서 스마트폰 개발을 이끌다가 바르요 테크놀로지를 창업한 우르호 콘토리Urho Konttori CEO는 제18회 세계지식포럼에서 "가상·증강현실을 통한 컴퓨팅의 새로운 패러다임을 열어나가겠다"고 밝혔다. 그가 말하는 '컴퓨팅'이란 컴퓨터과학을 의미한다.

그는 가상·증강현실이 가져올 패러다임 변화가 네 번째 컴퓨팅 혁명이라고 말한다. 첫 번째 패러다임은 개인용컴퓨터의 등장, 두 번째는 컴퓨터 그래픽 질의 향상, 세 번째는 스마트폰의 등장이다. 컴퓨팅 패러다임이 변화할 때마다 경제적, 산업적으로 미치는 영향도 막대했다. 가상·증강현실의 전문화 및 대중화 또한 경제와 산업에 미치는 파급효과가 막대할 것으로 예측하고 있다.

그는 "바르요 테크놀로지가 특허권을 가지고 있는 '바이오닉 디스플레이' 기술 덕분에 장비를 착용해도 인간의 눈과 같은 선명도를 가상·증강현실에도 적용할 수 있게 됐다. 이 기술은 장비를 쓴 이용자의 눈이 바라보는 부분을 감지한 뒤 그 부분에 정확히 고해상도 이미지를 비춰준다"고 밝혔다. 이어 "인간의 눈에 맞는 해상도의 제품을 만들어야 한다. 바르요 테크놀로지가 하는 것은 눈의 방향을 추적해 항상 살펴보는 것을 별도로 포착하는 것"이라고 설명했다.

향후 향상시켜야 할 과제로는 몰입도, 해상도, 상호작용을 들었다. 그는 "눈으로는 현실인지 가상인지 구분이 되지 않는 시대가 올 것이다. 가상·증강현실 기기 사용자들이 모두 가상현실에 몰입을 할 수 있게 된다"고 말했다. 이어 "지정된 장소에서만 업무를 하는 게 아니라 원하는 공간 어디에서든 일을 할 수 있다"고 덧붙였다.

콘토리 CEO는 향후 자신들의 기기가 활용될 분야로 제품 디자인 및 엔지니어링, 항공우주·국방·자동차산업에서의 트레이닝 및 시뮬레이션, 건축과 부동산, 엔터테인먼트 등을 예로 들었다.

인테리어 디자이너의 경우 앞으로는 고객에게 다양한 인테리어 제안을 기기를 통해 보여줄 수 있다. 조종사의 항공기 운항 시뮬레이터 가격은 1,000만 달러에 달하며, 시간당 2,000달러를 내야 이용할 수 있지만, 현실을 거의 완벽하게 반영할 수 있는 가상·증강현실 기기가 있으면 훨씬 저렴한 가격에 수십, 수백 번 훈련을 할 수 있다.

다만 어지럼증Dizziness은 보완 과제라고 했다. 그는 "가상·증강현실

기기 사용 시 어지럼증이 발생하는 건 물리적인 움직임과 가상의 움직임 간의 시간 격차 때문이다. 바르요 테크놀로지 제품은 어지럼증이 없다고 할 수는 없지만 사용자 중 어지럼증을 호소한 사람은 없다"고 말했다.

가상·증강현실의 상호작용 강화는 촉각을 통해서 가능하다고 콘토리 대표는 주장한다. 그는 "인테리어를 살펴보려면 벽지나 바닥을 만질 수 있어야 하고 만졌을 때 촉각이 실제와 동일해야 한다. 비행기 조종이나 무기 사용 시뮬레이션도 마찬가지다. 현실과 동일한 해상도와 현실과 동일한 촉각 그리고 이에 따른 압도적 몰입도가 합쳐졌을 때 가상·증강현실 혁명이 일어나는 것"이라고 강조했다.

바르요 테크놀로지는 그동안 보여줬던 잠재력을 바탕으로 820만 달러 상당의 투자를 유치했다. 바르요 테크놀로지는 2018년 2월 파트너 기업에 한해 그들의 신제품을 무료로 공급할 예정이며, 이후 접수되는 사용 후기를 바탕으로 지속적인 제품 개선을 할 계획이다. 2018년 말부터는 〈포춘〉 선정 500대 기업을 상대로 영업도 한다. 전문가용 기기이다 보니 가격은 5,000달러에서 1만 달러 사이가 될 전망이다. 무게는 기존 가상·증강현실 기기보다 100g 정도 무겁다. 해상도는 현재 70메가픽셀에서 100메가픽셀까지 올리는 것을 목표로 한다.

콘토리 대표는 "우리는 프리미엄 기능을 바탕으로 전문가 시장을 겨냥하는 유일한 가상·증강현실 기업이다. 따라서 다른 고객층에 다른 가격으로 접근한다"고 설명했다.

마지막으로 그는 "가상현실과 증강현실은 컴퓨터 기술의 또 다른 패러다임이 될 것이다. 5~10년 안에 거의 모든 사람이 가상·증강현실

기기를 갖게 될 것이다. 지금의 스마트폰만큼 중요해질 것이다. 그리고 사람들이 가상현실과 증강현실을 통해 하고 싶었던 것을 근본적으로 더 잘할 수 있게 될 때 사회가 근본적이고 빠르게 변화하기 시작하는 변곡점이 올 것이라고 생각한다"고 말했다.

핀란드는 휴대전화와 스마트폰 사업이 발달해 있고 인터넷 기술 개발 분야를 이끌어왔다. 가상현실 헤드셋을 보면 원래는 휴대전화를 위해 사용된 기술들로 가득 차 있다. 먼저 휴대전화 디스플레이로도 주목받고 있는 유기발광다이오드OLED 디스플레이가 있다. 마이크와 카메라 기술도 휴대전화 사업에서 비약적으로 발전했다. 바르요 테크놀로지의 모든 멤버는 관련 기업에서의 풍부한 경험을 갖고 있으며 이를 최고로 활용하고 있는 것이다.

우주에서 찾는 번영, 달로 경제 영토 확장

헨크 로저스 블루플래닛재단 회장

네덜란드 태생으로 컴퓨터 디자이너이자 사업가다. 테트리스 게임에 대한 권리를 확보하기 위해 러시아에 가서 담판을 지은 일화로 유명하다. 죽음의 문턱을 경험했던 그는 남은 생에 대해서 새로운 시각을 갖게 된다. 그는 현재 탄소 기반 연료를 종식시켜 지구 생명체를 유지하는 일에 주력하고 있다. 이런 목적을 위해서 그는 블루플래닛재단을 만들어 운영하고 있다. 현재 PISCES 이사장직도 맡고 있으며 인류가 지구 외에 다양한 행성에서 살 수 있도록 하는 꿈을 그려나가고 있다.

"2050년이 되면 인구는 150억 명으로 늘어난다. 태양계에서 지구와 가장 흡사한 곳인 달을 지구화시켜야 한다."

헨크 로저스Henk Rogers 블루플래닛재단 회장은 제18회 세계지식포럼 '우주에서 찾는 번영: 달로 경제 영토 확장' 강연의 연사로 나서 달을 개척하겠다는 강한 의지를 보였다.

로저스 회장이 속한 블루플래닛재단은 하와이에서 전 세계 우주산업 관련 과학자와 교육자, 기업가들을 초청해 달 개척을 논의하는 '국제달기반정상회의IMS, International MoonBase Summit'를 개최하는 것으로 유명하다.

로저스 회장은 "소행성이 지구와 충돌해 공룡이 멸종했다는 주장이 있는데 공룡은 어리석어 지구를 떠날 수 없었다. 그러나 우리는 지구를 떠날 수 있다"고 했다. 로저스 회장은 30대 중반인 자신의 딸이 왜 달로 가려 하냐는 질문을 던졌을 때 "우리가 알고 있는 지구는 자연이 존재하는 곳이고 수십억 년 동안 자연은 아이를 잉태한 적이 없다. 우리를 통해 지구의 자녀, 즉 다른 행성에 지구가 태어날 수 있다"고 답한 일화도 소개했다.

달 개척은 불가능할 것이라는 세간의 지적에 대해서도 로저스 회장은 "다른 행성과 비교할 때 달은 지구와 가장 흡사한 곳으로 개척 가능성이 가장 높다. 달에 지하수가 있다는 주장도 있다"라고 말하며 선을 그었다.

또 다른 지구를 만들겠다는 의지가 강한 그는 사실 우주에 대해서는 문외한이었다. 그가 우주로 눈을 돌리게 된 계기는 죽음이 코앞에 닥쳤을 때였다. 그는 "일본에서 18년간 살면서 비디오게임을 만들던 중 미국 라스베이거스에서 테트리스 게임을 발견해 라이선스를 획득했고 닌텐도 등에 납품해 돈을 많이 벌었다. 이후 하와이에서도 모바일 게임을 개발해 비싸게 팔아 와이프가 그때부터는 돈 이야기를 안 했다"고 말했다.

승승장구하던 그가 불과 50대 초반에 심장마비를 겪으며 의사에게 곧 죽을 수 있다는 경고를 받으면서 그의 가치관은 완전히 변했다. 로저스 회장은 "구급차를 타고 병원에 가는 순간 내 돈을 다 못 쓰고 죽을 수 없다고 다짐했다. 죽기 전에 해야 할 일을 고민하다가 그중에 하나가 달 탐사였다"고 밝혔다. 달 탐사 외에도 탄소 기반의 연료를 없애고, 전쟁을 종식시키는 것도 그의 리스트에 올랐다. 그때부터 그는 달 개척을 위한 노력을 지속했고 블루플래닛재단에 열정을 쏟았다.

로저스 회장은 IMS를 하와이에서 개최하는 이유에 대해 하와이 문화를 꼽았다. 그는 "하와이는 현지 주민뿐 아니라 한국, 중국, 일본 등 전 세계에서 온 이민자가 함께 살고 있다. 외국인이라는 개념이 없다. 모든 사람이 환영받을 수 있는 문화가 우주 시대에 필요하다"고 강조했다.

로저스 회장은 달에서 거주하기 위한 선결 조건으로 달에 있는 재료 활용 기술 확보를 꼽았다. 달기지 건설을 위해 지구에서 철근, 시멘트 등을 보낼 경우 비용이 막대해 경제성이 없기 때문이다. 그는 "달에 있는 재료를 쓴다면 비용이 훨씬 적게 들 것이고 미래에는 기지를 건설할 수 있는 재료를 찾을 수 있을 것이다. 또한 달에서의 중력은 지구의 6분의 1 정도인데 1~2시간 정도 운동을 해야만 중력 부족을 상쇄시킬 수 있다. 인공중력을 향후에는 만들 수 있지 않을까 싶다. 그러면 일상적인 지구환경을 만들 수 있을 것"이라고 말했다.

로저스 회장은 마이크 펜스 미국 부통령이 2017년 10월 미국 버지니아주 샹티이의 우드바르 헤이지 국립항공우주박물관에서 열린 국가우주위원회 회의에서 "달 표면에 우주 비행사들을 다시 보낼 것이며 화성이나 그 너머에 미국인을 보내기 위한 토대를 마련할 것"이라며 정부가 달 개척 의지를 밝힌 것에 대해서는 부정적인 반응을 보였다.

그는 "지금까지 보면 정부의 역할은 (달을 개척하는 것에 대해) 방해하는 것이었다. 과거에는 NASA가 달에 가는 이야기를 하지 못하도록 함구령을 내리기도 했다. 또 다른 행정부가 들어서면 어떻게 될지 모른다"며 냉소적인 반응을 보였다.

대신 민간 주도의 우주 개발을 강조했다. 전 세계는 인간의 끊임없는 개발로 포화된 지구에서 눈을 돌려 달을 지구의 여덟 번째 대륙으로 보고 개척 의지를 불태우고 있다. 그동안 초강대국 정부들의 전유물이었던 우주 개발이 이제는 스페이스X, 문익스프레스 등 민간 기업으로 주도권이 넘어가고 있으며 기술 개발도 활발하게 이뤄지고 있다.

로저스 회장은 "민관 협력을 통해 기업이 참여할 수 있게 해야 하고 민간 중심의 개발이 오히려 효율적일 수 있다"고 덧붙였다.

이스라엘 기술사업화 성공의 비결

연 사

신성철 카이스트 총장

김병윤 카이스트 교수 겸 창업원장

모르데카이 셰브스 바이츠만연구소 부총장, YEDA 회장

이갈 에를리히 요즈마그룹 회장

"기초과학과 응용과학 간의 경계는 4차 산업혁명 시대에 점점 희미해지고 있다. 과학자에게 자유를 돌려줘야 한다."

제18회 세계지식포럼 '기술과 과학의 가치화' 강연에 참석한 이스라엘의 기술사업화 전문가들은 4차 산업혁명 시대에 아이디어의 가치를 높이기 위해서는 무엇보다 과학과 기술 간 경계가 사라져야 한다고 말했다. 한국과학기술원 특별강연에는 세계 5대 기초과학 연구소로 꼽히는 이스라엘 바이츠만연구소의 모르데카이 셰브스Mordechai Sheves 부총장 겸 YEDA 회장과 이스라엘 벤처 육성 요람으로 유명한 요즈마그룹의 이갈 에를리히Yigal Erlich 회장이 참석했다.

셰브스 부총장은 기초과학이 산업과 연계된다는 이른바 에츠코위츠ETZKOWICTZ 모델을 이야기하며 "20세기 초반부터 기초과학이 응용과학으로 발전하고 산업에 적용되는 선순환 시스템이 활발해지고 있다"고 주장했다.

순수과학의 정의는 그리스 시대부터 사용한 것으로 알려졌다. 18세기에 이르러 기초과학과 응용과학이 분리되기 시작했고 19세기에는 유럽을 중심으로 연구 중심 대학이 나타났다. 이후 독일은 연구 중심 대학과 별개로 응용과학을 다루는 기술 대학이 나타나면서 기초과학과 응용과학은 완전히 분리됐다.

기초과학과 응용과학의 가장 큰 차이점 중 하나는 접근 방식이다.

기초과학이 세상, 우주에 대한 호기심을 푸는 데 집중했다면 응용과학은 산업계의 수요로 시작됐다. 그는 "기초과학은 과학자들의 호기심, 응용과학은 산업계의 영역이었지만 4차 산업혁명 시대에서 이 구분은 사라지고 있다. 바이츠만연구소는 '예다'라는 기술사업화 기관을 설립, 벽을 허물었다"고 말했다. 바이츠만연구소가 기초과학을 응용과 연결시킬 수 있던 이유는 꾸준한 투자와 글로벌 협력이다. 셰브스 부총장은 "대장암 치료제인 암젠의 벡티비스, 자가면역 치료제인 애브비의 휴미라는 모두 바이츠만연구소의 기초과학에서 출발해 다국적 제약사가 상업화에 성공한 결과물이다. 최근 암 치료 분야에서 혁신으로 불리는 CAR-T(T세포를 꺼내 유전자 조작을 한 뒤 다시 환자에게 주입하는 방식) 치료제 역시 1992년 우리가 특허출원한 것이 출발점이었다"고 말했다.

기초과학과 응용과학 간의 벽이 허물어지는 것은 비단 연구기관뿐만이 아니다. 그는 "IBM, 마이크로소프트, 구글, 페이스북 같은 대기업 역시 기초과학에 대해 많은 투자를 하고 있다. 과거 대기업이 응용과학 중심에 투자했던 것과 비교하면 상당한 변화가 시작되고 있다"고 말했다.

바이츠만연구소의 기술로 만들어진 제품의 총 매출은 2015년 360억 달러, 2016년 500억 달러(약 56조 원)에 달한다.

에를리히 회장은 이스라엘에서도 기초과학을 사업과 연계하는 작업이 쉽지 않았다고 털어놨다. 그는 "기술 이전 생태계를 만드는 가장 좋은 방법은 '답이 없다'라는 것을 인식하는 것이다. 이스라엘 정부는 대학과 연구기관에 자유를 주고 인센티브를 확실히 챙겨주는 등 규제와 연구개발 사이에 균형을 유지하는 방향으로 생태계를 만들었다"
고 말했다.

한국에서 유행하고 있는 4차 산업혁명이라는 용어에 대한 토론도
진행됐다. 특히 한국에서는 4차 산업혁명이라는 용어를 상당히 자주,
많은 기관들이 사용하고 있다. 에를리히 회장은 "이스라엘에서는 4차
산업혁명이라는 용어를 잘 쓰지 않는다. 4차 산업혁명에 화두가 되고
있는 기술을 보면 이미 과거에 많이 진행되던 내용이기 때문에 혁명이
아니라 진화라고 생각한다"고 말했다. 셰브스 부총장은 "지금의 변화
가 4차 산업혁명이라고까지 불러야 할지 모르겠지만 변화가 있는 것
은 맞다"고 이야기했다.

두 사람은 특히 이처럼 변화가 급변하는 시대에는 정부의 개입이
최소화되어야 한다는 데 동의했다. 에를리히 회장은 "정부는 연구에
무리하게 개입하지 않고 과학자, 엔지니어가 마음껏 아이디어를 낼
수 있도록 도와야 한다. 그리고 4차 산업혁명의 가장 큰 변화는 과학
자로부터 나온다는 것을 깨달아야 한다"고 덧붙였다.

강연 참석자들은 4차 산업혁명 시대 무엇보다 한국의 교육이 바꿔
어야 한다는 데 동의했다. 온라인 강의인 '무크'가 갖고 온 교육 혁명
과 인공지능, 로봇의 출현으로 지식 주입이라는 기존 교육 패러다임
이 변해야 한다는 설명이다. 셰브스 부총장은 "이스라엘은 교육의 목
적을 지식 주입에서 호기심 자극으로 바꾸고 있다. 뛰어난 인재가 4차
산업혁명 시대의 핵심인 만큼 한국도 교육 제도를 바꿔나가는 작업이
필요하다"고 조언했다.

4차 산업혁명 시대, 제조업의 파괴적 혁신

연 사

닉 보스트롬 옥스퍼드대 인류미래연구소장

드니 드푸 롤랜드버거 부회장

호드 립슨 컬럼비아대 기계공학과 교수, 《넥스트 모바일: 자율주행혁명》 저자

이재훈 경북테크노파크 원장

사 회

강태영 포스코경영연구원 사장

"4차 산업혁명 시대 제조업은 단순히 공장 자동화를 의미하는 것이 아니다. 눈으로 보이지 않는, 고객이 만족할 수 있는 시스템을 만드는 것이 필요하다."

독일의 '인더스트리 4.0'으로 촉발된 4차 산업혁명의 파도가 전통적인 제조업 강국을 위협하고 있다. 독일은 2000년대 초반부터 제조업에 위기가 닥쳐올 것을 예상하고 공장 자동화를 뜻하는 인더스트리 4.0을 펼쳐왔다. 값싼 노동력을 앞세우며 제조업 판도를 뒤흔드는 동아시아 국가들과의 경쟁에서 살아남기 위해서다. 전통적 제조업 강국으로 꼽히는 한국 역시 제조업이 위기에 닥쳤다는 경고가 쏟아지고 있다. 미래를 정확히 예측하고 투자하지 못한다면 프랑스처럼 제조업 강국에서 뒤처질 수 있다는 우려까지 나오고 있다.

제18회 세계지식포럼 '4차 산업혁명과 제조업의 미래, 파괴와 혁신' 강연은 한국에서 제조업 비중이 높은 지역인 경상북도가 참여, 제조업의 미래를 주제로 한 전문가들의 조언이 쏟아졌다. 강연에서는 4차 산업혁명 시대 한국이 추진하고 있는 스마드 팩토리의 방향뿐 아니라 시대가 변하는 원인, 향후 촉발될 기술 등에 대한 다양한 논의가 이뤄졌다.

독일계 유명 컨설팅 회사인 롤랜드버거의 드니 드푸Denis Depoux 부회장은 독일이 진행하고 있는 인더스트리 4.0은 혁명이 아니라 전환이라고 이야기했다. 세계경제포럼WEF 설립자인 클라우스 슈밥 회장이 창안한 것으로 알려진 4차 산업혁명은 사실 독일 〈인더스트리 4.0 정책집〉에 처음 등장했던 용어다. 독일은 2006년부터 범정부 차원에서 제조업 혁신을 위한 연구개발 전략을 세우고 2013년 '플랫폼 인더스트리 4.0'이라는 정책을 통해 제조업 자동화를 넘어 국제표준을 만들고 있다.

독일이 제조업에 목숨을 거는 이유는 제조업이 GDP에서 차지하는 비중이 23%로 상당히 높기 때문이다. 제조업이 무너질 경우 산업 기반 자체가 흔들릴 수 있다. 드푸 부회장은 "독일은 지속적으로 산업구조 개선을 위한 투자를 해왔다. 인더스트리 4.0은 혁명보다는 전환기라고 생각한다. 인더스트리 4.0이 만들어낼 새로운 시대는 누구든 원하는 상품을 갖게 되는 맞춤형 생산이 보편화되는 것을 의미한다"고 말했다.

드푸 부회장이 이야기하는 인더스트리 4.0 시대의 제조업은 단순히 자동화만을 의미하지 않는다. 그는 "인더스트리 4.0은 단순 자동화와 원가 절감을 넘어 고객이 원하는 제품을 만들어낼 수 있는 유연 생산과 이를 통해 자기자본이익률ROE을 높이는 것이다. 분석 결과 한국과 미국 등은 자동화의 길로 향하고 있는 것으로 조사됐다"고 말했다.

반면 독일을 비롯해 많은 공장이 밀집해 있는 태국과 인도에서는 이 같은 시스템이 조금씩 자리 잡아가고 있는 것으로 조사됐다. 하지만 인더스트리 4.0은 아직 태동기인 만큼 모든 국가에는 여전히 매력적인 기회가 될 수 있다고 덧붙였다. 드푸 부회장은 "최적화, 자동화가 중요한 것이 아니라 대량 맞춤화를 이룩해야 한다. 고객이 원하는 제품을 빠르고 신속하게 제작하는 등 주문에서 배달까지 통합이 이뤄져야 한다"고 말했다.

자율주행차와 3D프린터의 세계적 석학으로 알려진 호드 립슨Hod Lipson 미국 컬럼비아대 기계공학과 교수는 4차 산업혁명 시대에서 인간을 바꾸는 것은 인공지능이라고 이야기했다. 그만큼 인공지능을 제대로 파악하고 있어야 제조업은 물론 사회 전반에 미치는 영향을 예측할 수 있다는 설명이다. 그는 "많은 사람들이 4차 산업혁명이 불확실하고 혼란스러운 시대라고 말한다. 모든 것의 뒤에서 이를 움직이고 있는 것이 바로 인공지능이다. 단순히 인간이 만든 알고리즘으로 움직이던 인공지능은 이제 수많은 빅데이터를 분석해 인간보다 나은 의사결정을 내리는 상황까지 오게 됐다. 불과 5년 전만 해도 향후 인공지능이 개와 고양이를 구분하는 데 굉장히 많은 시간이 걸릴 것이라 이야기했지만 이제는 가능해졌다"고 말했다. 인공지능이 확산되면 제조업 분야는 획기적으로 변하게 된다.

립슨 교수는 주제 발표 말미에 자신이 직접 개발한 불가사리 모양의 인공지능 로봇을 영상으로 공개했다. 4개의 다리를 가진 이 로봇은 스스로 '다리를 4개 갖고 있구나'라고 인지한 뒤 최적의 움직임을 찾아냈다. 그는 "인공지능은 이렇게 실험실 내에서도 스스로 학습하며 진화하고 있다. 인공지능이 창의적인 단계에 오르게 되면 스스로 최적의 부품을 설계하고 제품을 디자인하는 시대가 오게 될 것"이라고 덧붙였다.

닉 보스트롬 옥스퍼드대 인류미래연구소장은 변화의 흐름이 빠르게 진행되는 만큼 인류가 이에 대한 대비를 해야 한다고 이야기했다.

불과 100년 전만 해도 컴퓨터가 없었을 뿐 아니라 우리가 보고 있는 모든 것들이 등장한 것은 70년이 채 되지 않았다. 이러한 변화의 속도는 기술 개발과 함께 상당히 빨라질 전망이다. 그는 "인간은 현재 문제를 해결하느라 미래를 내다보고 건설적인 예측을 하는 데 서툴렀다. 하지만 그럼에도 불구하고 우리가 받아들이고 분석해야 하는 기술이 반드시 존재한다"고 말했다. 보스트롬 소장은 "새로운 기술이 갑자기 우리 앞에 닥치게 되면 뒤늦게 한탄하며 따라가려고 노력하게 된다. 주요 기술에 어떤 문제가 있는지 파악하고 연구해나가는 과정이 선행되어야만 한다"고 덧붙였다.

　김관용 경북도지사는 강연에 참석해 "4차 산업혁명은 현장 혁명이라는 슬로건을 갖고 추진해가야 한다. 경상북도는 전환 시대 효과적인 대응을 위해 2017년 5월 4차산업혁명위원회를 정부 기관 중 가장 먼저 출범시키고 미래 변화에 대응해나가고 있다"고 말했다.

스마트 팩토리의 미래

연 사

짐 맥길베니 다우 아시아·태평양 회장
존 로저스 로컬모터스 CEO
이그나시오 가르시아 알베스 아서디리틀 회장
서석환 포스텍 스마트팩토리연구센터장

사 회

엘리자베스 브램슨-부드로 MIT 테크리뷰 발행인 겸 CEO

경상북도에는 구미, 포항 등을 중심으로 제조업 기반 시설이 많다. 제조업 혁신을 통해 경제 체질을 완전히 바꾸겠다는 구상을 갖고 있다. 이 중에서도 최우선 과제는 미래형 공장으로 불리는 스마트 팩토리 보급 확산이다.

스마트 팩토리는 공장 내 조업 전 과정이 정보통신기술로 통합돼 최소 비용과 시간으로 고객맞춤형 제품을 생산한다. 경상북도는 낡고 노후화된 제조업을 바꾸기 위해 경북창조경제혁신센터와 삼성그룹의 도움을 받아 스마트 팩토리 지원사업을 적극 펴고 있다.

제18회 세계지식포럼 경상북도 특별강연의 두 번째 주제도 바로 스마트 팩토리였다. 강연에는 글로벌 전문가들이 모여 스마트 팩토리를 주제로 경상북도를 위한 제언을 내놨다.

첫 강연자로 나선 글로벌 컨설팅 회사인 아서디리틀의 이그나시오 가르시아 알베스Ignacio Garcia Alves 회장은 스마트 팩토리의 핵심은 디지털화라고 강조했다. 알베스 회장은 "현재 제조공정을 어떻게 디지털화할 것인가가 중요한 고민이다. 디지털화는 단순한 제조 공정을 디지털화하는 게 아니라 디지털화를 통해 새로운 비즈니스 모델을 구현하는 것"이라고 말했다.

스마트 팩토리는 새로운 개념이다. 인공지능, 빅데이터 등 공장에 새로운 기술을 적용한다. CEO 입장에서는 주저할 수밖에 없다. 알베스 회장은 "퍼스트무버(선도업체)가 중요하다. 남보다 먼저 시작하면 8% 정도의 차이를 일으킬 수 있다"고 밝혔다.

두 번째 강연자로 나선 스마트 팩토리 권위자인 서석환 포스텍 스마트팩토리연구센터장은 '스마트 팩토리 성공 사례 및 도입 기술'을 주제로 조언했다. 서 연구센터장은 독일의 성공 사례를 예로 들며 "독일 인공지능연구소DFKI는 스마트 팩토리 리더로 자리 잡고 있다. 이곳은 2016년부터 중소기업을 위한 컴퓨터 센터를 운영하고 있고 파트너사가 개발한 솔루션 제공과 현장 지도 등을 통해 기업들에 매우 높은 만족감을 보여주고 있다"고 말했다.

서 연구센터장은 특히 독일의 잇츠 올Its OWL(북서부 지역 지능형 기술 시스템) 시스템이 경상북도에서 참고해야 될 모델이라고 강조했다. 잇츠 올은 2011년 37개 기업과 연구기관이 참여해 중소제조 산업을 위한 솔루션 제공을 목적으로 설립됐다. 이곳은 현재 174개 산학연 회원을 보유 중이며 중소기업의 혁신 성공 사례를 위해 독일 정부와 유럽연합 프로젝트를 대거 수주해 주목을 받고 있다. 그는 "수요와 공급기업 육성이 절실한 경상북도에서는 독일 사례처럼 연구개발센터가 설립돼야 되고 개발된 솔루션을 중소기업에 지원해야 한다. 잇츠 올 같은 연구개발센터 건립을 검토해볼 필요가 있다"고 주문했다.

글로벌 화학기업인 다우의 짐 맥길베니Jim McIlvenny 아시아·태평양 회장은 "지금까지 제조 공장은 자본 수익률을 고려해 세워졌지만 미래에는 4차 산업혁명을 가장 잘할 수 있는 국가가 어디냐에 따라 공장입지가 결정될 것"이라고 내다봤다. 그는 스마트 팩토리가 기술만으로 구현되는 게 아니라고 말했다. 맥길베니 회장은 "최고의 정보통신기술만 있으면 스마트 팩토리가 구현된다고 우리는 종종 착각한다. 더 중요한 것은 첫째로 전체 직원들이 참여해야 한다는 것이고 둘째는 조직이 완전히 바뀌어야 한다는 것이다. 다우는 120년 됐고 듀폰은 200년 된 회사지만 우리는 완전히 바뀌려고 한다. 변화에 적응하지 못하면 기업은 뒤처지게 된다"고 역설했다.

3D프린팅으로 자동차를 제조하는 기업으로 주목받고 있는 로컬모터스의 존 로저스 CEO는 마이크로 팩토리를 언급했다. 로저스 CEO는 "우리 회사는 자동차를 빨리 생산해서 타보자는 계기로 설립됐다. 마이크로 팩토리는 새로운 차량을 개발해 생산하기까지의 기간을 5년이나 7년이 아닌 1년으로 단축시켜준다"고 말했다. 마이크로 팩토리는 말 그대로 규모가 아주 작기 때문에 기존 자동차 회사들처럼 축구장 수십~수백 배 크기의 부지를 필요로 하지 않는다. 따라서 도시에서 멀리 떨어진 산업단지 안에 위치할 필요가 없다. 도시 안에 지을 수도 있다. 로저스 CEO는 "고객이 접근할 수 없는 공장은 바람직하지 않다. 4차 산업혁명에서 중요한 것은 공장에 대한 접근성"이라고 강조했다.

로컬모터스 생산 공장이 초소형이 될 수 있는 이유는 3D프린터로 자동차를 만들기 때문이다. 긴 조립라인이 필요 없다. 또 대량 생산을 하지 않는다. 3D프린터 1대는 하루에 1대의 완성차 생산이 가능하다. 로컬모터스 자동차는 고객맞춤형의 주문생산 자동차가 될 수밖에 없다. 다품종 소량 생산을 하지만 3D프린터를 사용하기 때문에 제조 단가를 낮출 수 있었다.

로저스 CEO는 "우리가 만드는 자동차에 들어가는 부품은 고작 50여 개에 불과하다. 반면 일반 차량에는 2,000개 이상의 부품이 들어간다.

자동차를 하루 만에 뚝딱 만들 수 있는 힘은 3D프린터 2대로 이뤄진 마이크로 팩토리에서 나온다"고 말했다.

그는 "2016년 IBM의 인공지능 플랫폼 왓슨을 탑재한 자율주행버스 올리를 출시했다. 우리가 자율주행차를 만드는 이유는 교통사고의 90% 이상이 사람 때문에 발생하기 때문"이라고 밝혔다.

자율주행차는 사회적 혁신이다

호드 립슨 컬럼비아대 기계공학과 교수

뉴욕 컬럼비아대 엔지니어링 및 데이터 사이언스 교수다. 《3D 프린팅의 신세계》의 공동 저자다. 자각적이고 자기 재생적인 로봇에 대한 그의 연구는 로보틱스에 대한 전통적인 관점에 의문을 제기했다. 립슨 교수는 4개 회사를 공동 설립했으며, 산업 및 학술 행사에서 자주 강연을 한다. 창의적인 기계를 만들기 위한 새로운 방법을 모색하는 창의기계연구소 Creative Machines Lab를 총괄하고 있다. ·

《넥스트 모바일: 자율주행혁명》의 저자인 호드 립슨 미국 컬럼비아대 교수는 운전자 없이 스스로 운행하는 자율주행차가 교통수단이 필요한 모든 산업에 엄청난 경제적 가치를 더할 것이라고 본다. 그는 "운전자 탑승 없이도 스스로 주행할 수 있는 완전 자율주행차 기술을 먼저 선점하는 기업은 수조 달러의 주인공이 될 것"이라고 말했다. 테슬라, BMW, 아우디, 현대자동차 등 국내외 내로라하는 자동차기업이 완전 자율주행차 개발에 심혈을 기울이고 있다는 게 립슨 교수의 주장을 뒷받침한다.

립슨 교수가 자율주행차를 경제적 가치를 넘어 사회혁명으로까지 비유하는 이유는 다른 데 있다. 그는 "자율주행차는 매일 교통정체에 몸살을 앓는 도시인은 물론 교통수단의 제약이 있는 시골 마을의 사람들, 더 이상 운전을 할 수 없는 노인과 장애인, 심지어 면허를 취득하지 않은 미성년자 등의 교통 접근성을 획기적으로 높여줄 것이다. 단순히 차 안에서 업무를 보는 정도가 아닌 사회구조 자체에 엄청난 진보를 가져올 것"이라고 예견했다.

자율주행차의 안정성에 대한 세간의 의구심에 대해서도 립슨 교수는 낙관했다. 그는 "이미 자율주행 시스템에 쓰이는 소프트웨어는 평균적인 운전자들의 운전 실력과 대등한 수준"이라고 설명했다. 2016년 7월 테슬라의 자율주행차가 운전 중 충돌사고를 일으켜 운전자가 사망한 사건을 언급하면서 "안전성 문제는 여전히 남아 있으나 한 달에 교통사고로 125만 명이 사망하고 있는 점을 고려하면 자율주행차는 일반 차량에 비해 비교적 안전하다고 볼 수 있다"고 말했다. 일반 자동차 사고에 대해서는 사망자 수에 빗대 "한 달에 한 번 꼴로 지구에 핵폭탄이 터지고 있는 것과 같다. 이 사실을 종종 간과한다"고 했다. 자율주행차의 안전성이 빠르게 개선되고 있고, 머지않아 완벽에 가까운 완전 자율주행차가 개발될 것이라는 게 립슨 교수 생각이다.

립슨 교수는 3D프린터도 4차 산업혁명을 이끌어갈 획기적인 제품이라고 했다. 자율주행차와 마찬가지로 아직 상용화 초기 단계지만 시장성이 매우 크다는 것이다. 3D프린팅 기술은 모조품이 아닌 완성품으로만 최근 5년간 연간 30%씩 시장을 확대해왔다. 제조업 혁신의 동력으로써 2016년에는 민간 항공기의 주요 부품을 생산하는 데도 성공했다.

립슨 교수는 3D프린팅 기술이 의료와 음식, 의류업계에서 큰 성과를 낼 수 있을 것으로 내다봤다. "이미 하루에 15만 개의 치아교정기가 3D프린터로 생산되고 있을 정도다. 무릎관절과 같은 퇴행성 신체기관, 인간의 장기를 만들어 이식하는 데에도 관련 기술이 보편적으로 쓰일 것"이라고 립슨 교수는 말했다.

그는 한계비용이 '0'에 가깝다는 점을 근거로 3D프린터의 가능성이 무궁무진하다고 말했다. 전통적 제조업에서 개인 맞춤형 제품을 생산하는 데는 대량 생산 제품보다 많은 비용이 들어가지만 3D프린터가 보편화되면 더 싼 값에 맞춤 제작할 수 있다.

립슨 교수는 "기술은 이미 궤도에 올랐다. 규제가 장벽이다. 3D프린터 기술을 항공기 부품 생산에 적용하는 데도 까다로운 중금속 재료 관련 규제로 인해 5년이 지연됐다"며 신기술을 수용할 수 있는 제도 변화가 시급하다고 했다.

05

새로운 시대
투자 전략

실리콘밸리 투자 귀재의 혜안

팀 드레이퍼 DFJ 회장

드레이퍼 어소시에이트Draper Associates와 DFJ의 창립 파트너다. 바이럴 마케팅을 이용하여 소비자 간에 소프트웨어 애플리케이션을 확산시킬 것을 제안하여 핫메일, 스카이프 등의 성공에 기여했다. 드레이퍼 회장은 선도적인 기업가 정신 지지자로 알려져 있으며 많은 수상 경력을 갖고 있다. 그는 하버드 우수 동문 46위, 〈포브스〉 선정 미다스 리스트 7위, 올웨이즈온 선정 가장 네트워크화된 벤처 자본가 1위, 〈워스 매거진〉 선정 가장 영향력 있는 100대 금융인 중 98위로 선정되었다. 또한 2015년에 세계 기업가 정신 포럼에서 '세계를 위한 기업가' 상을 받았다. 드레이퍼 회장은 스탠퍼드대 전기공학과에서 학사학위, 하버드대 경영대학원에서 MBA를 취득했다. 그는 1998년부터 1999년까지 캘리포니아주 교육위원회에서 일했으며, 현재 정부에서 경쟁과 선택을 촉진하기 위해 캘리포니아 내에 새로운 6개주(6개의 캘리포니아)를 만드는 이니셔티브를 이끌고 있다. 그는 1994년에 어린이들이 비즈니스와 기업가 정신에 대해 배울 수 있는 비영리단체 비즈월드BizWorld를 설립했다. 2011년에는 우수한 젊은이들이 기업가로서의 목적을 달성하도록 돕는 기숙사형 및 온라인 학교인 드레이퍼대Draper University of Heroes를 설립했다.

"블록체인이 관료제 시스템을 무너뜨릴 것이며, 블록체인을 도입한 나라는 20년 뒤엔 가장 부유해질 것이다. 중앙정부는 힘을 잃고 도시·지방정부가 글로벌 파워로 떠오른다. ICOInitial Coin Offering를 금지한 한국은 다시 생각해봐야 한다."

실리콘밸리 투자 구루인 팀 드레이퍼Tim Draper DFJ 회장은 블록체인이 향후 20년 내 세상을 완전히 바꿔놓을 것이라며 파격적인 예측을 쏟아냈다. 그는 화폐제도뿐 아니라 각종 법규를 프로그램화해 분산 저장하는 기술인 블록체인이 관료 시스템을 대체할 것이라고 주장했다. 관공서를 거치지 않고 시스템을 통해 민원을 직접 해결할 수 있어서다.

그는 "2040년이 되면 블록체인 기술을 도입한 일본, 에스토니아 같은 국가가 가장 부유해질 것이다. 모든 정보가 분산돼 투명하게 관리되면 효율성이 늘어나고 관료제를 대체하면서 정부 재정 지출도 줄어들기 때문"이라고 진단했다.

드레이퍼 회장은 블록체인으로 중앙정부의 힘이 약해지고 지방정부의 영향력이 커진다는 전망도 내놨다. 그는 "블록체인으로 중앙에 집중돼 있던 정부 권력은 약화될 것이다. 대신 창의적인 사람들이 모인 도시나 지방에서 나온 혁신이 순식간에 글로벌 영향력을 갖는 시대가 올 것"이라고 말했다. 미국보다는 실리콘밸리가, 중국보다는 선전이라는 혁신 지역이 더 힘을 갖는 시대가 온다는 얘기다. 그는 "이 과정에서 (혁신 도시에 거주하는) 사람들은 (국가라는 틀 안에 갇히지 않고) 진정으로 글로벌해질 것"이라고 내다봤다.

드레이퍼 회장은 한국이 블록체인 기반의 ICO를 전면 금지한 것에 대해서는 강하게 비판했다. 그는 한국에 대한 남다른 애정을 과시하며 이야기를 시작했다. 드레이퍼 회장의 아버지는 한국전 참전 용사다. 그는 "아버지는 지난 몇십 년간 한국의 발전을 보며 매우 뿌듯해하셨다. 나도 같은 생각이다"라고 말했다.

그런 점에서 한국처럼 발전 가도를 달리는 국가가 ICO를 금지한 것에 대해 이해할 수 없다고 했다. 드레이퍼 회장은 "한국은 자유의 가치를 수호하지 않는가. 그런데 새로운 형태의 화폐인 비트코인의 거래를 막는 것은 지나친 통제라고 생각한다. 지나친 규제를 피해야 한다. 불필요한 규제만 많아지면 북한과 다른 점이 없다"고 말했다.

드레이퍼 회장은 가상화폐 거래가 이미 세상을 바꾸고 있다며 한국도 이에 발맞춰야 할 것이라고 강조했다. 그는 가상화폐는 국가 간 자유로운 송금을 가능하게 하고 실물화폐가 필요 없어 거래가 매우 쉬워진다며 "한국은 글로벌 정부 경쟁에서 뒤처지고 싶은 것인가. 지나친 규제를 피해야 하며 자유의 가치를 중요시하는 한국의 근본정신을 되새겨야 한다"고 말했다.

그러면서 비트코인의 가치가 20년 뒤 1비트코인당 100만 달러에 달할 것이라고 전망했다. 그는 지금으로부터 15년 전 한 온라인 게임을 시작하게 된 일화를 소개했다. 그는 "우리 회사에서 그 온라인 게임을 하던 직원에게 생일 선물로 게임에서 쓸 수 있는 캐시를 선물한 적이 있다. 바로 그때 새로운 경제 세상이 열리고 있다는 것을 깨달았다"고 말했다.

드레이퍼 회장은 "온라인상에서 돈이 오가고 있음을 깨달았다. 이렇게 하나의 가상세계가 형성되고 있었다. 가상의 화폐가 거래되는 세상에서 언젠가 살게 될 것이라 생각했다"고 전했다. 그리고 비트코인의 시대가 열리는 것을 보며 비로소 자신이 과거 그렸던 미래의 모습이 현실이 됐음을 깨달았다고 말했다.

드레이퍼 회장은 20년 뒤의 미래에 대해 또 다른 흥미로운 전망도 내놨다. 그는 "건강진단은 모두 원격으로 이뤄질 것이다. 그리고 모든 의료 처방은 몸 상태를 읽은 후 자동으로 나올 것"이라고 예상했다.

또 "가상현실이나 증강현실이 탑재된 콘택트렌즈가 개발돼 길을 가다가 누군가를 만나면 그에 대한 정보가 자동으로 눈앞에 나타나는 경험을 하게 될 것이며 보다 많은 사람이 지상 교통이 아니라 하늘을 통해 이동하게 될 것"이라고 내다봤다. 일상생활에서의 소소한 변화도 생길 것이라고 예상했다. 그는 "2040년쯤이면 커피숍에서 계산할 때 실물화폐를 내밀면 비웃음을 당할 것"이라고 말했다.

드레이퍼 회장은 인재 육성에 대한 열정을 내비치기도 했다. 그는 "시간이 지날수록 젊고 아이디어가 넘치는 사업가들이 많이 생겨날 것이고 이들이 비로 새롭고 엄청난 결과를 낼 것"이라고 말했다.

그는 1994년에 어린이들이 비즈니스와 기업가 정신에 대해 배울 수 있는 비영리단체 비즈월드BizWorld를 설립했다. 2011년에는 우수한 젊은이들이 기업가로서의 목적을 달성하도록 돕는 기숙사형 및 온라인 학교인 드레이퍼대Draper University of Heroes를 설립하기도 했다.

드레이퍼 회장은 앞으로는 영웅적인 사업가가 필요할 것이라고 역설했다. 기존에 존재하는 질서를 벗어나 새롭게 생각하고 문제를 제기할 줄 아는 사업가가 필요하다는 말이다. 그는 어떻게 기업가 정신을 갖게 됐느냐는 질문에 "어렸을 때 하지도 않은 일로 체포를 당하는 등 다양한 경험을 통해 권위가 틀릴 수 있다는 사실을 깨달았다. 이후 더 나은 방법이 있을 거라고 생각하게 됐다"고 답했다. 기존의 방식과 권위를 그대로 받아들이지 않고 문제의식을 갖는 게 무엇보다 중요하다는 뜻이었다. 이와 같은 이유로 세상에서 인정받을 확률이 큰 일류 대학 학생들보다 인정을 잘 받지 못하는 주변 대학에서 혁신적인 기업가가 나올 가능성이 크다고 덧붙였다.

드레이퍼 회장은 특히 도태되고 게을러진 산업 분야에서 기업가 정신을 갖춘 스타트업이 등장하는지를 유심히 본다고 했다. 비용은 높고 서비스는 열악한 산업 분야일수록 변화와 혁신에 대한 수요가 크며 그게 실현됐을 때 파급력과 성공의 정도 역시 크기 때문이다. 그는 신중해야 하는 펀드 투자와 달리 개인 차원의 투자를 할 때는 성공할 경우 그 정도와 크기를 우선적인 기준으로 삼는다고 말하기도 했다. 드레이퍼 회장은 1985년 처음 벤처캐피털산업에 뛰어든 후 30년이 넘는 시간 동안 수많은 경험을 통해 이와 같은 자신만의 기준과 철학을 확립했다.

그렇다면 그도 실패를 할까. 그 확률은 얼마나 될까. 드레이퍼 회장은 한 치의 망설임도 없이 "물론 실패한다. 실패 확률은 60%다. 40% 중에 사회에 혁신을 가져다줄 수 있는 기업이 나올 수 있다"라고 말했다. 그리고 그는 "기꺼이 실패하고자 해야 한다"고 조언했다. 실제로 실패는 드레이퍼대의 선서 조항에도 들어가 있는 등 중요한 가치로 인정되고 있다. 드레이퍼대는 그간 총 68개국에서 1,000여 명의 학생이 거쳐 갔다. 이들이 시작한 스타트업만 350여 개로 명실상부한 글로벌 스타트업 사관학교인 셈이다. 일론 머스크 CEO 등 세계적인 기업가들의 강의, 미 해군 특수부대와 함께하는 서바이벌 등 온갖 독특한 커리큘럼 등으로 유명하다.

　글로벌 스타트업을 꿈꾸며 드레이퍼대로 유학을 떠나는 한국 학생도 많다. 그는 한국 학생들에 대해 "교육 수준이 높지만 팀 활동을 해야 한다는 사실에 놀라고 고민한다. 많은 아시아 학생이 학교에서 무언가를 잘못하거나 멍청한 일을 해도 아무도 그걸로 귀찮게 하지 않는다는 것을 경험하게 된다"고 말했다.

4차 산업혁명이 바꿀 금융의 미래

연 사

캐스린 시 UBS 아시아·태평양 대표
라파엘 페레이라 IE 경영대학원 교수
루카스 메이 트랜스퍼와이즈 뱅킹 헤드

사 회

정 훈 하나금융경영연구소 빅데이터전략센터장

"나노 세컨드 단위에서 거래를 분석하는 알고리즘, 컴퓨팅 트레이딩이 늘어나고 있다. 현재, 미국에서 주식거래 중 자동 컴퓨터 시스템이 차지하는 비중이 75%에 달한다. 이에 앞으로 금융권 지원부서는 약 절반가량 일자리가 줄어들 것이다." 캐스린 시Kathryn Shih UBS 아시아·태평양 대표의 말이다.

라파엘 페레이라Rafael Martinez Ferreira 스페인 IE 경영대학원 교수는 "항상 산업혁명과 함께 금융혁명이 따라왔다. 이번에 4차 산업혁명 시대를 맞아 금융 역시 핀테크, 블록체인 등을 통해 혁신을 거듭할 것이다. 특히 앞으로 은행 10곳 중 7곳은 블록체인 기술을 활용하게 될 것이다"라고 말했다.

제18회 세계지식포럼 '4차 산업혁명이 바꿀 금융의 미래'에서 전문가들은 핀테크, 블록체인, 로보어드바이저 등이 미래 금융을 여는 열쇠가 될 것이라고 전망했다. 금융권의 보수적 행태를 정보통신기술이 깰 것이라면서, 정보통신기술 금융 혁신이 결제, 외환, 투자 등 금융시장 전반을 뒤비꿀 것이라고 진단했다.

핀테크, 즉 정보통신기술 금융은 네 번째 금융혁명에 해당된다. 증기기관이 생긴 1차 산업혁명 때 은행 체계가 마련된다. 특히 중앙은행이 탄생하면서 화폐가 생산 활동을 뒷받침하게 된다. 대량 생산이 가능해진 1900년대 초 2차 산업혁명 당시 몸집이 너무 커진 금융사 탓에 위험이 커지자 투자은행과 상업은행을 분리하고, 국제통화기금, 세계은행 등 국제기구가 생겼다. 페레이라 교수는 "컴퓨터가 등장한 3차 산업혁명 때는 다양한 전자결제 시스템과 파생상품이 생겼다. 정보통신기술과 산업이 만나는 4차 산업혁명 시대를 맞아 비용 절감을 가능하게 하는 핀테크, 정보통신기술 보안을 획기적으로 늘리는 블록체인 등이 네 번째 금융혁명의 새로운 주류로 떠오르고 있다"고 밝혔다.

영국 핀테크업체 트랜스퍼와이즈는 이런 흐름을 잘 보여주는 사례다. 트랜스퍼와이즈는 개인이 자국 통화를 다른 나라 돈으로 바꿀 때 기존 은행 수수료를 10분의 1까지 낮춘 업체다. 트랜스퍼와이즈는 국가 간 송금 희망자를 찾아내 국내에서 연결해주는 방식을 채택하고 있다. 가령 한국에 있는 A가 중국에 있는 B에게 송금하고, 중국에 있는 C가 한국에 있는 D에게 송금하려고 할 때, A가 한국 내에서 D에게 송금하고, C가 중국 내에서 B에게 송금하도록 한다. 희망자가 많아 규모의 경제가 실현되면 이 같은 맞춤 방식으로 국경을 넘지 않아도 수수료를 절감하면서 해외로 송금할 수 있다.

루카스 메이Lukas May 트랜스퍼와이즈 뱅킹 헤드는 "8개 국가에 800명의 직원이 있고, 영국 해외 송금 시장 점유율은 벌써 10%에 달한다. 은행을 거치지 않아도 돼 수수료를 확 낮출 수 있다. 그리고 수천 명의 한국인들이 트랜스퍼와이즈의 해외 송금 서비스를 이용하고 싶다고 이메일을 보냈다. 그러나 정작 한국에서는 규제에 가로막혀 서비스를 제공하지 못하고 있다"고 밝혔다. 실제로 한국에선 핀테크업체가 소액 해외 송금업자로 등록하려면 자기자본 20억 원 이상, 부채비율 200% 이상 등 조건을 갖춰야 한다.

트랜스퍼와이즈는 고객의 눈높이에 회사를 맞추는 데도 적극적이다. 트랜스퍼와이즈 싱가포르 사업추진팀은 2017년 4월 고객의 요구에 따라 본인인증 시 신분증과 본인 스스로 찍은 사진을 별도로 제출할 수 있도록 절차를 바꿨다. 메이 뱅킹 헤드는 "서비스 혁신을 위해 고객에게 설문을 보낼 때도 3분의 1씩 A, B, C 유형으로 나눠 이메일을 전송한다. 어떤 방식이 고객의 반응을 가장 효과적으로 이끌어낼 수 있는지를 연구하며 개선하고 있다"고 밝혔다.

대형 금융사도 정보통신기술을 이용한 혁신에 나서고 있다. 시 대표는 로보어드바이저가 펀드매니저를 대체할 것으로 보느냐는 질문에 "아직은 아니지만 언젠가는 그런 시대가 올 것이다. 의료, 제조, 교통 분야에서 인공지능의 경제적 가치가 적어도 2030년까지 아시아에서만 1조 3,000억 달러가 될 것이다. 5년 안에 로보어드바이저 시장은 2조 달러 이상까지 늘어날 것"이라고 예상했다. 더불어 그는 "채팅봇, 가상, 음성인식 등에 인공지능 기술이 사용되고 있다. 앞으로 중앙에서 고객의 데이터를 비교하고 자산 보유 현황을 실시간으로 볼 수 있게 되면서 은행의 영업점에 대한 의존도가 적어질 것"이라고 했다.

UBS는 이미 고객 자문에 인공지능을 활용하고 있다. 다만 그는 "아직까지는 고액 자산가일수록 컴퓨터보단 대면 상담을 요구하고 있다. 정보통신기술 금융 혁신이 기존 은행에 완전히 파괴적이진 않을 것"이라고 말했다.

정보통신기술을 이용한 금융 혁신은 기회가 될 수 있다는 조언도 나왔다. 페레이라 교수는 "금융기관이 빅데이터를 통해 신용등급을 매기거나 채권 회수율을 높이고 있다. 빅데이터가 위험 관리, 상품 설계에 영향을 주고 있다. 인구 고령화도 변수가 되면서 기존 대출 시장, 주택 담보대출 시장에 미치는 영향이 클 것이다. 금융업 종사자에게 새로운 기회가 있을 것"이라고 말했다. 메이 뱅킹헤드 역시 "트랜스퍼와이즈가 성공할 수 있었던 것은 실리콘밸리의 생각을 금융에 적용했기 때문이다. 사업을 하는 이유는 고객 만족을 키우기 위해서다"라고 밝혔다.

블록체인이 바꿀 세상

연 사

후지모토 마모루 SBI홀딩스 블록체인추진실 집행임원
잭 류 OKLink 공동 창업자 겸 CSO
안토니 루이스 R3연구소장
칭수더 중국정보통신연구원 수석 엔지니어

사 회

정혜경 코인플러그 이사

"영국은 (유럽연합에서) 분리될 것이다. 런던은 금융 중심지로서의 위치를 상실할 것으로 예상된다. 그러나 기회가 없는 건 아니다. 블록체인을 기반으로 한 가상화폐 시장을 선점하면 (비록 영국이 유럽연합을 탈퇴하더라도) 런던은 전 세계와 연결된 금융허브로서 살아남을 수 있다. 영국이 블록체인 기반 가상화폐 시장에 적극적으로 뛰어드는 이유가 여기에 있다." 로버트 쿱먼 WTO 수석이코노미스트의 말이다.

전 세계 각국 정부와 중앙은행들이 블록체인을 기반으로 하는 가상화폐 열풍에 휩싸였다. 제18회 세계지식포럼에서도 모두 7개의 강연을 블록체인에 할애해 미래에 야기될 블록체인으로 인한 금융시장의 변화를 조망했다.

블록체인은 단어 그대로 블록Block을 잇따라 연결Chain하는 모음이다. 비트코인은 일정 시간의 발행 기록과 거래 기록을 블록으로 만들어 시간순으로 내역을 체인처럼 저장한다. 그리고 이 내역은 매번 거래 참여자들에게 공유된다. 때문에 비트코인 블록체인을 '공공 거래 장부'라고 부르기도 한다.

거래 장부를 위조나 변조하기 위해선 전체 참가자의 데이터 과반수를 동시에 훼손해야 한다. 해킹이나 위변조의 가능성이 매우 낮다. 블록체인은 데이터를 분산해 저장하고 네트워크의 참여자들이 데이터를 검증하고 암호화한다. 비트코인은 기존 화폐가 갖고 있는 위조나

환율 조작과 같은 문제들로부터 자유로워졌다.

비트코인이 블록체인을 통해 증명한 것은 단순한 새로운 화폐의 등장 이상이다. 원본과 차이가 없는 무한한 복제품을 만들어낼 수 있는 디지털 세상에 원본을 입증할 수 있는 체계를 만들고 실제 사용이 가능하다는 것을 증명했기 때문이다.

'블록체인이 바꿀 세상' 강연에 참석한 안토니 루이스Antony Lewis R3연구소장은 "영국, 싱가포르 등에서 최근 디지털화폐, 암호화폐에 대한 보고서를 제출한 바 있다. 각국 중앙은행이 암호화된 디지털화폐를 고려하고 있다"고 말했다.

후지모토 마모루Fujimoto Mamoru SBI홀딩스 블록체인추진실 집행임원은 "아프리카나 남미는 자국 통화의 유동성이 굉장히 떨어지고 태환성이 없다. 이들 국가를 중심으로 비트코인 등이 투기가 아닌 거래 목적으로 사용되고 있다"고 밝혔다.

아프리카에서 종종 발생하는 살인적인 물가 상승은 재정 적자 등에 시달리는 각국 중앙은행과 정부가 통화량을 늘리면서 야기된다. 그런데 비트코인 같은 가상화폐들은 집권세력의 결정이 아니라 미리 정한 프로그램에 따라 통화량이 정해지기 때문에 국민들이 물가 폭등 위협에 떨 필요가 없다. 최근 화폐개혁을 단행한 인도나 화폐개혁을 예고하고 있는 인도네시아에서 비트고인 수요가 급증한 것도 같은 이유에서 비롯한 현상이다.

제리 조던 전 미국 클리블랜드 연방준비제도이사회 의장은 "블록체인이 부상하게 되면 법정화폐에 대한 법률항목들이 대거 바뀌어야 할 것이다. 장차 정부 기관도 (비트코인 같은) 가상화폐를 받아들여야 할지 모른다"고 말했다.

각국 중앙은행의 반격도 만만치 않다. 마무로 집행임원은 "러시아 중앙은행은 비트코인을 인정하지 않으면서 자국만의 암호화된 루블화를 마련하고 있다. 비트코인이 채굴을 통해 무한대로 확장할 수 있어 통제가 어렵다는 점에서 규제당국인 중앙은행의 두려움을 반영한 것 같다"고 말했다.

한국은행 역시 비트코인 등 디지털화폐가 발행되면 민간은행의 금융 중개 기능이 위축될 수 있다며 법정화폐 가능성에 대해 난색을 표하기도 했다. 비트코인은 사실상 중앙은행의 통화 정책을 대체하는 기술이기 때문에 국가 단위의 경제가 자리를 잡은 현대 사회에 어떤 충격을 던질지 가늠이 쉽지 않다.

블록체인 기반 가상화폐들이 단지 기존 화폐를 대체하는 방향으로 진화할 것이라는 우려를 버려야 한다는 지적도 주목할 만했다. 마무로 집행임원은 "누구나 참여할 수 있는 비트코인과 같은 공개형Public 블록체인도 있지만 공인된 당사자만 참여·관리할 수 있는 폐쇄형 Private 블록체인도 존재한다. 모든 블록체인 기반 가상화폐가 비트코인처럼 공개형일 필요는 없다"고 말했다. 게임머니, 상품권처럼 특정 재화나 서비스에 특화된 형태로 블록체인 기반 가상화폐가 진화할 가능성도 있다는 설명이다.

블록체인 기술에는 장밋빛 미래만 있는 것은 아니라는 비판도 있었다. 칭수더 중국정보통신연구원CAICT 수석 엔지니어는 "(블록체인과 같은) 분산 체계는 처리 속도가 느릴 수 있다. 중앙집중적 결제를 처리하는 알리바바의 경우 초당 12만 건의 결제가 가능할 정도로 효율적이다. 새로운 거래 기록이 나타나면 모든 인터넷 시스템에 다 공개되기 때문에 비밀보호가 어렵다는 점, 모든 사람들이 익명으로 거래하기 때문에 자금세탁에 악용될 수 있다는 점 등은 해결해야 할 문제"라고 지적했다.

글로벌 펀드가 보는 한국 부동산

연 사

피터 샤프 터브만 아시아 대표
닉 브레드스트리트 세빌스 아시아·태평양 이사

사 회

이학구 KTB자산운용 부사장

"정보통신기술이 발달한 한국에서 쇼핑몰에 투자하면 성공할 확률이 높다고 판단했습니다." 피터 샤프Peter Sharp 터브먼 아시아 대표의 말이다. 닉 브레드스트리트Nick Bradstreet 세빌스 아시아·태평양 이사는 "발 빠르게 소비자의 요구에 대응하는 쇼핑센터는 계속해서 견조한 투자대상이 될 것이다"라고 말했다.

제18회 세계지식포럼 '글로벌 펀드는 왜 한국 부동산에 투자할까?' 강연의 연사로 나선 샤프 대표와 브레드스트리트 이사는 많은 사람들이 전자상거래와 인터넷 때문에 모든 쇼핑몰 투자가 위축될 것으로 생각하지만 발상의 전환이 필요하다며 이 같이 말했다.

온라인 쇼핑이 일반화되면서 상당수의 영업점포가 문을 닫고 있는 건 사실이다. 사람들이 의류 및 잡화를 온라인으로 주문함에 따라 미국에서도 쇼핑몰이 줄줄이 문 닫고 있다. 중국도 상황은 비슷하다. 중국의 온라인 쇼핑 시장이 미국보다 80% 클 정도로 활성화돼 있다 보니 중국 백화점들이 버티지 못하고 있다.

홍콩의 사정은 조금 다르다. 홍공 사람들은 쇼핑몰에서 진시들과 함께 시간 보내는 것을 즐긴다. 쇼핑몰들은 모두 홍콩 지하철MTR역과 같은 교통 허브에 위치하고 영업시간도 훨씬 길다. 쇼핑몰은 총 70여 개에 달하고 이들의 면적은 30만 ft²(제곱피트)나 된다. 홍콩이 국제사회에서 쇼핑 명소로 불리는 이유다.

브레드스트리트 이사는 홍콩 쇼핑몰이 다른 곳과 달리 선전하는 비결을 온라인에서 얻을 수 없는 차별성에서 찾았다. 홍콩의 각 쇼핑몰이 서로 다른 포지셔닝(소비자의 마음에 인식되고 있는 모습)에 성공하고 있고 위계서열을 갖추고 있다는 것이다. 브레드스트리트 이사는 "홍콩 쇼핑몰이 공급 과잉 아니냐는 지적도 있지만 제각각의 역할이 구분되기 때문에 계속해서 문전성시를 이루고 있다"고 말했다.

이들 쇼핑몰은 다양한 공간 구성과 제품 전시를 통해 사람들에게 더 멋지게 살 수 있는 방식을 제시한다. 이는 온라인 쇼핑에서 기대하기 어렵다. 후각 효과도 도입해 고객을 쇼핑몰 안으로 끌어들인다. 다양한 팝업스토어(임시매장)를 번갈아가며 사람들에게 선보인다. 새로운 걸 추구하는 소비자에게 팝업스토어는 신선한 느낌을 주기 때문에 인기가 높다. 불과 몇 년 전만 해도 팝업스토어는 중요하지 않았다. 하지만 이제는 소매업체와 건물주가 모두 중요하게 여긴다. 브레드스트리트 이사는 "소매업체는 향후 제대로 매출을 낼 수 있을지 팝업스토어를 통해 시험할 수 있고, 건물주는 단기 임대차계약을 맺을 수 있어 공실률을 최소화 할 수 있다. 성공적인 건물주와 자산관리자는 변화를 기꺼이 수용하고 적극적으로 변한다"고 강조했다.

샤프 대표는 "전자상거래는 오프라인 쇼핑몰의 적이 아니다"라고 잘라 말했다. 쇼핑몰은 다양한 기술을 받아들이고 있고 양방향 의사소통을 추구하는 플랫폼이라는 게 샤프 대표의 생각이다. 그는 "고객이 왕이기 때문에 온라인 고객을 무시해서는 안 된다. 사업 전략을 그들의 구매 방식에 맞춰야 한다"고 강조했다.

사양 산업이었다가 정보통신기술을 받아들인 뒤 백조로 탈바꿈한 대표적인 사례는 서점이다. 2000년 초반만 해도 조만간 서점이 사라질 것이라는 전망이 많았다. 하지만 현재 서점은 만남의 장소가 됐다. 카페나 레스토랑 등과 결합해 10년 전에는 생각하지 못한 사업 모델로 진화했다. 대표적인 전자상거래업체인 아마존은 무현금 거래로 쉽게 물건을 가져갈 수 있는 오프라인 매장을 냈다. 이곳에서는 얼굴 인식 또는 페이팔 계정 연동을 통해 간편하게 원하는 책을 구매해 가져갈 수 있다. 샤프 대표는 "사람들은 서로 만나고 싶어 하는 아날로그적 특성이 있기 때문에 이를 위한 쇼핑몰은 사라지지 않을 것"이라고 말했다.

최근 글로벌 펀드가 한국 쇼핑몰에 주목하는 이유도 정보통신기술에서 찾을 수 있다. 엔터테인먼트와 직접 체험하는 즐거움을 제공하는 실험적인 상업 공간을 한국 쇼핑몰들이 제시하고 있어 성공 가능성이 높다는 것이다. 대표적인 예로 신세계가 운영하는 스타필드 하남을 꼽았다. 샤프 대표는 "전기자동차 회사인 미국의 테슬라가 한국에 이미 진출했고 빅토리아시크릿 등 유명 글로벌 의류업체들도 한국을 투자 1순위로 꼽고 있다. 터브먼 역시 한국에 추가 투자를 고려하고 있다"고 밝혔다.

한국에서는 모바일 계정과 연동해 물건을 사는 등 다양한 디지털 기술과 쇼핑이 융합될 수 있고, 인터넷과 모바일 기술에 익숙한 소비자가 많다. 이런 점들은 글로벌 유통업체들이 한국에서 쇼핑몰을 개발할 때 적극적으로 활용할 수 있는 부분이다. 샤프 대표는 "인터넷 기술과 오프라인 쇼핑몰이 빠르게 결합하는 추세다. 창의적인 혁신이 계속된다면 한국 부동산 시장으로 글로벌 기업의 투자는 계속될 것"이라고 전망했다.

다만 그는 물리적 매장과 디지털 기술이 빠르게 융합하고 있어 부동산 소유주들은 변화의 흐름에 적응하는 노력이 필요하다고 지적했다. 샤프 대표는 "SNS인 인스타그램의 월간 이용자가 1,000만 명을 넘어섰지만 미국을 대표하는 백화점 체인인 노드스트롬 월간 이용 고객은 250만 명에 불과하다. 뭔가 과시하고 싶은 소비자의 기호와 욕구를 한국 유통업체들도 관심 있게 살펴봐야 한다"고 강조했다.

브래드스트리트 이사도 "쇼핑몰에서는 직접 만지고 느끼고 체험하며 경험을 제공하는 공간의 중요성이 더욱 커지고 있다. 홍콩의 쇼핑몰에서는 요가 매장이 명품업체 버버리를 밀어냈을 정도다. 쇼핑몰 관리업체들도 고객에게 우산을 빌려주고 휴대폰을 충전하게 하는 등 고객과의 접촉면을 넓히려는 시도가 늘고 있다"고 설명했다.

사회를 맡은 이학구 KTB자산운용 부사장은 "글로벌 투자자들이 한국 부동산 시장에 투자하는 이유에 대해 역발상적이면서도 정보통신기술로 무장한 한국 쇼핑몰이 글로벌 무대로 진출할 수 있는 가능성을 보여준 자리"라고 평가했다.

신흥국 투자 키워드

연 사

혼다 게이코 세계은행 국제투자보증기구 대표
마이클 스털링 스털링인프라스트럭처 CEO
엄기웅 법무법인 문더스 아페르투스 대표변호사

사 회

김영준 밀뱅크 트위드 해들리 앤 맥클로이 파트너 변호사

"한국 민간투자자가 개발도상국에 투자할 경우 얻을 수 있는 이익이 많다. 개발도상국 투자를 통해 높은 수익률을 얻을 수 있기 때문이다. 한국을 포함한 선진국들은 성숙한 사회에 진입함에 따라 고령화, 저출산이라는 두 가지 큰 고민거리를 안고 있다. 반면 개발도상국은 보편적으로 젊은 층이 풍부한 인구구조다. 양자 간 경제성장률 격차가 크게 벌어지는 이유다."

제18회 세계지식포럼 '신흥국 투자 키워드'에 참가한 혼다 게이코 Honda Keiko 세계은행 국제투자보증기구MIGA 대표는 이같이 말했다.

국제투자보증기구는 개발도상국에 대한 민간투자 촉진을 위해 1988년 설립된 기구다. 세계은행의 일원이기도 하다. 세계은행에 따르면 2016년 선진국 경제성장률은 1.7%다. 반면 같은 기간 개발도상국은 2배가 넘는 3.5%다. 개발도상국은 경제성장률이 높다 보니 투자 수익률도 이에 비례해 높다. 게이코 대표가 개발도상국 투자를 역설한 이유다.

그는 "개발도상국 등에서 전 세계 13억 명은 전기를, 7억 8,300만 명은 식수를 공급받지 못한다. 이런 까닭에 개발도상국에는 엄청난 인프라스트럭처 투자 수요가 있다. 한국 민간투자자들에게도 기회가 될 것"이라고 말했다. 개발도상국 인프라 투자액은 연평균 2조~3조 달러로 추정된다. 개발도상국 투자는 선진국으로 진입한 한국의 국제적 지위를 보여줄 좋은 기회라는 게 그의 견해다.

게이코 대표는 "한국은 UN 회원국으로 다른 93개국과 더불어 지속가능 개발 목표를 달성하는 데 동참하겠다고 선언한 바 있다. 정부와 다자개발은행 등만의 재원만으론 개발도상국 인프라 투자 수요를 감당하기 어렵기 때문에 민간투자가 절실하다"고 말했다.

개발도상국은 기본 인프라가 미비하기 때문에 일자리 창출이 어렵다. 이에 실업이 만연하고 소득 불평등이 증폭돼 빈곤층이 증가하며 정치적 불안이 크다. 반면 선진국 기관투자자는 저성장 저금리 국면을 오랫동안 경험한 탓에 투자처를 찾아 헤매고 있다.

게이코 대표는 "상업은행을 포함한 글로벌 기관투자가는 120조 달러에 달하는 운용자산이 있어 풍부한 유동성을 확보하고 있다. 적절한 투자처를 찾을 수 있을 경우 개발도상국 정부와 다자개발은행 등과 힘을 합쳐 상승효과를 낼 수 있을 것"이라고 말했다.

그러나 개발도상국에 대한 직접투자FDI가 최근 수년간 줄었다는 것은 냉엄한 현실이다. 개발도상국 투자는 채무불이행 등 투자 위험이 높기 때문이다. 게이코 대표가 속한 국제투자보증기구는 개발도상국 투자 위험을 줄이는 다양한 수단을 제공한다.

그는 "사업 외적 위험 요소인 해외 송금 제한, 환전 제한, 자산 몰수, 계약 위반 등 다양한 투자 위험을 국제투자보증기구가 보장하고 있다. 민간 대출기관이 개발도상국 국가기관이나 국영기업에 자금을 제공할 경우 국제투자보증기구가 신용 보강을 하기도 한다"고 말했다.

국제투자보증기구는 최근 병원 프로젝트 관련 민관합작투자사업 PPP 협약을 국제부흥개발은행IBRD, 삼성생명, KDB인프라자산운용 등과 체결했다. 국제투자보증기구의 신용 보강으로 해당 프로젝트는 터키 국가신용등급 대비 두 단계 높은 신용등급을 부여받는 한편 건설과 운영 과정에서 발생하는 위험이 경감되는 효과를 누렸다.

런던 소재 인프라스트럭처 운용사인 스털링인프라스트럭처의 마이클 스털링Michael Stirling CEO는 최근 글로벌 연기금, 국부펀드 등이 인프라 투자를 확대하고 있다고 소개하며 장기 투자가 특징이라고 했다. 그는 "총 운용자산이 6조 5,000억 달러에 이르는 44개 기관투자가를 대상으로 설문조사한 결과 인프라 자산에 15년 이상 투자할 의향이 있다는 응답률이 2016년 24%에서 2017년 41%로 크게 증가했다. 안정적인 장기 투자처로 인프라 자산이 각광받고 있는 것"이라고 말했다.

경제성장률이 높은 아시아·태평양 지역 인프라 투자 의향 답변은 2016년 28%에서 2017년 41%까지 늘었다. 시리아 사태, 트럼프 대통령 취임 등으로 미국, 유럽 등 선진국 시장이 정치적 불안정성에 노출되며 아시아·태평양 지역 신흥국에 대한 시장 주목도가 상대적으로 높아졌다는 분석이다.

스털링 CEO는 "대부분 기관투자가들은 합리적 기대수익률로 연 5~10%를 잡고 있다. 신흥 시장에 투자할 경우 환위험에 노출된다는 점은 감안해야 한다"고 말했다.

엄기웅 멕시코 법무법인 문더스 아페르투스 변호사는 멕시코 투자 위험에 대한 생생한 경험을 전달해 주목받았다. 엄 변호사는 한국 태생으로 대한무역투자진흥공사KOTRA 직원으로 멕시코 현지에 파견됐다가 멕시코 국립대에서 공부한 뒤 현지 변호사 자격을 딴 인물이다.

멕시코 거주 기간만 11년에 달한다.

그는 우선 멕시코 투자의 위험 요인으로 제품의 품질을 지적했다. 엄 변호사는 "멕시코 임금이 2010년대 초반에 이미 중국보다 싸진 데다 미국과 인접하고 있는 지리적 이점 등으로 얼핏 매력적으로 보일 수 있다. 하지만 제품의 질이 기대했던 만큼 나오지 않을 경우 큰 문제가 될 것"이라고 말했다. 결제 기간 지연에 따른 거래비용, 세무와 노무 측면에서 발생하는 비용, 정부 정책에 대한 높은 불확실성, 멕시코 페소화 환위험 등도 위험 요소로 지목됐다.

고령화 시대 투자 전략

로버트 머튼 MIT 슬론 경영대학원 교수

1997년 옵션 등 파생금융상품 가격을 결정하는 경제모형을 발전시킨 공로로 노벨경제학상을 수상했다. 개인의 전 생애에 걸친 금융자산관리, 다양한 시점 간 포트폴리오 구성 방안, 자산가격 결정, 담보, 파생상품 등 다양한 금융 영역에 대한 연구로 유명하다. 금융제도에 대한 규제와 금융 혁신, 거시적인 금융위험 관리에 대해서도 많은 연구 활동을 하고 있다. 컬럼비아대 수학과를 졸업하고 캘리포니아공과대에서 응용수학 석사학위, MIT에서 경제학 박사학위를 받았다. 하버드대 비즈니스스쿨 교수를 거쳤고, 미국 재무학회 회장도 역임했다.

"공짜 점심은 없다는 것을 유치원 시절부터 철저히 가르쳐야 한다. 이 단순한 사실 하나만 설득해도 많은 사람들이 투자 실패로 고통받지 않을 것이다. 투자는 복권이 아니다. 꿈을 좇는 행위도 아니다. 투자는 어디까지나 실제로 달성 가능한 목표를 제시해야 한다."

제18회 세계지식포럼 '고령화 시대 투자 전략' 강연에 참석하기 위해 방한한 로버트 머튼Robert Merton MIT 슬론 경영대학원 교수는 〈매일경제〉와 인터뷰하면서 부자가 되는 법을 묻자 이같이 답했다.

머튼 교수는 "부자가 되고 싶다면 더 저축하고Save More, 더 열심히 일하든가Work Longer, 그렇지 않으면 위험을 더 기꺼이 감수하라Or Take More Risk"고 말했다. 재테크 격전장으로 불리며 기상천외한 다양한 재테크 수단을 '열공'하는 한국의 현실과는 거리가 먼 얘기다. 그러나 과거를 돌아보면 1990년대 말 외환위기가 발생하기 전 고도 성장기 한국 국민들 대다수는 머튼 교수가 말한 법칙을 충실히 따랐다.

머튼 교수는 1997년 옵션 등 파생금융상품 가격을 결정하는 모형을 발전시킨 공로로 노벨경제학상을 수상했다. "투자는 현실적이어야 한다"는 말을 강조한 머튼 교수는 실전 투자에 있어 글로벌 분산투자의 중요성을 역설했다.

그는 "1993~2005년까지 22년간 투자 성과가 전 세계에서 가장 뛰어났던 인도네시아 주식 투자조차 전 세계 주식시장 분산투자보다 성과가 낮다"고 말했다. 그가 분산투자 준거로 제시한 것은 '샤프지수'다. 샤프지수란 투자수익률을 투자 위험인 자산 가격 변동의 표준편차로 나눈 값이다. 샤프지수가 높을수록 위험 대비 수익률이 우수하다는 뜻이다.

해당 기간 MSCI(모건스탠리캐피털인터내셔널) 세계지수의 샤프지수는 0.4006을 기록했다. 투자 위험 100을 부담할 때마다 투자수익은 40가량 늘었다는 뜻이다. 반면 같은 기간 최고의 성과를 낸 MSCI 인도네시아지수의 샤프지수는 0.2853을 기록했다. 짊어진 위험을 감안했을 때 전 세계 분산투자 성과보다 인도네시아 '몰빵' 투자 성과는 70%에 불과한 셈이다.

이 같은 글로벌 분산투자를 실행하기에 앞서 자신이 갖고 있는 자산과 부채를 모두 상세히 파악하라는 것이 머튼 교수의 조언이다. 그는 "사람마다 제각각 신발 치수가 다름에도 같은 크기의 신발을 신기면 모두가 불편할 것이다. 마찬가지로 최적의 투자법을 찾기 위해서는 무엇보다 자신이 보유한 자산과 부채를 모두 들여다봐야 한다"고 말했다. 최근 금융사가 제공하는 자산관리 서비스는 개별 상품을 단순히 판매하는 것을 넘어 고객이 갖고 있는 전체 자산 포트폴리오 균형을 통해 위험 대비 수익률을 높이는 서비스로 진화하고 있다.

머튼 교수는 새로운 투자 트렌드로 '목표 기반 투자'라는 개념도 소개했다. 해당 개념은 특히 은퇴 이후 안정적인 소득 마련에 적합한 방법이다. 그는 "은퇴 이후 안정적인 소득 창출을 위해 옵션 등 보험상품을 활용할 수 있다. 목표수익률을 초과하는 수익을 포기하는 대가로 수익률 급락 위험을 막는 방법이다"라고 설명했다. 주가가 하락할

위험을 완화하는 풋옵션을 사는 한편 주가가 상승할수록 이익이 나는 콜옵션은 매도하는 등의 방법으로 수익률 범위를 안정적으로 가져가는 것이다.

핀테크 등 신기술 발전으로 인해 금융 분야에서는 자문업이 중시되는 세상이 열릴 것으로 내다봤다. 머튼 교수는 "단순 결제 시스템 등은 핀테크가 대체할 수 있지만 금융 자문업은 오히려 더욱 각광받을 것이다. 가령 무릎이 아팠을 때 수술 여부를 외과의사를 찾아가서 결정하지 인터넷 상담으로 결정하진 않을 것이기 때문"이라고 말했다.

금융 자문업의 핵심은 신뢰다. 그는 "역사적으로 기술 발전은 더 좋은 사회를 만들어왔다고 믿는다. 그러나 이보다 더 중요한 것은 신뢰를 높이는 것"이라고 말했다. 기술 발전과 신뢰가 결합할 경우 금융상품 투명성 개선에 기여한다는 것이 그의 생각이다.

금융사가 신뢰라는 추상적인 요소를 고객으로부터 획득하기 위한 현실적인 조언도 곁들여졌다. 머튼 교수는 "미국은 자문수수료만 받고 펀드수수료 등은 한 푼도 받지 않는 독립 투자자문업이 활성화돼 있다. 특정 운용사로부터 자유롭기 때문에 고객의 이익을 위해 최선을 다해 신뢰를 얻고 있다"고 말했다. 이들은 고객이 투자 상품에 대한 이해를 돕기 위해 지속적으로 고객에게 설명하고 교육 기회를 제공하고 있다. 금융사 창구에서 고객의 서명을 형식적으로 몇 상 받고마는 한국과는 매우 다른 금융 환경이다.

머튼 교수는 '디멘셔널펀드'를 사례로 들며 "검증된 금융경제 석학들이 독립적이고 장기적으로 펀드 이사회에 적극적으로 참여하고 있다. 이는 고객의 신뢰를 얻을 수 있는 방법 중 하나"라고 설명했다.

로봇 자산관리의 진화

해리 치메이 클로버닷컴 공동 창업자

로보-어드바이스 자동투자 서비스인 클로버닷컴의 공동 창업자이다. 그는 자산관리와 기업자산 컨설팅 분야에서 20년 이상의 경력을 갖고 있다. KPMG의 개인자산부문에서 재무 서비스 관련 업무로 커리어를 시작했으며, 이후 공인재무설계사가 되었고 하워스(현 그랜드 손튼의 일부), WHK(현 크로우 하워스)에서 상임자문위원으로 활동했다. 자산관리 분야에서 10년 이상 재직 후, 기관자문 분야로 옮겨가 머서투자컨설팅에서 근무하며 자문과 자산 컨설팅 서비스를 제공했다. 클로버닷컴 창업 전 비영리 연금부문에서 자문 활동을 했다. 공인투자관리분석사CIMA이며 호주 투자관리컨설턴트협회와 증권금융연수원Finsia에서도 활동 중이다. 또한 호주 RMIT대의 재무 서비스 프로그램 자문위원회에서 증권금융연수원 대표를 맡고 있다. 호주 모내시대에서 경영학 학사학위, 재무학 석사학위를 취득했다.

"현재의 수준으로도 로보어드바이저는 목표수익률을 어느 정도 안정적으로 달성하는 단계에 이르렀습니다. 다음 세대의 로보어드바이저는 자산관리의 영역을 넘어 자녀 진학 설계 등 인생 전반에 대한 설계가 가능한 수준으로 진화할 것입니다."

로보어드바이저는 '로봇Robot'과 자문가를 의미하는 '어드바이저Advisor'의 합성어다. 쉽게 말해 사전에 짜인 알고리즘대로 컴퓨터 프로그램이 인간의 개입 없이 자동으로 투자 종목이나 자산 배분 포트폴리오를 만들어 그대로 매매하는 것을 말한다. 이미 많은 증권사들은 로보어드바이저가 관리하는 펀드를 판매하고 있어 이제는 소비자들 사이에서도 많이 보편화된 개념이다.

현재의 로보어드바이저는 자산을 불려주고 불린 자산을 관리해주는 개인자산관리사PB, Private Banker의 일을 인공지능이 도와주거나 대신하는 수단으로 볼 수 있다. 미래를 예측하고 막대한 수익을 가져다주는 알파고 같은 개념은 아직 아니다. 그러나 로보어드바이저를 알파고로 생각해도 무방한 시대가 곧 도래할 것이라는 예측이다.

제18회 세계지식포럼 '로봇 자산관리의 진화' 강연에서는 호주 로보어드바이저기업 클로버닷컴 공동 창업자인 해리 치메이Harry Chemay가 연사로 나서 앞을 내다봤다. 그는 "지금까지 알려진 로보어드바이저는 알고리즘 기반의 1.0 버전이라고 할 수 있다. 1.0 버전은 사전에 기대수익률을 설정하면 이를 달성하는 데까지 이미 성공한 수준"이라고 평가했다.

치메이 공동 창업자는 자동차 제조 공정을 예로 들며 "자동화의 혜택을 많이 봤다. 최근에는 자동화가 인지의 영역으로 이동하고 있다"고 말했다. 인공지능 활용의 하나로 로보어드바이저를 언급한 그는 "이제 로보어드바이저는 2.0으로 진화하고 있다. 2.0에서는 단순히 포트폴리오 수익률을 달성하는 수준을 넘어 고객의 인생 설계까지 조언하는 단계로 진화하고 있다"고 설명했다.

그는 "내 아이를 2026년 하버드대에 입학시키려면 얼마나 많은 비용이 소모되고 저축을 해야 하는지 계획을 세우는 것도 가능할 것"이라고 했다. 또 접근성과 비용 측면에서 로보어드바이저의 수요가 사람이 자문하는 것보다 증가하고 필요해질 것이라고 전망했다. 그러면서 "호주에서는 업무가 끝난 밤 9시부터 아침 9시까지 클로버닷컴의 로보어드바이저에 고객들이 많이 접속하고 있다"며 로보어드바이저가 사람보다 시간과 공간의 제약을 덜 받아 접근성이 높다는 점을 피력했다.

자산관리를 받기 위해 따로 시간을 내서 금융사의 창구를 찾아갈 필요가 없고 한 명의 펀드매니저가 너무 많은 고객의 자산을 관리하는 것도 현실적으로 쉽지 않다는 점에서 로보어드바이저에 대한 수요와 그 필요성이 커진다는 설명이다.

특히 비용 측면에서 로보어드바이저는 매력적이다. 그는 "지금의 시장은 10~12%의 수익률을 올려 2%를 보수로 떼줄 수 있는 상황이 아니다. 직접투자 종목을 선정하는 펀드매니저는 점차 비용 압박이 커지고 있다"고 말했다.

치메이 공동 창업자는 접근성과 비용 측면 외에도 세대가 점점 디지털 문화에 익숙해지고 있다는 것도 로보어드바이저 수요 확대의 요인으로 꼽았다. 특히 'D(디지털)세대'가 성인이 된 시기와 로보어드바이저의 활성화 시기가 맞물린 점이 수요를 대폭 증가시켰다고 했다.

그는 "디지털 기술을 편하게 다루는 D세대가 성인이 되면서 로보어드바이저를 가장 먼저 활용했고 이보다 나이가 든 사람들이 점차 혜택을 깨닫고 있는 중이다. 가사를 돌볼 시간이 많지 않은 맞벌이 가구가 증가하면서 자신과 관련된 일을 외주화하는 경향이 강해졌고, 자산관리도 이런 추세에 맞춰 크게 성장했다"고 설명했다.

자산관리 서비스 중에서도 로보어드바이저가 두드러진 성장세를 보이는 것은 로보어드바이저의 비대면적 특성 덕분이다. 치메이 공동 창업자는 "중요한 자산 관련 이야기, 은퇴 후 계획, 유산상속 계획은 다른 사람에게 말하기 꺼리는 소재다. D세대가 점차 경제력을 갖춘다면 로보어드바이저의 진화는 더 빨라질 것"이라고 말했다.

06

무에서 유를 창조한
개척자들

중국 스타트업 아이콘, 모바이크

후웨이웨이 모바이크 창업자 겸 대표

중국 공유경제의 아이콘으로 부상한 자전거 공유기업 모바이크를 창업했다. 2015년 1월 창업한 모바이크는 불과 2년 만에 기업 가치가 3조 원에 육박하는 대형 기업으로 성장했다. 중국 100개 도시를 포함해 전 세계 130개 도시에서 500만 대 이상 자전거를 보유하고 있으며 전 세계인의 발이 되고 있다. 중국에서만 하루 이용자가 2,000만 명에 달한다. 텐센트 등이 이 회사의 잠재력에 주목해 9억 달러 이상을 투자했다. 후 대표는 성공한 기업가로 중국 젊은 층에서 연예인 못지않게 인기를 누리고 있다. 〈중국 매일경제〉, 〈신징바오〉 등에서 기자로 일하다가 공유경제의 중요성에 눈을 뜨고 모바이크를 창업했다.

"자전거를 도시에 돌려주고 싶었습니다. (중국) 베이징이 맑은 공기에 깨끗한 하늘, 인간미 넘치는 도시가 되길 바라는 마음으로 모바이크를 창업했어요."

제18회 세계지식포럼 연단에 선 후웨이웨이Hu Weiwei 모바이크摩拜單車, Mobike 대표가 밝힌 창업 배경은 순수했다. 창업한 지 2년여 만에 기업 가치가 3조 원에 달하는 스타트업을 일군 스타 벤처기업가이기에 야망이 가득한 경영자를 떠올리기 쉽지만 작고 앳된 모습에 수수한 옷차림으로 등장한 여성 대표는 차분하고 진솔하게 자신의 비전과 경영전략을 전했다.

후 대표의 비전은 숭고하지만 무모하지 않다. 후 대표는 사실 10여 년간 자동차와 정보통신기술을 취재한 베테랑 기자 출신이다. 오랫동안 교통 관련한 취재를 하며 교통체증이 심하고 대기오염 문제가 심각한 베이징이 조만간 큰 변화를 겪을 것을 직감했다. 후 대표는 한 투자자에게 "QR코드 스캔으로 잠금 해제하는 방식으로 공유자전거 사업을 한번 해보면 어떨까"라는 이야기를 듣게 됐다. 우언히 들은 이 발언이 창업의 동기가 됐다.

"모든 사람들이 말렸어요. 베이징에 자전거도로나 보관소 같은 기반 시설이 거의 갖춰져 있지 않았거든요. 자전거를 길거리에 세워두면 사람들이 다 훔쳐갈 것이라고 했어요. 하지만 현실적인 제약에 집

착해 아무 일도 하지 않으면 사회는 아무것도 바뀌지 않는다고 생각
해요."

한국에도 서울시 '따릉이', 세종시 '어울링' 등 공유자전거 서비스가
있다. 모바이크가 기존 공유자전거 서비스와 근본적으로 다른 점은
보관 시설이 필요하지 않다는 점이다. 자전거를 아무 데나 세워도 된
다. 자동 잠금장치가 작동하기 때문에 QR코드를 스캔하기 전에는 자
전거를 이용할 수 없다. 물론 지정된 장소에 세우면 더 많은 혜택을 받
을 수 있다. 사용 횟수에 비례해 마일리지가 쌓이고 이를 활용해 공유
자전거를 탈 수 있다.

모바이크가 세워진 위치는 스마트폰으로 확인 가능하다. 지도에 공
유자전거가 세워진 위치가 깜빡거리는 점으로 표시된다. 외진 곳에
세워진 자전거를 보물찾기하듯 찾아서 탑승하면 무료로 이용할 수 있
을 뿐만 아니라 모바이크 애플리케이션 내에서 사용이 가능한 소정의
현금이 지급된다. 적지 않은 젊은이들은 일부러 방치된 공유자전거를
찾아서 타기도 한다.

자전거에는 GPS가 부착돼 있다. 스마트폰으로 자전거가 세워진 장
소가 검색된다. 내려서 잠금장치를 켜는 순간 자동으로 '위챗페이'로
과금된다. 위챗은 중국판 카카오톡으로 위챗페이는 자체 결제 수단이
다. 후 대표는 "한 명의 관리자가 많은 수의 공유자전거를 관리하려면
다양한 정보통신기술을 활용해야 한다. 고장 등 문제가 발생하지 않
도록 공유자전거 사업에 사용되는 자전거들을 모바이크가 직접 생산
했다"고 말했다.

모바이크의 공유자전거는 현재 전 세계 180개 도시에 약 700만 대

가 다닌다. 디즈니 캐릭터가 들어간 자전거, 체인이 없는 자전거 등 종류도 다양하다. 후 대표는 "현지화에 초점을 뒀고 디즈니, 맥도날드, 피자헛 등 다양한 기업과 협업했다"고 설명했다.

설립된 지 3년도 안 된 스타트업이라면 중국 시장만 공략해도 기업 성장에는 충분하다. 아직도 중국 내 공유자전거 시장은 급속도로 성장하고 있다. 하지만 이미 싱가포르, 영국, 이탈리아, 일본, 태국, 말레이시아 등에도 진출해 있다. 후 대표는 "모바이크가 전 세계에 알려지면서 모바이크 사업 모델을 자국에 들여가고 싶다는 제안을 숱하게 받았다. 모방 업체가 들어서기 전에 전 세계 시장을 동시 공략하는 것이 필요하다고 봤다"고 말했다.

모바이크는 이미 수많은 '큰손'들에게 1조 원이 넘는 투자를 받았다. 2016년 중국의 정보통신기술 공룡 텐센트와 미국 세쿼이아캐피털 등으로부터 1억 달러 이상의 투자를 유치했다. 특히 텐센트는 2017년 1월에도 미국 사모펀드 워버그 핀커스 등과 함께 2억 1,500만 달러 규모의 자금을 모바이크에 투자했다. 이 밖에 폭스콘도 2017년 1월 말 모바이크에 전략적 투자를 선언했다.

최근 들어 '스타 벤처'를 찾기 힘든 한국으로서는 부러움의 대상이다. 후 대표는 짧은 시간 안에 이처럼 주목받는 기업으로 급성장한 비결을 정부의 규제 완화에서 찾았다. 후 대표는 "모바이크 사업에서 모바일 결제 수단은 핵심적 성공 요건이다. 중국 정부는 전폭적인 금융 규제 완화를 해줬고 덕분에 새로운 시도, 더 나은 서비스가 가능했다"고 말했다.

모바이크가 도시에 가져온 효과는 상상 이상이다. 2017년 상반기까지 전 세계 모바이크 사용자는 56억 km를 주행해 126만 t 이상의 이산화탄소 배출을 감소시켰다. 1년 동안 35만 대의 자동차가 운행하지 않은 효과와 같다. 그만큼 공기 질이 좋아진 것은 두말할 것도 없다. 모바이크의 운행 정보는 지방정부에 제공돼 교통 정책을 수립하는 데도 기여한다.

높은 주거비용으로 고생하고 있는 베이징 시민에게도 모바이크는 단비가 되고 있다. 모바이크는 주로 지하철역 주변에 비치된다. 버스가 운행되지 않는 지역의 99.3%에 모바이크가 도달할 수 있다. 후 대표는 "지하철역에서 걸어서 10분 거리에 있는 집의 임대료는 매우 높다. 지하철역 주변에 비치된 공유자전거를 이용하면 경제적 형편 때문에 역에서 다소 떨어진 지역에 거주하더라도 편리하게 출퇴근 또는 통학이 가능해져 주거 만족도가 올라간다"고 말했다.

2,000개 기업 거느린 칭화홀딩스

쉬징홍 중국 칭화홀딩스 회장

2003년 칭화대 유관 기업들을 모두 통합해 설립된 칭화홀딩스는 각 산업 분야별로 생태계를 바꿀 기업들을 다수 보유하고 있다. 칭화홀딩스는 중국의 반도체 굴기를 상징하는 '칭화유니' 등 14개 상장사의 대주주이며, 100개 이상의 스타트업에도 투자했다. 2016년 칭화홀딩스 소속 기업들의 매출은 138억 7,000만 달러(약 15조 원)에 달했다. 쉬 회장은 이런 기업들을 모두 총괄하고 있는 지주회사의 회장이다. 칭화대에서 기계공학을 전공했으며 칭화대 행정처장 등을 역임했다. 차이나브랜드는 2015년 쉬 회장을 '중국의 10대 기업가'로 선정했다.

"향후 5년간 반도체, 헬스, 환경, 신재생에너지, 소재와 관련해 약 100억 달러의 연구개발 비용을 투입해, 기술력을 세계 최고 수준으로 끌어올릴 것입니다. 창업 기업 인큐베이터 역할로 1억 위안 가치에 달하는 기업 500개를 만들 것입니다. 이 모든 것은 '정부'가 아닌 '시장' 중심으로 진행할 예정입니다."

제18회 세계지식포럼 '쉬징훙Xu Jinghong 칭화홀딩스 회장에게 듣는 중국 혁신의 비결' 강연에서 쉬징훙 회장은 그동안 정부 산하 국영기업 주도로 이루어진 개발 시대를 지나 앞으로 중국은 시장화된 기업 집단을 중심으로 신기술을 개발하며 세계에 도전할 것이라고 말했다.

그가 이끄는 칭화홀딩스는 2003년 중국 칭화대에서 설립한 기업 집단이다. 중국 반도체 굴기를 상징하는 '칭화유니'를 비롯해 14개 상장사와 2,000개의 우량 기업을 거느리고 있다. 칭화홀딩스는 2016년 기준 자산이 3,528억 위안(약 60조 원)으로 '2017 중국 최고 500개 기업' 중 163위에 올랐다.

쉬 회장은 〈매일경제〉와의 인터뷰에서 "지식을 매개로 기업과 대학 간 가교 역할을 통한 산학협업이 칭화홀딩스의 성공 비결이다. 기업가와 과학자는 본인이 잘할 수 있는 전문 분야에 집중하고 칭화홀딩스는 중간에서 시너지를 내도록 노력할 뿐이다. 대학의 연구 성과를 억지로 시장에 접목시키기보다 시장에 대한 이해도를 높이고 소비자 수요를 파악해 이를 다시 연구를 위한 원천으로 제공하는 것이 중요하다"고 밝혔다. 대·중소기업, 창업가와 과학기술자들이 칭화홀딩스란 브랜드 아래에서 마음껏 뛰어놀 수 있도록 지주사 역할을 하고 있다는 것이다.

혁신을 지향하는 칭화홀딩스의 장점은 실제로 성과로 이어지고 있다. 대표적인 예가 그룹 계열사 칭화퉁팡의 공항 검색대 개발이다. 쉬 회장은 "칭화대 엔지니어와 물리학 전공자들의 연구 성과를 바탕으로 칭화퉁팡이 제품화에 성공했다. 대학에서 기업 경영에 전혀 간섭하지 않으면서도 기술 지원 등은 지속적으로 이뤄진 까닭에 사업이 빠르게 발전했다. 전 세계 150개국에 납품하고 있다"고 말했다.

칭화홀딩스는 전기자동차, 반도체 분야에도 적극 뛰어들고 있다. 중국 쑤저우에 있는 칭화대 자동차연구원에서 수백 명의 연구자들이 전기자동차를 연구하고 있다. 칭화홀딩스는 자동차연구원과 협력을 강화하며 전기자동차 기술을 끌어올린다는 계획이다.

반도체 역시 칭화홀딩스 산하 칭화유니가 2016년 우한시 둥후산업단지에 240억 달러를 들여 3D 낸드플래시 공장을 세웠다. 쉬 회장은 "칭화유니가 그동안 많이 발전하긴 했지만 여전히 삼성전자와의 격차가 큰 편이다. 삼성전자의 투자를 받을 생각도 있다. 함께 발전하기 위해 한국 기업과 반도체는 물론 친환경 사업, 교육 사업, 인큐베이팅 등 여러 영역에서 협업의 여지가 크다"고 말했다.

칭화홀딩스는 인큐베이팅에도 적극적으로 나서 100개 이상의 스타트업에 투자했다. 앞으로 칭화홀딩스는 전 세계 100개 도시에, 1,000개 이상 인큐베이터를 만들어 실리콘밸리를 넘는 창업생태계를 만든다는 계획이다. 쉬 회장은 "스타트업과 대기업을 연계해 새로운 트렌드를 만들어나갈 것"이라고 말했다.

쉬 회장은 한국의 혁신 능력이 떨어진다고 지적했다. 그는 "청년들의 창업 열기에 있어서는 한국이 중국의 중관춘, 선전이나 실리콘밸리에 비해서 떨어지는 것 아닌가 하는 생각이 든다. 중국과 한국의 청년들이 상호교류를 강화했으면 한다. 한국하면 삼성, SK 같은 대기업이 떠오르는데, 최근 급부상한 벤처기업은 찾아보기 힘들다. 한국 정부가 벤처기업 지원에 더 전폭적이고 적극적으로 나설 것을 추천한다"고 말했다.

성장 기업 칭화홀딩스에서 인재관리라는 개념은 구시대의 유물이다. 쉬 회장은 "세상이 빠르게 변하고 있는 상황에서 인재관리라는 말은 시대에 적합하지 않다. 인재를 관리하기보다는 그들이 잠재력을 발휘할 수 있도록 만들어주는 것이 핵심"이라고 말했다. 인재가 뛰놀수 있는 '판'을 기업이 깔아주면 저절로 그 판 위에서 인재들이 성과를낼 수밖에 없다는 설명이었다.

쉬 회장은 "기업 성장을 위해서 단순히 규모만을 키우던 시대는 지나갔다. 오늘날 기업 성장은 변화와 혁신을 통해 어떻게 잘 키울까를고민함과 동시에 기업을 둘러싼 구조 변화에 대한 인식이 필요하다"고 지적했다. 그는 "칭화대 동문들이 전 세계에 진출해 있고 애교심이애틋하다. 학구열이 높고 혁신 정신이 강한 학풍도 많은 도움이 됐다"고 했다.

중국 혁신의 상징, 칭화대의 미래

연 사

둥준 칭화과학혁신홀딩스 회장
류젠 칭화대 교수
송영길 국회의원

사 회

양필승 TK Net 대표, CKT그룹 회장

'1인 체제'를 선언한 시진핑 중국 국가주석의 모교이자 일류 중국 정치인들을 배출한 중국의 명문대 칭화대는 중국 혁신의 중심지다. 대학이 설립한 칭화홀딩스는 산하 400개 이상 기업의 그룹인 칭화그룹도 소유하고 있다. 칭화그룹은 특히 칭화과학공원이라고 불리는 과학공원을 40개 이상 가지고 있다. 이 과학공원은 칭화대가 주도하는 혁신 프로젝트의 핵심이다.

칭화대에서 정치경제학 교수이자 입학처 주임을 맡고 있는 류젠Liu Zhen 교수는 "대학의 아주 중요한 기능 중 하나가 과학기술의 혁신과 인재 배양, 특히 창업에 대한 반짝이는 아이디어를 가진 인재를 배출하는 것이다. 칭화대는 이런 인재를 육성하는 데 주안점을 두고 있으며, 쉬징훙 칭화홀딩스 회장은 인재 육성을 가장 중요한 가치로 두고 있다"고 했다.

칭화대가 추구하는 인재 육성의 방향은 혁신과 창업이다. 그는 "칭화대에서는 '3창' 가치가 가장 중요하다. 창의, 창신, 창업이 그것"이라고 말했다.

칭화대에는 '호기심 그룹'이란 제도가 있다. 동일 분야에 관심을 가진 학부생, 대학원생이 공부모임을 만들어 연구하고 활동하는 제도다. '컨버전스 플랜'도 주요 프로그램 중 하나다. 학생들은 전통적인 전공과목 외에 창업 및 혁신 관련된 과목을 결합할 수 있다. 매년 11월 마지막 토요일이면 '칭화 창업인의 날' 행사를 열어 학생들이 직접 설계한 프로젝트를 발표할 수 있는 자리를 마련한다.

칭화과학공원은 칭화그룹의 성장 동력이다. 둥준Dong Jun 칭화과학혁신홀딩스 회장은 "이곳은 단순히 물리적인 공간이 아니다. 시장의 요구를 연구 분야로 가져오는 데 아주 큰 역할을 하고 있다"고 말했다. 칭화과학공원은 매년 특허 출원만 2,000개가 넘는 과학연구단지로, 혁신과 창업 관련 요소를 모두 갖추고 있다. 중국 정부는 연구 장비부터 예산까지 지원을 아끼지 않았다.

또한 칭화과학혁신홀딩스는 베이징에 창업거리를 조성하기도 했다. 리커창 총리가 이곳에 자주 들러 차를 마신다고 한다. 둥 회장은 "이곳에서 많은 중국의 중소기업과 스타트업이 성장하고 있다. 기회가 된다면 칭화과학공원과 베이징 창업거리를 방문해보기 바란다"고 말했다.

셀트리온의 도전과 응전

서정진 셀트리온 회장

샐러리맨으로 출발해 한국 바이오업계 대표기업인 셀트리온을 키운 기업인이다. 셀트리온
은 '바이오시밀러'라는 생물의약품에 대한 복제약을 기반으로 항암제, 관절염 치료제 등 각
종 의약품을 제조 판매하는 바이오산업의 선두 주자다. 그는 충북 청주에서 태어나 건국대
산업공학과를 졸업하고 삼성전기와 한국생산성본부, 대우자동차 등에서 근무했다. 대우
자동차 시절에는 최연소 임원 기록도 세웠다. 1999년 대우자동차를 퇴사해 넥솔바이오텍
을 설립한 후 2002년 미국 벡스젠 등에서 투자를 받아 현재의 셀트리온을 창업했다. 자신
의 성공 비결은 모든 것을 건 승부를 여러 차례 벌인 결과라고 밝히기도 했다. 2009년에는
무역의날 금탑산업훈장을 받았고 2010년에는 언스트앤영 최우수 기업가상인 '라이징스타
상'을 수상했다.

"위기일까 기회일까, 망설일 거 뭐 있습니까. 실패하면 다시 하면 되죠. 가장 큰 위기는 아무 변화가 없는 것입니다."

서정진 셀트리온 회장이 대한민국 청년들 앞에 섰다. 제18회 세계지식포럼 오픈강연의 연사로 나서 바이오벤처를 창업해 '세상에 없던 시장'을 만들고, 미국과 유럽 시장에 당당히 진출해 시가총액 30조 원이 넘는 그룹으로 키워낸 비결에 대해 들려줬다. 기성세대의 고루한 책상머리 가르침이 아닌 진솔한 경험담을 특유의 유쾌한 입담으로 풀어냈다.

서 회장은 청년들이 갖춰야 할 가장 중요한 자질로 미래를 그리는 능력과 좌절하지 않는 도전 정신을 꼽았다. 모두가 4차 산업혁명 시대가 왔다고 말하지만 빅데이터와 클라우드, 모바일과 인공지능, 로봇과 사물인터넷 등 핵심 기술들이 세상을 어떻게 바꿀지는 모른다. 서회장은 "빅데이터의 활용은 단순 업무 인력을 감소시키고 결국 신사업 영역에서 고급 인력의 수요를 확대한다. 이것이 위기가 될지 기회가 될지는 여러분들의 선택에 달렸다"고 말했다.

서 회장은 청년들에게 10년 후 미래를 그리고 목표를 세운 뒤 실현시키기 위해 전부를 걸라고 독려했다. 그는 대학 시절 택시 운전을 하면서 공부하던 이야기를 했다. 운 좋게 32세의 나이에 대우그룹의 임원에 올랐지만 대우그룹 해체로 실업자가 됐다. 2000년 미국의 싸구려 호텔에 머물며 창업 아이템을 고민하던 시절의 일화도 언급했다. 아무도 받아주는 회사가 없어서 창업을 할 수밖에 없었다. 서 회장은 "10년 후 바이오 의약품 특허가 줄줄이 만료될 것이라는 건 누구나 알 수 있는 '사실'이었다. 그러나 그 사소한 지식에 집중해 사업계획을 만들고 15년 동안 밀어붙인 건 셀트리온뿐이었다"고 했다. 그가 이야기한 셀트리온의 성공 키워드는 미래에 대한 정확한 예측과 확신, 도전, 그리고 끝없는 자기 혁신이다. 서 회장은 "고령화 시대가 오면서 약의 수요가 많아질 것이라는 생각이 들어 바이오테크, 제약회사에 도전한 것이다. 하지만 당시 제약회사는 대형 회사가 아니라면 엄두도 못 내는 산업이었다"고 회상했다.

서 회장은 바이오시밀러 사업을 성공리에 안착시키고 또 다시 '가보지 않은 길'인 신약에 도전하면서도 두렵지 않다고 했다. 아무것도 없는 황무지에서 나만의 길을 만들어본 경험이 있기 때문이다. 셀트리온은 그동안 밖으로는 이름도 없는 한국 벤처기업이라는 편견과 싸우고 안에서는 불신과 끈질긴 공매도 공세에 시달렸다. 수없이 위기가 찾아왔지만 그때마다 서 회장은 세계 어디든 달려가 길을 열었고, 투자 확대 계획을 발표하는 등 역발상 전략으로 돌파했다.

대학에서 산업공학과를 졸업한 그는 생명공학 전공자도 아니었다. 서 회장은 "때로는 많은 지식과 철저한 준비가 독이 되기도 한다. 나는 이 분야가 얼마나 어려운지 몰랐기 때문에 멋모르고 도전했고, 얼마나 멀고 험한 길인지 몰랐기 때문에 포기하지 않았다. 흔히 말하는 '스카이(서울대, 연세대, 고려대를 줄여 부르는 말)' 출신도 아닌 내가 성공한 비결은 '왜 안 돼?'라는 도전 정신과 '모든 것을 걸면 뭐든 된다'는 믿음

덕이었다"고 강조했다. 서 회장은 특히 청년들이 헤쳐 나가야 할 미래는 정답 없는 세상이라는 점을 강조했다. 그는 "정답이 없기 때문에 많은 사람들이 '네가 틀렸다', '잘못된 길로 가고 있다'고 의심하고 비난할 것이다. 그러나 묵묵히 밀어붙여서 성공하고 나면 그게 정답이 된다. 나 역시 힘든 과정을 거쳐 미국과 유럽 시장의 인정을 받고 나니 정답이라며 인정해줬다"라고 말하며 웃었다. 그러면서 그는 "당신은 할 수 있다. 당신이 살아 있는 한 실패한 것이 아니다"라고 수차례 강조했다.

서 회장은 4차 산업혁명 시대의 가장 중요한 화두를 공존이라고 했다. 그는 "4차 산업혁명 시대에는 무인자동차라는 새로운 산업에 기회가 생기는 반면 수많은 일자리가 사라질 수밖에 없다. 아무 준비 없이 맞이할 경우 사회적 혼란이 발생할 수 있다"고 말했다. 정부는 물론 기업 등이 공존이라는 키워드 안에서 새로운 시대를 맞이해야 하는 이유다.

"혁신과 혁명의 본질은 무엇일까? 나는 이 상황을 위기로 볼 것인가, 기회로 볼 것인가의 갈림길이라고 생각한다. 선택권은 나 자신에게 있고, 성공은 기회로 보는 사람에게 찾아온다. 힘들고 외로운 길이지만 인생을 걸어볼 만하다. 여러분은 위기와 기회 중 어느 길을 선택하겠는가?"

강연은 롤러코스터처럼 성공과 실패담을 넘나들었다. 청중들은 서 회장의 말 한마디마다 주의를 기울였다. 한 시간 강연 동안 때로 박장대소가 터졌고, 여러 차례 박수가 나오기도 했다. 서 회장은 이 자리에서 "2017년 창립 15주년 기념식에서 '글로벌 톱10 바이오기업'이 되겠다는 비전을 내놨다. 대한민국이 살길은 바이오산업밖에 없고, 궁극적으로 신약 개발로 글로벌 시장을 공략해야 한다. 지금껏 해온 것처럼 묵묵히 도전해 세계 최고 바이오기업으로 키우겠다"고 약속했다.

올세인츠와 윌리엄 김

윌리엄 김 올세인츠 CEO

영국의 글로벌 패션 브랜드인 올세인츠의 CEO를 2012년부터 맡고 있다. 서울에서 자라 미국으로 간 이민 1.5세대로 미국 콜로라도주립대 회계학과를 졸업하고 회계법인을 거쳐 구찌, 버버리 등 명품회사에서 일했다. 특히 버버리 디지털 임원을 담당하며 버버리의 디지털화를 성공직으로 이끌었디. 이때의 성과로 올세인츠에 영입돼 경영 위기였던 브랜드를 흑자로 턴어라운드시켰다. 올세인츠는 현재 전 세계 25개국에 270여 개의 매장을 가지고 있고 매출은 약 3,700억 원이다. 패션산업 전체가 불황을 겪고 있는 와중에도 지속적인 성장세를 유지하고 있다.

"디자인 사고Design Thinking는 불가능을 가능하게 합니다. 회사 직원 전체가 아이디어를 공유하고, 실패를 해도 빨리하고, 그 과정을 통해 배운다면 업계를 선도할 수 있습니다."

제18회 세계지식포럼 '글로벌 인재의 비법노트' 강연에서 글로벌 패션브랜드 올세인츠의 CEO 윌리엄 김은 경영 위기 상황에 놓인 브랜드를 회생시킬 수 있었던 비결을 공유했다.

올세인츠는 해마다 큰 폭으로 성장하고 있다. 2015년에는 전년 대비 9% 성장한 2억 5,200만 파운드(약 3,700억 원)의 매출을 기록했다. 영업이익도 세계적인 불경기에도 17.7% 성장한 2,850만 파운드(약 420억 원)였다. 패션산업 전체가 불황을 겪는 와중에도 지속적인 성장세를 유지하고 있는 것은 이례적이다.

비결이 무엇일까. 그는 "직원, 고객과의 소통을 강화하고, 회사의 투명성과 효율성을 높여 현재가 아닌 미래를 준비했다. 모든 부서가 디지털을 먼저 생각한 덕분"이라고 말했다. 그는 회사 시스템 및 문화를 디지털화하는 작업에 집중했다. 패션회사지만 구글처럼 일해야 생존할 수 있다는 믿음이 있었기 때문이다.

올세인츠는 본사와 지사, 그리고 전 세계 매장에서 일어나는 일들을 기업 SNS를 통해 실시간으로 공유하고 피드백을 받는다. 기존에 여러 단계를 거쳐 많은 비용을 들여 진행했던 과정들을 최대한 축소한 것이다. 또 과거에는 새 상품을 진열하려면 사진을 촬영해 샘플 책을 만들어 매장에 보내고 매장에서는 그 두꺼운 매뉴얼을 읽고 실행했는데 지금은 회사 내 비디오팀이 동영상을 제작해 세계 매장에 뿌리면 24시간 안에 상품 진열 교체가 완료된다. 이를 통해 신규 충원 없이 매장 관리 및 신규 매장 오픈을 할 수 있게 됐다.

특히 디자인 사고의 중요성을 강조했다. 그는 "스포츠팀은 우승팀이 될 때도, 질 때도 있다. 지더라도 배워서 다시 이기는 게 스포츠다. 이런 문화는 기업에도 적용돼야 한다. 디자인 사고는 실패해도 질책하지 않고 하나로 똘똘 뭉쳐 일하는 것"이라고 말했다.

그는 "아날로그는 설탕보다 더 나쁘다"고 역설했다. 아마존 등 미래지향적인 새로운 기업들의 등장으로 전통적인 유통업체들이 위협받고 있는 상황에서 디지털화에 뒤처지면 도태될 수밖에 없다는 점을 강조한 것이다. 아날로그 제거를 통해 절감한 비용을 새로운 것에 투자해야 한다는 게 그의 생각이다. 그는 "백화점과 아웃렛 등 전통적인 유통매장을 통해 패션업체가 옷을 판매하는 것은 경쟁력이 없을 것으로 예상했다. 그래서 판매의 96%를 직접판매로 전환하고, 온라인부문을 강화했다. 그 결과 올세인츠 전체 판매의 무려 20%가 온라인에서 이뤄지고 있다"고 자평했다.

한국 기업 문화의 장점으로는 '정'을 꼽았다. 그는 "해외 언어로 번역이 안 되는 정은 한국 기업 문화의 특징이자 강점이다. 동료관계가 끈끈하면 강한 비전을 세울 수 있고 이는 다른 나라의 기업보다 빨리 움직일 수 있는 원동력이 된다"고 설명하며 한국 사람들은 회사를 위해 빨리 움직이는 습성이 있다고 평가했다. 아이디어를 공유하는 습관이 부족한 것은 취약점으로 지적했다. 그는 "과거 한국에서 일할 때 아쉬웠던 점은 위로 올라갈수록 회사에 대한 걱정은 많아지는데 정작 회사에서 일어나는 일들은 잘 모를 때가 많았다는 것이었다"고 꼬집었다. 직급이 낮은 직원이라도 함께 소통하고 아이디어를 공유해야 미래를 설계할 수 있다는 게 그의 생각이다.

혁신적인 기업 문화를 만들려면 위계질서가 강한 조직문화를 바꿔야 한다고도 전했다. 그는 "10여 년 전 한국 회사에 다닐 때 대리, 과장, 차장 등의 수직적 체계를 바꾸고 싶었지만 실패했다. 젊은 사람들을 팀마다 디지털 리더로 두려고 했는데 젊은 사람들이 오히려 겁을 냈다"고 회상했다. 이어 그는 "그때는 조직문화를 혁신하지 못했지만 한 번 성공하면 큰 효과가 있다"고 말했다.

사회 진출을 앞둔 학생들을 위한 조언도 아끼지 않았다. 그는 "국제적인 인재가 되기 위해서는 다른 나라의 언어를 배우는 게 우선이라고 생각하는 경우가 많은데 언어는 별로 중요하지 않다"고 지적했다. 이어 그는 "국제적인 리더가 되려면 여행을 많이 하고, 다른 나라 음식을 먹어보고, 현지인들과 대화하면서 문화를 배워야 한다"고 전했다. 직업 선택에 있어서는 전통적인 곳보단 떠오르는 산업에 도전하라고 강조했다. 그는 "만약 100만 달러의 돈을 투자해야 하는 상황이라면 기존 제약사에 하겠나, 아니면 생명공학 회사에 하겠나. 당연히 생명공학 회사에 할 것이다. 직업을 선택할 때도 이런 부분을 고려해야 한다"고 말했다. 현상을 유지해선 안 된다는 점도 강조했다. 그는 "올세인츠처럼 늘 하던 일에서 탈피하는 습관을 길러야 앞으로 성공할 수 있다"고 말했다.

인도네시아 최대 온라인 커뮤니티 카스쿠스

앤드루 다위스 카스쿠스 창업자 겸 최고커뮤니티책임자

인도네시아 최대 온라인 커뮤니티 카스쿠스를 만들었다. 현재 500만 명의 회원 수와 월 1,300만 명의 방문자 수를 자랑한다. 인도네시아 전자상거래협회IDEA에서도 회원으로 활발히 활동 중이다.

제2회 아세안기업인상 수상자로 선정된 앤드루 다위스Andrew Darwis 카스쿠스Kaskus 창업자 겸 최고커뮤니티책임자Chief Community Officer는 인도네시아 인터넷 시장의 스타다. 그는 카스쿠스를 현재 인도네시아 최대 온라인 포럼 사이트로 만들었다. 회원 수 1,000만 명에, 월간 방문자 수는 3,000만 명에 달한다.

다위스 창업자가 처음부터 비즈니스에 초점을 맞춰 창업한 것은 아니다. 그가 20세였던 1999년 미국 시애틀대 학생 시절, 유학생들을 위한 커뮤니티를 만들어보겠다고 동료 학생들과 온라인 사이트를 만든 것이 카스쿠스 성공 신화의 시작이다. 카스쿠스는 인도네시아어로 '잡담' 또는 '수다'를 뜻하는 'Kasak−Kusuk'의 줄임말이다.

다위스 창업자는 〈매일경제〉와 인터뷰에서 "당시 학교 프로젝트로 일종의 뉴스 포털을 만들기 위해 동료 학생들과 카스쿠스를 설립하게 됐다. 저널리즘 경험이 별로 없어 이 모델이 잘 작동하지 않아 온라인 커뮤니티 사이트로 바꾸게 됐다"고 설명했다.

창업 당시 다위스 창업자는 시애틀대에서 멀티미디어·웹디자인을 전공하고 있었다. 뉴스 등 콘텐츠 쪽에는 전문성이 떨어진다고 판단하고, 각종 커뮤니티 활동 내용을 서로 공유할 수 있는 기술 개발 쪽에 승부를 걸면서 카스쿠스 모델을 구축했다는 설명이다.

카스쿠스가 돈이 되는 비즈니스가 되기까지는 시간이 많이 걸렸다.

다위스 창업자는 "온라인 커뮤니티 사이트만으로는 수익을 내기 어렵다 보니 공동 창업자들이 카스쿠스를 떠났다. 하지만 나는 돈을 벌기보다는 일종의 취미 생활로 대학 졸업 이후에도 카스쿠스 운영을 지속했다"고 말했다.

실제로 그는 대학 졸업 이후에 웹디자인 관련 일을 하면서 꾸준히 카스쿠스를 개선시켰다. 직장 생활을 하면서 번 돈을 카스쿠스 서버 확대 등에 투자하기도 했다. 전환점은 2008년에 찾아왔다. 사촌 동생이자 본인과 같은 미국 유학생이었던 켄 딘 라와디나타와 잠시 인도네시아에 귀국했다. 우연찮게 커피숍을 갔더니 수많은 사람들이 카스쿠스를 찾는 것을 보고 사업을 본격화하기로 결정한다.

다위스 창업자는 "이때 시장 잠재력을 확인했고, 당시 경영 관련 공부를 하고 있는 켄과 의기투합해 인도네시아에서 사업을 시작하기로 결심했다. 경영 쪽에 전문성이 있는 켄이 CEO, 기술 쪽에 전문성이 있는 내가 CTO를 맡고 비즈니스 조직을 갖추고 시작했다"고 설명했다.

비즈니스 모델을 마련하기 위해 온라인 포럼 사이트의 기본 구조에 전자상거래라는 새로운 축을 첨가했다. 두 축을 기반으로 카스쿠스에서 각종 온라인 커뮤니티 활동에 참가하는 사용자들이 제품 리뷰를 공유하고, 원하는 제품을 올리고, 구매까지 이어지도록 사이트를 개편하면서 결제 등 필요한 운영체제를 구축했다. 또 투자 자금을 확보하기 위해 'GDP 벤처' 등 주요 벤처캐피털로부터 투자를 받는 데 성공했다.

다위스 창업자는 카스쿠스의 기본 비즈니스 모델은 광고 수익이라고 밝혔다. 사업이 점차 커지면서 2013년 켄과 다위스 창업자는 각각

CEO와 CTO에서 물러난다.

풍부한 경험을 가진 전문가가 커지는 조직을 보다 더 잘 관리할 수 있다는 판단에서다. 다위스 창업자는 "인도네시아 최대 온라인 커뮤니티를 유지하기 위해선 무엇보다 기술혁신이 중요하다. 하루가 다르게 변화하는 기술 발전 속도를 따라가기 위해 나보다 전문성을 갖춘 인물에게 CTO를 맡기고, 이제는 온라인 커뮤니티 운영에 집중하는 최고커뮤니티책임자를 담당하게 됐다. 또 커지는 사업으로 보다 잘 관리하기 위해 뱅크오브아메리카에서 오랜 경험을 갖춘 인사에게 CEO를 맡겼다"고 말했다.

다위스 창업자는 한국 기업과 협력 가능성에 대한 질문에 "인도네시아 인구는 2억 5,000만 명으로 거대 시장인 데다 인터넷과 모바일 사용 인구가 빠르게 늘고 있어 전자상거래 등 인터넷 비즈니스 잠재력이 높다. 한국 기업들은 기술혁신에 앞장서 있기 때문에 협업 분야를 찾을 수 있을 것"이라고 말했다.

베트남 부동산 개발 대표 기업 성공 비결

레누투이유엉 롱 탄 골프 인베스트먼트 & 트레이딩 JSC 부회장

롱 탄 골프 인베스트먼트 & 트레이딩 JSC는 베트남 복합부동산 개발 기업이다. 관광레저, 부동산 등 주요 개발 산업에 진출해 있고, 라오스의 수도 비엔티안에 10억 달러 이상이 늘어간 베트남-라오스 공동경제개발구역 '롱 탄-비엔티안 특별경제지대'를 건설 중이다. 2005년부터 경영에 참여해 아버지 레반키엠 회장과 함께 회사를 이끌고 있다. 후이호앙모직Huy Hoang Garment의 CEO이기도 하다. 호주에서 학부를 졸업하고, 네덜란드 마스트리흐트대에서 경영학 석사학위를 받았다. 태국에서 박사학위를 받았다.

"장기적 신뢰를 구축한 게 성공의 핵심이었다고 생각합니다. 신뢰를 기반으로 한국 기업들과도 적극적으로 비즈니스를 모색하겠습니다."

제18회 세계지식포럼의 '제2회 아세안 기업인상' 수상자로 선정된 베트남 복합부동산 개발 기업 롱 탄 골프 인베스트먼트 & 트레이딩 JSC의 레누투이유엉Le Nu Thuy Duong 부회장은 수상 소감을 말하며 향후 한국과의 사업 확대 의사를 밝혔다.

'아세안 기업인상'은 〈매일경제〉가 아세안 기업들의 중요성을 인식하고, 이들과 비즈니스 관계를 강화하기 위해 2016년 제정했다. 미국 록펠러 3세가 1956년 설립한 비영리·비정치 국제기관인 아시아 소사이어티 코리아센터가 공동으로 시상을 주관하고 있다.

유엉 부회장은 아세안 기업인상이 앞으로 아세안 기업과 한국 기업 간 협력관계를 강화하는 계기가 될 것으로 기대했다. 원래 수상의 영광은 레반키엠 회장에게 돌아갈 예정이었으나 갑작스런 사정으로 그의 장녀인 유엉 부회장이 대리로 방한해 수상했다.

베트남 굴지의 부동산 사업가인 레반키엠 회장은 관광레저, 광산업, 부동산업, 친환경에너지 등 4대 분야에서 베트남 업계를 이끌고 있다. 현재 이웃 국가인 라오스의 수도 비엔티안에 10억 달러(약 1조 1,300억 원) 이상이 투자된 베트남-라오스 공동경제개발구역 '롱 탄-비엔티안 특별경제지대SEZ'를 건설 중이다.

유엉 부회장은 회사 성공의 비밀을 신뢰라고 밝혔다. 그녀는 "개발도상국은 법이나 제도가 미비해 이를 악용하려는 경우가 많다. 그러나 아버지는 그런 유혹에 흔들리지 않고 항상 정도를 걸었다. 단기적으로는 피해를 볼 때도 있었지만, 장기적으로는 결국 도움이 됐다"고 설명했다. 유엉 부회장은 "회사의 가치는 아버지의 성격에 밑바탕을 두고 있다. 아버지는 비즈니스 파트너들과 신뢰를 쌓기 위해 지난 30년간 노력해왔다. 내게도 항상 약속을 하면 무조건 지키라고 강조한다"고 덧붙였다.

또 다른 성공 비결은 개척자로 시장을 선도해왔다는 점이다. 유엉 부회장은 "우리 회사는 다양한 분야에서 개척자 역할을 해왔으며 아직 사람들이 진입하지 않은 분야에서 과감한 판단으로 성과를 냈다. 리스크를 짊어져야 할 때도 있지만, 올바른 판단하에서라면 경쟁자가 없는 분야를 조기에 장악하는 효과가 있다"고 말했다. 유엉 부회장은 이미 다수의 한국 기업과 태양광 패널 분야에서 투자 협력을 논의하고 있다고 전했다.

유엉 부회장은 한국 기업의 베트남 투자 전략으로 현지 기업과의 합작 협업을 추천했다. 현지 기업이 베트남 문화 및 비즈니스 절차를 잘 알기에 보다 빠른 적응이 가능하다는 논리다. 유엉 부회장은 "베트남은 노동자의 젊은 연령, 싼 노동 단가, 노동자의 높은 교육 수준 등 여러 가지로 좋은 조건을 갖추고 있는 곳이다. 특히 베트남에 투자하고 싶은 한국의 부동산 개발 기업이 있다면 우리와 함께 호텔·리조트·테마파크 건설 등을 추진하고 싶다"고 밝혔다.

유엉 부회장은 회사의 미래 도전 과제로 헬스케어·교육 분야 진출

등 사업 다각화를 꼽았다. 그는 "베트남은 평균 연령이 낮아 부모들이 자녀 교육에 관심이 많고, 보험도 정부가 건강보험 보장률을 전 국민의 90%까지 끌어올리려 해 유망한 분야다. 헬스케어와 교육 쪽을 차기 투자 대상으로 생각하고 있다"고 말했다.

변곡점을 넘어
새로운 번영을 향해

초판 1쇄 2018년 1월 10일

지은이   매일경제 세계지식포럼 사무국
펴낸이   전호림
책임편집 고원상 강현호
마케팅   박종욱 김혜원
영업   황기철

펴낸곳 매경출판(주)
등록 2003년 4월 24일(No. 2-3759)
주소 (04557) 서울시 중구 충무로 2 (필동1가) 매일경제 별관 2층 매경출판(주)
홈페이지 www.mkbook.co.kr
전화 02)2000-2610(기획편집) 02)2000-2636(마케팅) 02)2000-2606(구입 문의)
팩스 02)2000-2609 **이메일** publish@mk.co.kr
인쇄 · 제본 ㈜M-print 031)8071-0961
ISBN 979-11-5542-795-8(03320)

이 도서의 국립중앙도서관 출판예정도서목록(CIP)은 서지정보유통지원시스템 홈페이지(http://seoji.nl.go.kr)와
국가자료공동목록시스템(http://www.nl.go.kr/kolisnet)에서 이용하실 수 있습니다.
(CIP제어번호: CIP2017033857)